《燕京创意文化产业研究 2024 年卷》学术委员会

（按姓氏拼音排序）

包晓光　陈　默　陈　瑛　董庆文（美国）
范玉刚　范　周　郭沂纹　李康化
祁述裕　丘昌泰（中国台湾）　向　勇
肖　鹰　徐国源　张朝霞　张智华

《燕京创意文化产业研究 2024 年卷》编辑委员会

（按姓氏拼音排序）

郭　嘉　李杰琼　罗　赟　秦　勇　王紫薇
徐海龙　杨　慧　翟秀凤　张轶楠

燕京创意文化产业研究

2024年卷

主　编 ◎ 郭嘉
副主编 ◎ 罗赟　唐颖

传媒集刊

本书出版获首都师范大学文学院专项经费资助

中国传媒大学出版社
·北京·

序　言

过去的一年里，我国创意文化产业在政策扶持和市场驱动的双重作用下，取得了令人瞩目的成就。从传统文化资源的创造性转化与创新性发展，到新兴业态的蓬勃发展，创意文化产业以其独特的魅力，为我国经济社会发展注入了新的活力。本论文集涵盖了文化领域的众多热点与关键议题，包括传统文化的现代转化、新兴文化业态的探索、城市文化空间的构建、大众文化生产的反思、媒体传播的演进、文化产业体系的构建、文化消费的推动以及文化记忆的保留。资深专家的深度思考与青年学者的敏锐观察相结合，共同构成了《燕京创意文化产业研究 2024 年卷》的精彩篇章。我们期望这些研究成果能为政策制定者、产业从业者和学术研究者提供有益的参考。

优秀传统文化是一个国家、一个民族传承和发展的根本。在中华优秀传统文化"两创"栏目中，《元宇宙背景下传统文博资源向数字藏品转换的实践与思考》一文从元宇宙与文博资源融合的视角出发，深入探讨了传统文博资源向数字藏品转换开发的实践，并为政策制定与博物馆可持续发展提供了思考方向。《场景理论视域下我国城市文化意义生产研究》聚焦于解决城市文化同质化问题，揭示了城市文化空间重塑对于地方文化意义生产的重要性，强调了文化与城市发展之间的双向互动作用，为我国城市文化空间的更新与文化意义的生产提供了富有价值的策略。《节日绘本对中国传统民俗的影像记录与文化诠释》一文论述了节日绘本作为记录和诠释中国传统民俗的独特载体，能够最大限度地实现对传统民俗的影像记录与文化诠释，进而生动地书写和传播中国传统文化，推动文化自信的建立。舞台剧《玄鸟》的编导从戏剧内核的角度切入，探讨了传统文化在当代社会的抒情表达。通过对甲骨文的当代审美转化，研究总结了如何避免传统文化同质化的舞台呈现，为传统文化品牌的深度共情提供了新的思考。《数字化背景下北京钟鼓楼文化资源开发路径研究》通过历史文化、民俗文化和建筑文化的综合性分析，提出了完整的数字化实践方案，探索了"科技＋文化＋教育"的保护开发路径，为文化遗产的数字化转型提供了可行性研究。《昆明乌龙古渔村文化的活态保护》一文提出构建空间性文化发展观以平衡古村落民族文化遗产的历史沉淀与当下生活活力，为解决古村落保护中的二元矛盾提供了新思路。在《博物馆文创产品发展研究》一文中，笔者针对文创产品设计与营销的现状，提出了多项改善建议，强调了文化符号认同与个性表达的重要性。

  本论文集还涉及了媒体的国际传播挑战与应对、新媒体时代财经报道的变革与创新、泛娱乐直播的监管对策等多个主题，展现了在新时代背景下，文化传播与产业发展的多维度探索。《政务短视频：融合传播中的社会治理逻辑考察》一文明确政务短视频是政党力量在媒介融合传播领域的延伸，体现了媒介融合传播与社会治理的独特路径，对理解政务短视频在社会治理体系中的作用具有重要意义。《首都外宣需求下北京市属媒体国际传播面临挑战与应对》一文提出应对内容创新、话语和叙事体系构建以及国际传播平台渠道建设挑战的具体策略，为北京市属媒体提升国际传播能力提供了方向。对央视《消费主张》节目的叙事策略研究，分析了该节目在叙事视角、话语、时序、结构等方面的独特风格，为经济新闻专题类电视节目叙事提供了有益的借鉴范例。《可供性视角下北京红色文化智能传播路径探析》一文从传播主体、内容、平台等多角度探索红色文化的生产、社交和移动可供性，旨在打破传播壁垒，实现智能化、数字化、云端化传播，推动北京红色文化传播的创新发展。《新媒体时代的财经报道变革与创新实践》研究展现了新媒体技术推动下财经报道在理念、流程、技术应用方面的深刻变革，反映了财经媒体在新媒体时代的适应性发展策略。

《大众文化语境下内容生产的价值选择困境分析》以《一年一度喜剧大赛》为例，深入剖析大众文化生产者在商业语境下的困境表现与行为逻辑，为理解大众文化生产困境及寻求突破进行了实例分析。《意义经济视域下国内泛娱乐直播监管对策分析》针对泛娱乐直播这一新兴媒介产业形态，揭示其意义机理及"三俗"问题滋生的原因，提出在健全法制底线约束的同时，加强情感意义引导，通过社会主义核心价值观确立与行业典型垂范来树立健康娱乐风气的监管对策，为规范泛娱乐直播行业提供了理论依据。《媒体发展的逻辑》一文从媒介学角度深入剖析媒体发展的内在逻辑与演进方向，阐述了媒体作为人类沟通工具在历史演进中因技术与组织形式变化而产生的不同类型，以及媒介在传播过程中对传承规则和组织形式的改造作用，揭示了媒介技术与社会秩序互动的核心机制。

文化市场和文化消费是现代社会的重要组成部分，它们在推动经济发展、提升文化软实力、丰富人民精神生活、促进社会和谐等方面发挥着不可替代的作用。

《高质量构建现代文化产业体系和市场体系》一文强调科技创新驱动、文化创意核心以及完善要素市场支撑的重要性。全面阐述现代文化产业体系和市场体系的功能作用，展示了我国在该领域建设取得的突破性进展，为进一步推动文化产业现代化发展提供了宏观战略指导。《守正创新，推进文化消费繁荣发展的"北京实践"》和《推进北京文化消费高质量发展》这两篇文章聚焦北京文化消费市场。前者阐述北京在全国文化中心和国际消费中心建设契机下，形成的"五全"模式及其对文化消费市场全面回暖的推动作用，彰显了北京在文化消费领域的示范引领地位。后者对第十一届北京文化消费季举办的五场平行论坛进行了综述，旨在总结各界专家学者为北京文化消费高质量发展提供的政策建议。《中国艺术餐具消费市场调查与发展策略研究》一文着眼于艺术餐具从物质需求向审美消费型转变的趋势，提出艺术餐具新品研发、品牌管理、产品定位等发展策略，为艺术餐具行业发展提供了市场导向的研究成果。

作为论文集的重要栏目，"创意孵化器"积极为年轻的研究生群体提供发稿平台，推动其学术见解的交流与共享。《文化记忆视域下北辛安地区新安城市记忆公园的文化保留研究》一文以城市更新中的北辛安地区为切入点，提出促进街区文化可持续性的举措，为城市更新中的文化保留提供了实践经验与理论思考。《从社交媒体的废墟探险分享看北京城市的背面》一文独辟蹊径，从时间、空间、人三个层面分析北京废墟探险分享现象，探讨废墟形成、空间类型、变迁形态以及探险者与城市的关系，为理解北京城市文化提供了新颖的研究视角。《数字藏品的灵韵再现与辨析》基于本雅明的"灵韵"理论，深入剖析数字藏品概念、属性与生产环节，揭示数字藏品灵韵再现与传统灵韵的本质区别，为数字藏品研究提供了理论深度的探讨。

  本论文集不仅涵盖了元宇宙与传统文化的交汇，也深入探讨了城市文化、民俗传承、文创产品及媒体传播等领域的创新实践与理论思考。希望通过这些研究，为我国创意文化产业高质量发展贡献智慧和力量。

郭 嘉

2024 年 12 月 13 日

目录

中华优秀传统文化"两创"

元宇宙背景下传统文博资源向数字藏品转换的实践及思考
谭云明　冯绮思　安美星 / 003

场景理论视域下我国城市文化意义生产研究　　郭　嘉　王紫薇 / 015

节日绘本对中国传统民俗的影像记录与文化诠释　　丁　莉 / 028

以戏剧内核建立传统文化的抒情表达
——以甲骨文题材舞台剧《玄鸟》的编导创作为例　　卢佳华 / 037

数字化背景下北京钟鼓楼文化资源开发路径研究　　李涵晶　颜　煌 / 047

昆明乌龙古渔村文化的活态保护　　苏雄娟　谭亚楠 / 061

古村落民族文化遗产的"空间"发展路径
——以大理沙溪"复兴工程"为例　　李睿康 / 073

博物馆文创产品发展研究
——以三门峡庙底沟博物馆为例　　陈燕苹　吉润峡　明丽丽 / 087

新闻传播研究

政务短视频：融合传播中的社会治理逻辑考察　　王　擎　揭其涛 / 101

首都外宣需求下北京市属媒体国际传播的挑战与应对　　　　　　　范　敏 / 114

央视《消费主张》节目叙事策略研究　　　　　　　　　刘　超　郝佳玉 / 126

可供性视角下北京红色文化智能传播路径探析　　　　　　　　　刘　娟 / 136

新媒体时代的财经报道变革与创新实践　　　　　　　　　　　　王雪驹 / 148

大众文化语境下内容生产的价值选择困境分析
　　——以综艺《一年一度喜剧大赛》为例　　　　　　王文杰　吴一迪 / 156

意义经济视域下国内泛娱乐直播的监管对策分析　　　　　　　　秦　勇 / 164

媒体发展的逻辑
　　——从媒介学角度研究　　　　　　　　　　　　　　汪　洋　刘敬贺 / 174

文化市场和文化消费

高质量构建现代文化产业体系和市场体系　　　　　　　　　　　杨传张 / 185

守正创新，推进文化消费繁荣发展的"北京实践"　　　　　　　霍　雯 / 193

推进北京文化消费高质量发展
　　——第十一届北京文化消费平行论坛综述　　　　　杨滢新　张钰婉 / 205

中国艺术餐具消费市场调查与发展策略研究　　　　　　谢燕艳　吴春集 / 214

创意孵化器

文化记忆视域下北辛安地区新安城市记忆公园的文化保留研究　　韩　易 / 229

从社交媒体的废墟探险分享看北京城市的背面　　　　　　　　　林　晨 / 239

数字藏品的灵韵再现与辨析　　　　　　　　　　　　　　　　　周芯如 / 248

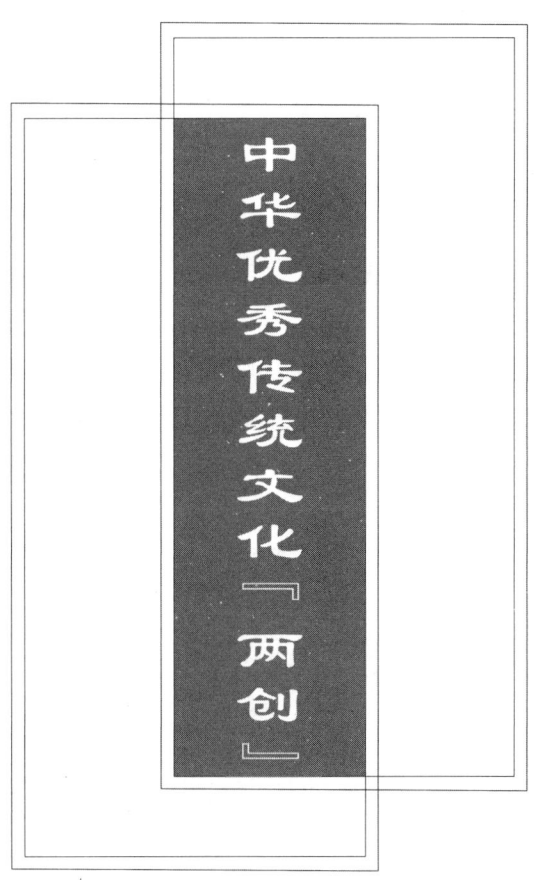

中华优秀传统文化「两创」

元宇宙背景下传统文博资源向数字藏品转换的实践及思考

谭云明　冯绮思　安美星

摘　要：2021年被称为元宇宙元年，文博行业也迎接元宇宙发展热潮并基于数字技术推出数字藏品，释放文博资源的故事性和体验性，并开拓文博实体经济发展方向，创新文博展览方式，焕发文化价值，拉近传统文化与大众的距离。与此同时，在传统文博行业开发数字藏品过程中伴生风险和安全隐患暴露出来，这启发我们出台相关政策或举措，助力博物馆实现可持续发展。

关键词：元宇宙；区块链技术；NFT；数字藏品；博物馆

一、元宇宙、脱域艺术与数字藏品

元宇宙是整合扩展现实、区块链等多种新技术而产生的新型虚实相融的互联网应用和社会形态，能够在经济系统、社交系统、身份系统上密切融合虚拟与现实世界。[①] 元宇宙相关技术应用中比较新颖和独特的是带有数字典藏品属性的非同质化代币（non-fungible token，NFT）。NFT架构在区块链技术上，具有可验证性、透明性、有效性、不可篡改性等特征，相当于"去中心化的虚拟资产或实物资产的数字所有权证书"。被引入国内后，NFT自身的金融属性被去除，人们常将其形象地

---

① 2020—2021年元宇宙发展研究报告[EB/OL]．（2021-09-16）[2022-06-01]．https://www.sohu.com/a/491309561_120855974．

称为"数字藏品"。① NFT技术的迅猛发展能够让数字艺术脱离地理空间定位和时间线索，将物理现实中的非物质文化遗产、传统艺术和现当代艺术作品打造成艺术品产权证形式的数字物品，成为人类无法更改的、独一无二的、不可复制的数字加密艺术，即"脱域艺术",② 让人们跨越时空距离去链上领略艺术作品的文化基因、重组社会关系、建设精神文明成为可能。

在我国文博资源保护与开发过程中，还存在着文物利用效率不高、利用形式同质化严重、科技含量不够、产业化数字化水平有待提升等问题。元宇宙浪潮带来的数字藏品通过对特定文物或其精神内涵生成唯一的数字凭证，并以图片、音乐、视频、电子票证、数字纪念品、游戏道具、3D模型等丰富多样的数字形式呈现出来，在保护文博资源数字版权的基础上，实现真实可信的数字化发行、购买、收藏和使用，为解决目前传统文博资源保护与开发过程中的难题并有效平衡文物"保护好、传承好、利用好"的要求提供最优选项。不仅使传统文物能够在数字时代"活起来"，也在新时代年轻人中"火起来"，打造出数字文化遗产活化的中国方案。③

二、传统文博资源向数字藏品转换研究现状

目前，已有数十家博物馆、文化遗产保护单位对传统文博资源向数字藏品转换进行了尝试和探索，但由于数字藏品为新兴领域，现有相关学术研究较少。截至2022年7月1日，笔者以"数字藏品"和"博物馆"为关键词在中国知网上检索，共搜到相关学术期刊19篇，研究主要涉及三方面：一是元宇宙技术手段对文博资源向数字藏品转换的价值，作者认为NFT技术实现了可溯源开发④，成为解决我国文物事业发展中资源利用程度不高、利用手段不多、利用不当等难题的有效手段⑤，

---

① 房佳佳. 数字藏品真的可以"一夜暴富"吗 [J]. 方圆，2021 (24)：54-57.
② 顾振清，肖波，张小朋，等."探索思考展望：元宇宙与博物馆"学人笔谈 [J]. 东南文化，2022 (3)：134-160，191-192.
③ 魏鹏举，柴爱新，戴俊骋，等. 区块链技术激活数字文化遗产研究 [J]. 印刷文化（中英文），2022 (1)：115-148.
④ 牟丽君，许鑫. 基于NFT的非遗数字资源开发研究 [J]. 农业图书情报学报，2022 (6)：14-23.
⑤ 魏鹏举，柴爱新，戴俊骋，等. 区块链技术激活数字文化遗产研究 [J]. 印刷文化（中英文），2022 (1)：115-148.

文化遗产能够通过牵手元宇宙技术来实现和数字技术的双向互动与协同治理[①]。二是通过聚焦元宇宙技术环境下文博资源向数字藏品转换的具体实践，为博物馆数字化转型发展提供路径支持，包括对湖南博物院推出马王堆文创元素数字藏品等系列应用实践的研究[②]，以及成都金沙遗址博物馆以"太阳神鸟"等文物为原型打造数字藏品的实践[③]。三是聚焦文博资源向数字藏品转换中存在的风险与问题，如法律风险和合规问题[④]、文物信息安全等安全隐患和风险[⑤]、经济风险、用户隐私泄露和过度娱乐化[⑥]、版权问题[⑦]等。

综上，目前学界对数字藏品的研究多停留在价值表述、技术支持、具体实践、发展方向和现实问题方面，学界在数字藏品的文化传承、品牌营销、产权保护的价值及面临的法律问题、金融风险、二次交易等方面基本达成了共识，但总体上话题较为零散，文献资料较少，研究内容多呈碎片化特点，研究视野尚需进一步拓宽。当前的研究更多是理论层面的探讨，对于具体实践层面传统文博资源向数字藏品转换的必要性、社会环境、探索实践和问题难题等方面的研究不多，尚未形成系统化的数字文化遗产活化的中国方案。随着元宇宙技术的持续完善和博物馆对数字化转型需求的不断提升，本文聚焦于传统文博资源向数字藏品转换的底层逻辑和现实意义，探讨数字藏品发展的社会背景和发展现状，以及数字藏品蕴含的现实价值和面临的问题困境，为传统文博资源向数字藏品转换提供指导。

三、传统文博资源向数字藏品转换的底层逻辑及核心驱动力

（一）政策逻辑：顺应国家战略背景，行业监管政策逐步完善

文博资源对于传承和弘扬中华优秀传统文化、推动经济社会发展及促进世界文

[①②③] 魏鹏举，柴爱新，戴俊骋，等.区块链技术激活数字文化遗产研究[J].印刷文化（中英文），2022（1）：115-148.

[④] 徐棣枫，谭缙.元宇宙时代馆藏资源运营的法律风险与合规问题[J].东南文化，2022（3）：161-168.

[⑤] 赵子龙.博物馆离"元宇宙"有多远？[J].艺术市场，2022（5）：28.

[⑥] 魏鹏举，柴爱新，戴俊骋，等.区块链技术激活数字文化遗产研究[J].印刷文化（中英文），2022（1）：115-148.

[⑦] 黄玉烨，潘滨.论NFT数字藏品的法律属性：兼评NFT数字藏品版权纠纷第一案[J].编辑之友，2022（9）：104-111.

化互联互通等方面均具有重要意义。因此,我国持续出台相关政策来更好地推进文物资源保护、鼓励文物适度与合理开发,开创符合国情的文物保护与开发的中国模式。

从表1、表2、表3可见,相关部门出台了多项文件支持文化产业数字化发展,鼓励技术和文物相结合创造数字文化新体验,并出台了具体措施,以激发市场活力和各主体创造力,为文物数字化发展提供广阔的市场空间,数字化转型和数字文化产业成为文物保护和开发的重要方向,这是一方面。另一方面,国家在鼓励文化产业数字化建设的同时,也逐步出台了相关政策来加强监管,保护市场主体各项权益,这有助于倒逼劣质平台退出,吸引更多优质产业布局文博类数字藏品领域,规范市场运作,助推市场的平稳健康发展。

表1 鼓励文物资源保护与开发的相关文件

时间	发布机构与文件名称	主要内容
2011年6月	国家文物局发布《国家文物博物馆事业发展"十二五"规划》	加快构建法制完备、体制健全、机制合理、规范有序的文物保护体系和文物博物馆公共文化服务体系,积极推动文物保护、利用、传承的有机结合。
2016年3月	国务院印发《关于进一步加强文物工作的指导意见》	加强文物保护,让收藏在博物馆里的文物、陈列在广阔大地上的遗产、书写在古籍里的文字都活起来。
2016年5月	文化部、国家发展改革委等发布《关于推动文化文物单位文化创意产品开发的若干意见》	推动文化创意产品开发,要始终把社会效益放在首位,实现社会效益和经济效益相统一;调动文化文物单位积极性,加强文化资源系统梳理和合理开发利用;鼓励和引导社会力量参与;充分运用创意和科技手段,注意与产业发展相结合。
2017年2月	国家文物局发布《国家文物事业发展"十三五"规划》	进一步提高文物保护的科技含量和装备水平,突破文物展示利用手段和形式;明显提升馆藏文物展示利用效率,逐步形成文物单位文化创意产品体系;有效保护文物收藏者的合法权益;文物保护成果更多惠及人民群众。
2022年5月	中共中央办公厅、国务院办公厅印发《关于推进实施国家文化数字化战略的意见》	发展数字化文化消费新场景,大力发展线上线下一体化、在线在场相结合的数字化文化新体验。加快文化产业数字化布局,培育一批新型文化企业,引领文化产业数字化建设方向。构建文化数字化治理体系,完善文化市场综合执法体制,强化文化数据要素市场交易监管。

表2 文化产业数字化需求、推动文化产业数字化发展相关文件

时间	发布机构与文件名称	主要内容
2012年2月	中共中央办公厅、国务院办公厅印发《国家"十二五"时期文化改革发展规划纲要》	实施文化数字化建设工程。
2012年7月	国家统计局发布《文化及相关产业分类（2012）》	增加文化创意、文化新业态、软件设计服务、具有文化内涵的特色产品的生产等内容。
2018年4月	国家统计局发布《文化及相关产业分类（2018）》	增加符合文化及相关产业定义的活动小类，其中包括互联网文化娱乐平台、观光旅游航空服务等文化新业态。
2020年4月	中共中央、国务院印发《关于构建更加完善的要素市场化配置体制机制的意见》	把数据作为新的生产要素单独列出，对数字经济发展起到基础性和支撑性的关键作用。
2020年7月	国家发展改革委等13部门发布《关于支持新业态新模式健康发展激活消费市场带动扩大就业的意见》	推动经济社会数字化转型，发挥数字化创新对实体经济提质增效的带动作用。
2022年5月	中共中央办公厅、国务院办公厅印发《关于推进实施国家文化数字化战略的意见》	明确文化数字化在产业中的地位，明确从文化产业数字化布局到文化数字化生产力快速发展的方向，为文化产业的数字化需求提供了更为广阔的发展空间。

表3 数字藏品监管相关文件

时间	发布机构与文件名称	主要内容
2021年5月	中国互联网金融协会、中国银行业协会、中国支付清算协会联合发布《关于防范虚拟货币交易炒作风险的公告》	金融机构、支付机构等单位不得为客户提供虚拟货币登记、交易、清算、结算等服务；不得接受虚拟货币或将虚拟货币作为支付结算工具；不得发行与虚拟货币相关的金融产品等。
2021年9月	中国人民银行、中央网信办等10部门联合发布《关于进一步防范和处置虚拟货币交易炒作风险的通知》	明确虚拟货币和相关业务活动本质属性，建立健全应对虚拟货币交易炒作风险的工作机制。
2022年4月	中国互联网金融协会、中国银行业协会、中国证券业协会联合发布《关于防范NFT相关金融风险的倡议》	NFT作为一项区块链技术创新应用，在丰富数字经济模式、促进文创产业发展等方面显现出一定的潜在价值，但同时也存在炒作、洗钱、非法金融活动等风险隐患。倡议包括两方面主要内容：一是坚持守正创新，赋能实体经济。二是坚守行为底线，防范金融风险。

(二) 技术逻辑：元宇宙催生新的文化需求，区块链带来版权解决方案

元宇宙相关技术中比较新颖和独特的是 NFT 架构，它具有可验证性、透明性、有效性、不可篡改性等特征，它的核心价值主要体现在推动数字内容资产化，保证数字资产的唯一性、真实性和永久性，提高数字资产的交易流动性等方面。在国内，NFT 更多地以数字藏品的形式为人们所熟知，呈现形式丰富多样，包括但不限于数字图片、音乐、视频、电子票证、3D 模型等。每一个数字藏品都代表特定作品、艺术品和商品或其限量发售的单个数字复制品，不可篡改、不可分割，也不能互相替代。

(三) 产业逻辑：聚焦流量增长与价值潜力，拓展产业数字化空间

1. 传统博物馆：场景限制和数字化探索

文博藏品承载着历史文化价值，具有普及教育和文化传承的作用，但其观看与传播活动依附于藏品的物理实体，观看者只能在特定的时空中欣赏。同时，文博资源的稀缺性和独特性对文物的保护、研究和展示提出了更高的要求，文博收藏意味着对藏品的物理垄断。数字藏品通过技术手段将不可复制的、唯一的馆藏文物等转化为可编辑、复制和保存的数字化图像、模型或信息[①]，这释放了文博资源的文化价值，让馆藏文物突破时间、空间、展示形式的限制，增强中华优秀传统文化的受众可及性，也能够减少实体文物的展出损耗，使文物实现云端"永生"。自 2011 年数字敦煌博物馆建立以来，借助数字技术实现文物数字化以提升体验性、互动性和趣味性，已经成为博物馆的发展新趋势。在元宇宙浪潮下，数字文博藏品的开发迎合了这一趋势并拓展博物馆的商业模式，是"发展数字化文化消费新场景"的实践探索。

2. 数字藏品：数字化破局和规范运作

《区块链技术激活数字文化遗产研究》一文指出，以区块链为核心的数字技术有三大作用：规范数字内容标准、明确数字内容的权利归属、完善数字博物馆建设[②]，

---

① 徐棣枫，谭缙. 元宇宙时代馆藏资源运营的法律风险与合规问题 [J]. 东南文化，2022 (3)：161-168.
② 魏鹏举，柴爱新，戴俊骋，等. 区块链技术激活数字文化遗产研究 [J]. 印刷文化（中英文），2022 (1)：115-148.

这表明数字技术是保护好、传承好传统文化的重要手段。将创新科技与文化产业相融合，使"束之高阁"的馆藏珍品转变成"触手可及"的数字藏品，促进传统文化的数字化"焕活"，是助力文化创意产业数字化破局，促进实体经济和行业健康发展的有益尝试。

同时，博物馆数字藏品以博物馆为发行方来合作、授权，对于纯数字化的新型资产而言是较为稳妥的资质背书，为藏品价格提供足够的价值支撑。在我国监管环境下，代币已经被认为具有金融属性而禁止流通，NFT作为非同质化代币虽然本质上跟代币不同，但仍然受到主管机关的关注。对于产业应用而言，将其"限定"在收藏属性、弱化交易属性的需求与博物馆藏品属性高度契合，用户对文博类NFT的认知较为明确，加之可以借此传播历史和文化知识，兼具公益效果，因此主管机关也相对容易接受，合规风险较低。

3. 市场空间：年轻用户和产业布局

据贝壳财经对数十个数字藏品QQ群的统计，其中有64%的人是90后、00后。也就是说，多数人属于Z世代。Z世代是指出生于1995年至2009年的人。据官方数据，我国Z世代人口规模约2.64亿，占总人口比重约为19%。Z世代对新事物的接受度很高，他们更看重消费体验，而非产品本身的功能效用。数字藏品的个性化、故事性、社交属性契合新时代消费者对意义价值和情感认同的追求，具有较大的市场潜力。同时，数字藏品平台不断增加。2022年3月至5月，数字藏品平台从100多家猛涨到300多家，蓝色光标、浙文互联、数码视讯等十余家上市公司，以及阿里"鲸探"、腾讯"幻核"、京东"灵稀"等数字藏品大平台陆续进场，小平台也相继涌现，数字藏品的产业链条已经初具规模。

四、博物馆数字藏品拥抱元宇宙的实践与探索

（一）形式多元与创作缺位：文博类数字藏品的实践发展

2021年被称为数字藏品元年，中国数字藏品市场规模达到2.8亿元。2021年10月，鲸探发起针对文旅数字化的"宝藏计划"，与湖北省博物馆、湖南博物院、河南博物院等24家文博单位达成合作并推出多款数字藏品。在藏品内容方面，对于

文博院馆来说，青铜器、书画、建筑模型、古建筑设计图等，都可以通过二次创作成为数字藏品供公众收藏；在形式方面，数字藏品的创新边界正被不断拓宽，数字绘画、照片、音乐、视频、3D模型等形式层出不穷。中国国家博物馆科研管理处副研究馆员王开在《元宇宙与博物馆数字文创藏品》中将数字藏品分为适配成熟网络生态的皮肤类数字藏品和适配新型服务平台的独立数字藏品两种，其中皮肤类数字藏品经历了2D浏览级图片、3D数字模型和"3D数字模型＋定制化互动"的发展历程。①

文博类数字藏品的表现形式虽然在不断走向多元化，但是存在更具二次创作空间的皮肤类数字藏品发行数量较少、独立类数字藏品出现同质化现象等问题。此外，文博类数字藏品还存在文化创作表达缺位和精神价值传承缺失等问题，大多数文博类数字藏品只是借助技术手段将经典文物内容复制，通过刺激大众的感官体验和好奇心吸引关注，掩盖了其承载的文化价值和历史文化的内涵。在国家文物局明确提出"文博单位不应直接将文物原始数据作为限量商品发售"的背景下，激励二次创作、提升数字藏品的文化内涵、开发独特数字藏品成为文博类数字藏品发展方向。

（二）虚实共生与文化焕新：博物馆数字藏品拥抱元宇宙的现实价值

1. 创新文博展览方式，焕发文化价值

一方面，作为数字技术与传统文化的结合，数字藏品除藏品名称、渲染图片、配套背景之外，还添加了"文物知识解析""文物背景介绍"等信息，增强文博院馆的影响力、故事性和体验感。藏品与3D、VR等技术相结合提供沉浸式、情景化的感官空间和体验，能够还原藏品的历史文化环境，解决实体藏品脱离出土情景的问题，使用户能够更加直观、生动、全面地感受藏品所处时代的历史故事和宏大背景，丰富藏品相关的信息内容，增强藏品的"可读性"；另一方面，囿于实体藏品的稀缺性和独特性，藏品往往被束之高阁。数字藏品通过技术手段保留了藏品的"稀缺"属性，同时也让"藏品"走向大众，使普通大众也能够参与文物收藏，并在娱乐社交、体验互动的过程中学习和了解传统文化，参与文化传承，提升文物本身的社会教育价值。作为新技术赋能下的文物新形式，数字藏品符合元宇宙浪潮下强调体验

---

① 顾振清，肖波，张小朋，等."探索 思考 展望：元宇宙与博物馆"学人笔谈[J]. 东南文化，2022（3）：134-160，191-192.

感、个性化和娱乐性的社会文化特征和数字化时代人们对感官体验的追求，也契合传统文物加强文物保护管理、实现数字化转向、创新表现形式、发挥公共教育功能的需求，提升文物的文化价值和社会价值。

2. 拓展文博商业价值，赋能实体经济

数字藏品是通过区块链技术对应实体文物生成的唯一数字凭证。不同于实体藏品，数字藏品能够借助区块链技术在保证稀缺性、独特性的同时进行买卖，并且兼具了价格的普惠性，激活了传统文物的商业价值。数字收藏并不仅仅在虚拟世界里发挥作用，更要助力真实的文博行业与文创行业发展。文博数字收藏的落地性，主要是指通过数字收藏的发展，进行线上线下的转化，并最终服务于实体经济。一方面，用户可能因参观博物馆而选择购买相应的文化数字藏品，完成由线下到线上的转化，实现传统文物的商业价值，其市场空间也不再受制于物理空间局限，得到进一步拓展；另一方面，博物馆借助数字藏品的发行与推广提升知名度，吸引在线上购买了数字藏品的消费者来到博物馆，从而完成由线上到线下的转化，并以此延长了文博产业链。传统文物在原有的文化价值和社会价值基础上拓展了经济和商业价值，数字文化产业得以发展。

(三) 文博资源向数字藏品高质量转换的风险和挑战

1. 数字藏品发行者和授权方风险

首先，国内数字藏品的相关监管机制和法律体系并不成熟，交易双方权利义务模糊、投机炒作与非法集资等违法犯罪活动容易滋生，这使消费者的合法权益难以得到保障，且部分证照的获取具有一定难度，一些数字文创机构可能未经相关部门批准而自行开展数字采集与生产，存在一定资质合规风险。其次，数字藏品具备金融产品的属性，其价格不单纯由供需关系或其本身价值所决定，藏品因其保值、增值等功能被购买，消费者可能因转售其所有权而获利。成都链安安全舆情监控数据显示，2022年至2023年，国外已发生超20起NFT安全事件，损失金额超8,500万美元。在开放赠送和允许二次交易的情况下，数字藏品平台将面临构成代币发行、组织引导传销活动、非法集资甚至集资诈骗、洗钱、跨境资产转移等金融乃至刑事风险。最后，博物馆数字藏品在生成过程中需要面对文物与数字复制品的分离以及文物所有权、知识产权与数字藏品知识产权的分离，伴生许多权利问题，如文物数字化复制所得的数字藏品知识产权如何认定、仍在版权保护期的文物相关数字藏品如何管理等。由于相关法律法规与管理机制尚不健全，博物馆自身权益有可能受到损害。

2. 购买者风险

目前国内数字藏品平台累计超300家，市场鱼龙混杂，消费者购买数字藏品存在潜在的技术风险和经济风险。部分运营主体不明、无官方联系渠道的机构利用消费者不懂区块链技术，以假乱真，骗取消费者钱财。目前的博物馆数字藏品虽被视为"数字化文创"，并被规定不能进行二次销售只能"转赠"，但一部分消费者仍然看重的是数字藏品作为"藏品"的增值能力，有一定的投机心理，[①]存在藏家私下交易的行为。群聊和二手交易平台，正在成为数字藏品交易的灰色地带，存在很多不规范、不透明的操作，缺乏统一的价值测量标准和公允的定价评估体系。一些藏品在短时间内被反复交易和转售，根据市场行情自主定价，价格波动幅度明显，导致部分产品溢价严重，存在一定市场泡沫。

五、元宇宙背景下传统文博资源向数字藏品转换逻辑的升级

（一）对供给端和需求端进行双向培育，建立规范商业模式

一方面，博物馆在开展研究工作时，必须充分考虑文博类数字藏品的稀缺性以及身份象征意义，如博物馆能够利用数字藏品赋予参观者会员身份象征、会员权益等。此外，博物馆和发行平台可以通过与青年创作者合作设计原创内容和形式更为多样的数字艺术藏品，或是对文物资源素材进行二次创作，并通过微博、微信、抖音等新渠道和媒体平台让文博类数字藏品以创新多元的形式传播，通过发挥数字藏品带来的传播效益满足年轻人的精神文化需求，为传承中华优秀传统文化、坚定文化自信做出贡献。另一方面，相关机构要确保技术支持安全可靠，避免数据损毁、隐私泄漏等问题；用合理方式对买家个人信息进行保存、更正、删除等，规避个人信息保护风险，并构建完善的文化数据安全监管体系和产权保护措施。

---

① 岳品瑜，廖蒙. 狂热交易引投机 iBox遭遇"去金融化"难题 [N]. 北京商报，2022-05-20（3）.

（二）遵从"藏品"属性，挖掘故事性和文化内涵

博物馆和发行方回归"藏品"属性和文物资源本质，挖掘其背后的故事性和文化内涵，深化拓展与高校、互联网企业等不同主体的合作路径，实现优质文博藏品的长期供给和持续开发。

文化是数字藏品的核心竞争力，在数字藏品的风口之下，其发展并不能靠短期的商业炒作，而应该遵从"藏品"属性，发掘文物的艺术内涵与历史意义，通过故事的发掘与场景的营建，形成专属IP，并衍生系列数字藏品，从而延长文博类数字藏品的生命周期，为数字藏品注入更丰富的文化内涵，助力文化"走出去"。

（三）加强监管，防范交易炒作风险

国家应通过立法等形式明确数字藏品各主体的知识产权授权或收益范围，以减少版权所有权纠纷；有关部门应完善数字藏品相关法律法规和行政规定，明确发行方和平台权利义务范围及业务活动本质属性，要求平台配合建立风险监管机制、版权内容审查程序和价值评估系统，让数字藏品的交易底层架构依托于央行数字货币架构，避免不法分子通过数字藏品交易平台进行洗钱、炒作、欺诈、非法集资等违规、违法操作带来的金融风险和文博项目污名化，侵害消费者合法权益。此外，相关监管部门也要承担宣传教育的责任，建立起消费者法律维权和保护机制。

（四）平台增强自律意识

《中华人民共和国电子商务法》规定，消费者在电子商务平台购买商品或者接受服务，与平台内经营者发生争议时，电子商务平台经营者应当积极协助消费者维护合法权益。《中华人民共和国消费者权益保护法》规定，消费者通过网络交易平台购买商品或者接受服务，其合法权益受到损害的，可以向销售者或者服务者要求赔偿。因此，平台应抵御风口利益诱惑，坚持合规经营，坚守商业道德底线，发挥区块链的技术优势，实现交易信息的自动留痕和权利追踪，利用大数据和人工智能进行风险识别并建立透明的评估机制，来维护消费者基本权益。

此外，规范文博类数字藏品市场还需要创作者增强版权保护意识，平台建立相关保护机制，激发艺术家创作热情，形成尊重原创、良性健康的文博类数字藏品创

作氛围，助推文博类数字藏品和文创产业高质量发展。

藏品数字化能够推动文博资源的保护和开发，减少藏品展出损耗，还原文博历史文化环境。数字藏品兼具藏品的稀缺性与价格的普惠性，它突破物理限制，提升文博资源的社会教育意义和价值，并拓展文博资源的商业价值，助力实体经济发展。但最近针对数字藏品的讨论明显在"刹车"，有关数字藏品限制的声音不断涌现，加之数字藏品所涉及的信息安全与权益问题，文博类数字藏品该向何方，成为需要审慎考虑的问题。

（谭云明，中央财经大学文化与传媒学院教授；冯绮思，中央财经大学文化与传媒学院研究生；安美星，苏州大学传媒学院研究生）

场景理论视域下
我国城市文化意义生产研究

郭 嘉　王紫薇

摘　要：文化意义的生产是解决城市文化同质化现象的重要手段，亦是助推城市高质量发展的关键环节。本文基于场景理论对洛阳古城展开个案研究，深入分析该文化空间中河洛文化的意义建构方式，总结出我国城市文化空间的更新思路与城市文化意义的生产方略。研究发现，城市文化空间重塑是实现地方文化意义生产的前提和基础，文化与城市发展并非单向度的驱动，二者在"物性"与"活态"之间的相互作用将使我国各城市、各地方的文化复兴成为可能。

关键词：城市文化空间；区域文化；意义生产场景理论

城市文化是城市人类在城市发展过程中所创造的以及从外界吸收的思想、准则、艺术等思想价值观念及其表现形式，广义的城市文化是城市各要素相互作用的总和。[①] 它由生活在城市中的群体共同创造、生产，又以约定俗成的形式指导城市人类的价值观念，规范人们的行为方式，是有别于其他城市的重要特征，也在一定程度上影响和决定着城市社会发展趋势。21世纪以来，城市社会空间的功能转型成为城镇化发展到特定水平后的必然选择。在由生产型城市转向至消费型城市的过程中，城市普遍存在着景观同质化、消费行为同质化等问题。近年来，倡导以文化为导向、城市建设与文化发展并行不悖的城市更新运动已成为解决上述问题的主要思路。伴随场景理论本土化应用的不断成熟，城市发展中文化动力的重要性、运用场景理论

---

① 杨章贤，刘继生.城市文化与我国城市文化建设的思考［J］.人文地理，2002（4）：25-28.

激活城市文化意义生产的理念已得到论证。

一、场景理论的功能性阐释

关于城市发展动力问题，早在亚当·斯密时代学者就已有研究。吴军 2017 年归纳了 18 世纪以来的 5 类城市增长发展模型（经典模式、人力资本模式、社会资本模式、创意阶层模式、场景模式）。① 这一划分方式体现出城市发展动力先后经历了由土地、社会组织向人力资本与文化的两次转向历程。

（一）作为分析工具：场景理论论证了文化是城市发展的内驱力

丹尼尔·亚伦·西尔、特里·N. 克拉克、克莱门特·亚涅斯早在 2010 年提出了"场景"（scenes/scenescapes）一词，用于说明文化是驱动城市发展的内生动力。该研究团队将城市文化设施集群统称为"场景"，② 对城市场景中的舒适物③进行测量，论证了在全球化、中产阶层化、个体化以及文化消费增长背景下，文化属性是美国、加拿大两国消费社会城市发展的驱动力。④ 此后，特里·N. 克拉克 2013 年在关于场景理论的系统性论述中强调了文化在城市发展中的三点重要意义：文化推动创意城市发展，文化引导城市教育特征，文化借助场景的塑造刺激了文化消费。⑤

场景理论所论证的城市文化动力机制在多个国家产生较大反响，我国亦有多位学者围绕区域发展、城市发展中的文化动力问题进行了深刻剖析。徐晓林等人认为，场景理论的出现推动了区域发展研究转向。它以价值观为核心，以文化动力为主要特征，重点关注区域内的文化消费与生活方式，肯定了文化与都市文化设施在区域

---

① 吴军. 场景理论：利用文化因素推动城市发展研究的新视角［J］. 湖南社会科学，2017（2）：175-182.
② SILVER D A, CLARK T N, YANEZ C J N. Scenes: social context in an age of contingency［J］. Social forces, 2010 (7): 2293-2324.
③ 舒适物，是指使人在感官和心情上感到舒适、愉悦、满足的事物、环境、事件、设施或服务。王宁. 城市舒适物与社会不平等［J］. 西北师大学报（社会科学版），2010（5）：1-8.
④ SILVER D A, CLARK T N. Scenescapes: how qualities of place shape social life［M］. Chicago: University Of Chicago Press, 2016.
⑤ 吴军. 城市社会学研究前沿：场景理论述评［J］. 社会学评论，2014（2）：90-95.

发展中所发挥的重要驱动作用。[①] 吴军提出，文化和价值观是场景理论的核心所在，文化和价值观通过区域场景反映和形塑着人们的空间行为动机与现代生活秩序。[②] 祁述裕认为，场景理论建立了微观文化动力学，深化了人们对文化在经济发展中动力作用的认识，强调文化设施与社区、文化实践活动等多种文化要素的协同性和在地化，是探究激发城市活力的重要分析工具。[③]

总体来看，场景理论进入我国后已在场景体系建设[④]、城市动力学[⑤]、历史文化街区保护与复兴[⑥]等研究方向中得到广泛应用。它作为一种新型区域研究分析工具，在观照地方文化风格和美学特征的基础上，论证了文化是城市社会经济发展的内生动力，为社会空间中的文化向度研究提供了一种有效思路。

（二）作为建构工具：场景理论是城市文化意义生产的指导依据

场景理论在我国的本土化实践有其特殊性，对该理论的应用需考虑文化与体制机制的差异性问题，研究者既要对场景理论分析框架进行调试，又要考虑到场景内不同主体的实践顺序性与能动性。我国城市建设主要由政府、企业组织、民众三方面主体共同完成，其中城市经济发展策略的制定及文化增长模式的选择多由政府主导。这一特征决定了场景理论在作为一种社会空间测量分析工具的同时，还是一个具有过程建构、政策适用、偏重消费等特点的应用工具，是城市发展、区域文化建

[①] 徐晓林，赵铁，克拉克. 场景理论：区域发展文化动力的探索及启示[J]. 国外社会科学，2012（3）：101-106.

[②] 吴军. 城市社会学研究前沿：场景理论述评[J]. 社会学评论，2014（2）：90-95.

[③] 祁述裕. 建设文化场景培育城市发展内生动力：以生活文化设施为视角[J]. 东岳论丛，2017（1）：25-34.

[④] 刘东超. 场景理论视角上的南锣鼓巷[J]. 东岳论丛，2017（1）：35-40；郭梓亮. 历史街区场景特色及构成的量化研究[D]. 广州：广东工业大学，2018；陈波，赵润. 中国城市非遗传承场景评价指标体系构建与实证[J]. 华中师范大学学报（人文社会科学版），2020（4）：78-86.

[⑤] 桂慕梅. 场景、民俗及认同：天津古文化街年货市场研究[J]. 云南民族大学学报（哲学社会科学版），2015（3）：83-92；祁述裕. 建设文化场景培育城市发展内生动力：以生活文化设施为视角[J]. 东岳论丛，2017（1）：25-34；郭嘉，卢佳华. 城市发展中的亚文化场景建构：一项关于北京后海酒吧街的民谣音乐文化的研究[J]. 中国文化产业评论，2019（1）：374-386.

[⑥] 吴军. 文化场景营造与城市发展动力培育研究：基于北京三个案例的比较分析[J]. 中国文化产业评论，2019（1）：305-323；程诗雅. 场景视角下的青岛八大关历史街区保护更新研究青岛[D]. 青岛：青岛理工大学，2020.

构的重要实践依据。①

近年来，有关文化实践与社会性空间的互动和意义生产的研究获得关注，而"作为一种建构工具，场景理论是城市文化意义生产的重要依据"这一观点也得到明确阐释。范玉刚指出，场景理论的核心要义是意义（价值观）的生产与消费，场景理论凸显的是大众消费实践中意义的建构和价值的传播，以及审美品位和体验的生成。②庞春雨等人论证了场景理论与社区老年文化建设的内在同一性，提出要将"天地人和"文化价值观引入社区老年文化建设中。③余丽蓉基于场景理论提出城市文化空间的创新，即构建蕴含文化价值观的城市空间将能够增强城市文化竞争力和文化吸附力，她围绕传统社区文化空间、符号文化空间、地方特色文化空间、非主流文化空间阐释城市文化创新策略。④周详等人认为，由于空间的消费性掩盖了空间的社会性与文化性，因此，要通过在历史性城市景观的消费体验中保持地方文化的原真性，以增强消费者对地方文化的感知。⑤以上研究或从理论层面阐述了场景理论对于文化设施建设、文化实践活动开展及群体和个人价值观等的形塑之于城市文化意义生产的重要性，或探索了某一特定群体社会空间的文化场景建设思路，但还没有相关研究运用场景理论通过城市个案研究解决当前城市文化空间再造与意义生产问题。

河南省洛阳市（以下简称"洛阳"）是国家历史文化名城，是河洛文化的核心区域。洛阳拥有较多河洛文化遗存，通过当地居民世代传承，洛阳保留了相对完整的河洛文化风貌，因而是河洛文化的重要承载区域。近年来，伴随城镇化发展，河洛文化催生出多种文化形态，但各细分文化形态难以完全体现洛阳人民的独特生活

---

① 温雯，戴俊骋. 场景理论的范式转型及其中国实践［J］. 山东大学学报（哲学社会科学版），2021（1）：44-53.
② 范玉刚. 文化场景的价值传播及其文化创意培育：城市转型发展的文化视角［J］. 湖南社会科学，2017（2）：160-167.
③ 庞春雨，李鼎淳. 场景理论视角下社区老年文化建设探索［J］. 学术交流，2017（10）：168-177.
④ 余丽蓉. 城市转型更新背景下的城市文化空间创新策略探究：基于场景理论的视角［J］. 湖北社会科学，2019（11）：56-62.
⑤ 周详，成玉宁. 基于场景理论的历史性城市景观消费空间感知研究［J］. 中国园林，2021（3）：56-61.

方式和"整套生存式样"①,这使得当地居民对河洛文化的感受较弱,外来游客对洛阳城市文化的认知较为模糊。面对这一现状,洛阳市政府、企业组织、民众自上而下地深度参与了城市文化意义的生产建设过程,通过调节生产方式、建构文化意义等手段推动了城市文化建设,其建设过程与成果也同场景理论中的关键作用、目标图景相吻合。故本文以洛阳为例,探索场景理论视域下河洛文化的"再生态化"与文化空间重构方式,探讨河洛文化复兴之可能,并归纳出城市文化意义生产方略。

二、场景理论视域下河洛文化意义建构分析

城市文化是一个大的地域文化概念,是城市中多个社会空间内在文化意义的集中体现。若以某一城市为研究对象来探讨城市文化意义建构问题,该研究则具有复杂性、层次性和长效性。比较而言,研究者采取整体性视角,选取城市中具有典型性的社会空间进行分析与探讨,则能有效破除微观与宏观壁垒,获得信度和效度更高的研究成果。在洛阳众多社会空间中,洛阳古城特色文化街区(原名为洛阳东西南隅历史文化街区,也称老城片区,以下简称"洛阳古城")历史悠久、文化底蕴深厚,其生活空间与旅游空间融合度较高,是洛阳一处具有较强代表性的历史文化街区,可作为河洛文化的重要案例进行深入剖析。

（一）洛阳古城：一个文化旅游示范性较强的历史文化街区

洛阳古城位于洛阳老城区,东起新街、西至金业路、北通中州路、南达九都路,主要包括"两轴两核":两轴即横向的"东西大街",纵向的"南大街""兴华街";两核即"洛邑古城""丽景门"。洛阳古城历史文化悠久,是古洛阳旧城址所在,也是洛阳市现存唯一的地上城池。

自20世纪90年代起,洛阳古城陆续完成了街区更新工程,这一举措对河洛文化的发展起到了助推作用。街区内展现河洛文化的主题活动较为丰富,"河洛文化大集""花倾城·原创音乐节""霞客带你游老城"等特色活动相继开展。近年来,伴

---

① 美国人类学家克莱德·克鲁克洪将文化界定为：某个人类群体独特的生活方式,他们整套的"生存式样"。克鲁克洪,杰埃格,塞尔斯尼克,等.文化与个人[M].高佳,何红,何维凌,译.杭州:浙江人民出版社,1986:4.

随《唐宫夜宴》等文艺节目的爆红，洛阳逐渐成为文化旅游重要目的地之一。洛阳古城也借助网络热度提升了知名度与影响力，它先后登上央视《新闻联播》《2020年中央广播电视总台中秋晚会》《骑行中国》等节目，成为河南卫视《七夕奇妙游》《中秋奇妙游》和院线电影《幸运贩卖机》的取景地，签约了热播电视剧《风起洛阳》的线下 IP 授权合作。发展至今，洛阳古城已成为具有典型性与示范性、能较好呈现河洛文化特点的城市历史文化街区，它先后被河南省文化和旅游厅、文化和旅游部评为河南省历史文化街区（2018）、河南省省级旅游休闲街区（2021）、国家级夜间文化和旅游消费集聚区（2021）和国家级旅游休闲街区（2022）。

（二）基于场景理论的洛阳古城意义生产

作为场景理论的重要主体，政府、企业组织、民众三方逐层参与了洛阳古城建设，不断充实了河洛文化的物性之维。

1. 政府主导完善基础设施，营造河洛文化氛围

洛阳古城的建筑肌理与多座古建筑是河洛文化的主要标志之一。据《洛阳市老城区志》记载，洛阳古城为金朝兴定元年（1217年）在宋河南府的基础上建成。宋代以来，城市结构有了重大改变[①]，洛阳也在这一时期由里坊形制转变为线形布局。今天，洛阳市政府在洛阳古城的升级改造项目中十分注重古代城池面貌的复原，旨在通过街区功能划分、公共空间疏解、基础设施改造及文物保护利用等方面统筹谋划，从建筑式样、道路布局等方面着手复原古代河洛风貌，为街区内河洛文化的赓续夯实基础。

一是草拟规划方案，明确划分洛阳古城文化功能区域。20世纪90年代编制的《老城历史街区保护规划》拉开了洛阳古城更新的序幕。2000年《洛阳老城历史街区保护管理暂行办法》印发，2008年《洛阳历史文化名城保护规划》发布。[②] 2011年《洛阳市东、西南隅历史文化街区保护与整治规划》草拟完毕，经论证、评审、完善及国家有关部门审批，最终《洛阳市东、西南隅历史文化街区（老城片区）保护规划》和《洛阳市老城片区控制性详细规划》2013年正式出台，文件划定了洛阳古城的五大功能片区，即十字街商业文化带、东南隅传统居住片区、西南隅传统居

---

① 许倬云. 万古江河：中国历史文化的转折与开展 [M]. 长沙：湖南人民出版社，2017：274.
② 杨春旺，孙海洲. 两轴连四街古城换新颜 [N]. 大河报，2013-10-17（AL15）.

住片区、环城景观带、中州东路都市商业带。2019年，政府委托东南大学完成《洛阳市东西南隅历史文化街区修建性详细规划（2019—2035）》，该规划明确了修建原则与规划目标，并将总体布局修订为"一环、两轴、五片、六节点"。① 历次规划旨在保留洛阳古城民居古建与传统生活生产功能，实现街区空间格局的整体性、真实性保护。

二是疏解腾退本地居民，激发街区空间文化潜能。完成当地居民的部分腾退是落实洛阳古城更新工作的第一步，也标志着洛阳古城从规划正式进入实施阶段。过去，洛阳古城民居建筑数量多，公共空间拥挤，街区空间因私搭乱建而难以保留原有格局。政府曾尝试对区域内部分房屋进行拆迁、改造，但由于规划不明确、居民的离开，致使房屋破损倒塌无人维护、被长期搁置。2013年开展的回迁工作安排当地居民整体搬迁至街区附近的两个安置用地，完成了街区内约75%的居民搬迁。居民腾退、违建拆除有效扩大了街区公共空间，使得较为完整地保留、恢复金元时期"九街十八巷，七十二胡同"的街巷肌理成为可能。

三是实施工程改造项目，完善洛阳古城日常生活基础设施。升级改造前的洛阳古城长期缺乏管理与维护，居民日常生活基础设施水平欠佳，街区内文化旅游配套服务设施不足。升级改造后，洛阳古城完成了市政基础设施改造与优化升级工作。在完善街区基础设施的同时，改造工程还围绕街巷建筑展开登记、修缮工作，对街区内的民居房屋进行编号，定期修复破损房屋，实现了街区内民居建筑的系统化维护。

四是多措并举，实现洛阳古城内文物古迹保护与可持续发展，形成以古建筑为主、以仿古建筑为辅的建筑格局。经统计，洛阳古城内文物古迹资源丰富，现有文物32处、历史建筑81处。为此，洛阳市政府从以下三方面完成了对街区内历史文化资源的承续。第一，加强文物保护力度，对唐宣仁门遗址、宋代衙署遗址、城墙遗址、玉虚观、四眼井遗址进行重点保护。第二，修旧如旧，整治城墙遗址，恢复东城门、南城门，对文庙、城隍庙、安国寺、文峰塔和鼓楼进行修缮和保护，对妥灵宫和董公祠进行恢复修缮。第三，对损毁遗址进行再造再现，洛阳市政府于2002年重建了金元时期的丽景门（包括城门楼、瓮城、箭楼、城墙、丽景桥）；在东南隅

---

① 《洛阳市东西南隅历史文化街区修建性详细规划（2019—2035）》公示［EB/OL］.（2019-12-09）［2023-02-22］. http://lybnrp.ly.gov.cn/2024/09-12/95823.html.

和西南隅传统居住片区内，按照历史记载恢复水系，对民居进行修缮和改造。

2. 企业组织优化产品服务，助推河洛文化融合发展

洛阳古城中的文化实践活动是人们感知河洛文化的重要渠道。由政府主导的洛阳古城更新工程较好地营造了街区内的文化氛围，使企业组织得以在此开发与古城风貌相匹配的文化服务与文化产品。研究发现，企业组织通过以下三种方式将河洛文化中的各类细分文化凝聚于同一时空，实现河洛文化的融合发展。

一是管委会牵头的片区式管理为河洛文化融合发展提供可能。2015年，洛阳古城的管理机构——洛阳市古城管理委员会（以下简称"管委会"）成立，该机构对街区进行片区式管理，每个片区均由不同公司具体运营，各片区延伸出独具特色的细分文化主题。以十字街夜市为例，20世纪80年代初在洛阳古城十字街自发形成了一个小吃市场，为进一步规范市场，提供配套服务设施，21世纪后管委会关闭小吃市场并对其进行改造，2009年小吃市场重新开放并更名为十字街夜市。重新开业的十字街夜市总长150米，共有小吃摊位近170家，管委会对每个摊位进行编号，并邀请老字号餐饮名店进驻，一系列举措使十字街小吃片区较好地呈现了河洛地区的饮食文化，并促进了该片区夜间经济的发展。

二是以活动融合各类河洛文化表现形式于同一时空。文化遗产是地域文化的重要组成部分，也是地域文化传播、传承的重要载体。洛邑古城是洛阳古城内一处集游玩、吃、住、购于一体的重要文化旅游目的地，由河南洛邑古城文化旅游发展有限公司运营管理。该区域以文峰塔、文庙等历史文化遗存作为文化肌理，着力将非物质文化遗产打造为区域内核心优势，集中展示洛阳国家级、省级等四级名录体系中的一百余项非物质文化遗产代表性项目，完善了洛阳非物质文化遗产传承体验设施，丰富了洛阳非物质文化遗产传播形式。洛邑古城不仅较好地整合了河洛文化中的物质与非物质文化遗产资源，还在春节、元宵节等中国重要传统节日和洛阳牡丹文化节等地方特色节日期间举办各类文化活动，不断丰富河洛文化的表现形式，吸引更多民众参与、感受河洛文化。洛阳牡丹花会是国家级非物质文化遗产代表性项目，洛邑古城在第40届中国洛阳牡丹文化节期间，以沉浸式体验隋唐风貌为主题，举办"梦里隋唐·尽在洛邑"汉服文化节，开展"梦里隋唐·丝路风情"新疆非遗文化展演系列活动，推出《洛神赋》《楼兰谣》等沉浸式演出剧目。此次活动聚焦牡丹文化与隋唐时代的内在关联，通过一系列演艺、体验手段，较好地营造了河洛文

化的古都风韵。据统计，洛邑古城于本届文化节接待游客量超 158 万人次，接待各类旅游团体 727 批次。①

三是配置河洛文化产品，满足多样性人群需求。从功能角度来看，历史文化街区承载着当地居民的文化记忆，因此，洛阳古城应当首先是当地居民的生活休闲空间，其次是外来游客的文化旅游空间。为满足多样性人群需求，洛阳古城当前既有满足当地居民文化生活需求的文化用品店 121 家、字画店 78 家、殡葬店 12 家，又有满足外来游客体验需求的汉服店 12 家，还有同时满足本地居民与外来游客需求的购物类店铺 219 家、餐饮类店铺 178 家、休闲娱乐类店铺 25 家。对本地游客的关注使街区实现可持续发展，新冠疫情后，洛阳古城内店铺的整体营业状况虽受到一定影响，但由于消费人群占比发生变动，以本地游客为主的文化消费特点使得街区内多数店铺能够继续经营。

3. 民众集聚形成新型社区，构建当代河洛文化

河洛文化氛围的持续提升与各类文化形态的融合发展使得洛阳古城吸引了大量人才和游客在此集聚、交流、交往。他们在互动与生产过程中自觉传承了河洛文化，实现了河洛文化意义的再生产。

首先，对于洛阳古城的改造更新，当地居民给出"生活便利""对老人友好""改造后环境更好"等正向反馈。他们几乎都能如数家珍地介绍洛阳特色美食以及街区内哪家店铺味道正宗，日常也会去洛阳古城散步、游玩。其次，洛阳古城为各类经营者提供了文化沃土，吸引不少商户来此经营。书画篆刻店的经营者认为，洛阳古城文化氛围浓厚，相比于其他街区更为质朴，有烟火气，传统艺术工作者在这边开店很合适。便利店、美食店经营者因洛阳古城生意好而来此地开店，多数受访者在此地营业 5 年以上。梨膏糖店经营者表示生意虽一般，但其品牌所蕴含的文化价值因店铺所在地而不断凸显，在后辈帮助下其还开设了网店进行售卖。最后，前往洛阳古城的游客被古城内的美食吸引而来，进而对古城区内唐风宋韵文化产生兴趣，他们在此感受到城市舒缓的生活节奏与浓厚的文化氛围，"有置身于古代的感觉"，普遍认为洛阳古城可以被视为洛阳城市文化的代表。

如今，洛阳古城已形成了大量人群的集聚，这些人群的生产生活方式共同构成

---

① 第 40 届中国洛阳牡丹文化节圆满收官！158 万人涌入这座城！[EB/OL].（2023-05-07）[2023-02-22］. https://mp.weixin.qq.com/s/9eXDXB5vSuCmCxZjMVq8oQ.

了河洛文化的缩影，形成了具有河洛文化特征的新型社区。然而，当前人们仅仅自觉形成了河洛文化，其身处河洛文化之中却仍不自知，许多受访者认为自己并不了解河洛文化。此外，受访者普遍认为春节等中华传统节日习俗逐渐消失，人们自发参与传统节日活动的主动性降低，"以前家家户户出人自发舞龙，现在的人不会自愿了，看重酬劳"，亦存在传统文化式微的现象。扬·阿斯曼认为，人们的记忆存在于持续的互动当中，不仅在于与他人记忆的互动，也在于同外在象征符号的互动。①作为一种体制，文化记忆将过去之记忆投射到象征符号上来，实现人们对传统文化记忆的存续与认同。基于此，洛阳市政府部门应发挥文化记忆建构的主体作用，一方面增加河洛文化概念的曝光度，另一方面将河洛文化投射到新的象征符号上来，将隐性的、自觉形成的河洛文化转变为显性的、人人皆知的地域文化概念，打通河洛文化意义生产的"最后一公里"。

三、在"物性"与"活态"之间实现城市文化复得

文化意义的生产是城市高质量发展的重要抓手，是生产型城市向消费型城市转型的战略性因素。本文基于场景理论深入探讨了洛阳古城在建设过程中如何实现河洛文化的复得，重构河洛文化空间。这一个案生动展现了城市文化空间重塑对于地方文化意义生产的重要作用，也对我国城市文化意义生产具有较强借鉴意义。

（一）场景理论视域下我国城市文化空间更新思路

英国学者雷蒙·威廉斯通过对文化的历时性考量，提出了特定时空下的活态文化（lived culture）概念。②这一概念突出强调了当地居民的文化主体性，其总是基于当地长期以来的日常生活实践而形成某种活态文化，建构相对应的活态空间，建立特定的价值观念。结合我国以政府为主导的文化发展模式来看，城市文化空间更新与文化意义的生产以及城市差异化发展应遵循双向发展理念。一方面，自上而下

---

① 埃尔，纽宁. 文化记忆研究指南 [M]. 李恭忠，李霞，译. 南京：南京大学出版社，2021：139—140.
② 所谓活态文化，指的是人们在特定时空内的日复一日的生活之中经历和体验到的文化，只有那些切实生活在这种情感结构中的人才能完全理解. 张进. 论"活态文化"与"第三空间" [J]. 中南民族大学学报（人文社会科学版），2014（2）：152-157.

地通过政府引导重塑城市文化空间，调节当地居民的生产生活方式，形成特定时空下的活态文化；另一方面，地方活态文化的生成推动当地居民自下而上地建构相应活态空间，产生新的文化价值观念，实现城市文化意义建构。其中，场景理论强调了城市文化意义生产过程中城市文化空间更新的在先性，并为这一双向发展理念提供了重要理论依据（如图1所示）。本文结合洛阳古城案例，总结出以下三点城市文化空间更新思路。

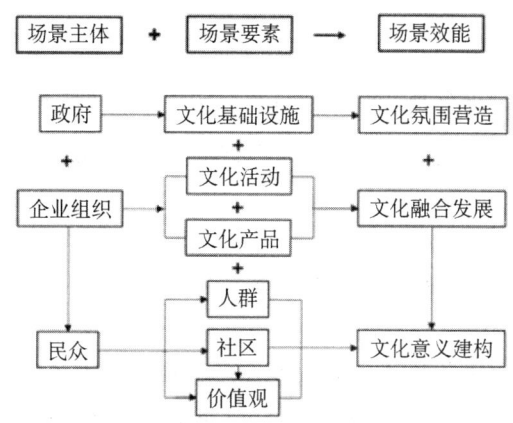

图1　场景理论视域下城市文化空间更新思路图

第一，整体来看，我国城市文化空间由多种场景主体构成，每一场景主体又分有不同场景要素，发挥着不同效能。其中，政府、企业组织、民众是城市文化空间中三类重要的场景主体，它们以不同方式分别作用于场景中的文化基础设施、文化活动、文化产品、人群、社区、价值观等要素，并对城市空间的文化氛围营造、文化融合发展及文化意义建构等方面进行赋能，以实现城市文化空间更新。

第二，三类场景主体在城市文化空间更新中发挥重要作用。依托场景理论建构的理论框架既体现了城市文化空间更新过程中政府的推动作用与企业组织优化营商环境的主导作用，又明确了城市文化空间更新与意义生产的成效取决于民众的现实反馈。在城市文化空间更新过程中，政府发挥导向作用，通过抓准城市文化关键要素、制定城市文化发展规划方案、优化基础设施等措施营造文化空间氛围；企业组织作为城市文化空间更新实践的先行者深化场景建设，以开发文化活动、文化产品等方式实现街区文化融合发展。二者共同促进了民众在城市文化空间中的集聚，使民众在特定文化空间的生产生活中自觉形成了具有地方文化特色的新型社区，塑造了共同的城市文化价值观，完成城市文化空间中的意义生产。

第三，作为一种建构工具，场景理论是城市文化空间更新的理论依据，其根本要义是实现城市文化意义的生产。将城市文化空间再造问题置于场景理论视域中进行考察，一是能够重点关注到人在城市文化空间中的主体性作用，较好平衡了利益相关主体、权利主体与文化消费主体间的关系问题，有效调动各类主体的潜在能动性。二是完整呈现出城市文化空间更新过程中物性向诗性转变的这一本质特征。已被生产出的空间能够被解码和解读，这样的空间包含着一个意义化的进程。[①] 其中，各类主体对空间中的物进行释义，并通过在空间中的不断实践赋予其新的文化意涵，将物性空间转换为诗性空间，这正是以场景理论为指导实现城市文化意义生产的关键所在。

（二）我国城市文化意义生产方略

美国社会学家彼得·伯格认为，现代性之变迁不可逆转，且会改变文化习俗的内涵。[②] 文化深层结构难以改变，但表象结构的变迁是绵延不绝的。文化与城市发展并非单向度的驱动，在场景理论视域下，城市发展在将文化作为内驱力的同时，也在不断推动文化的发展与流变，促使文化生成新的意涵。二者间的相互作用也使得我国各城市、各地方的文化复兴成为可能。

在各地城镇化发展水平持续提升的今天，城市文化的当代复得意义深远。城市空间"物象"结构的同质化问题归根到底是受到资本与权力的影响，抓住场景理论中政府、企业组织两个关键主体，倡导其在现代化、工业化建设的同时关注城市文化本质、重视本土的差异化发展，应成为城市文化建设的主旨。洛阳的河洛文化复兴案例也给予面临同质化问题的其他城市较大启示：城市文化的复得需要城市中多重主体共同实践，使得主体在经验中将抽象的、思想性的空间感转化为地方感，并不断创造地方独有的文化场景。这一文化场景包括建造具有城市文化标识的建筑物与文化设施，设立规范人们行为标准的文化仪式与活动等。充满地方感的文化场景以物性之势凝聚于空间，跨越时间之限而成为活的历史。结合学者张进对活态文化

---

① 列斐伏尔. 空间的生产 [M]. 刘怀玉, 等译. 北京: 商务印书馆, 2021: 26.
② 汤林森. 文化帝国主义 [M]. 冯建三, 译. 上海: 上海人民出版社, 1999: 285.

与物性诗学的讨论，本文认为，应把握"活态"和"物性"相交织的生活世界的境域和边缘域，在真实社会生活的"将成"过程里，在文化的缝隙处、居间层、边缘域把握城市文化的"物之妙"。[①]

本文所涉城市文化空间仅是城市文化意义生产的一个局部个案。在实践层面，若要实现一座城市的文化意义生产，还应当在以下三方面蓄力。一是聚焦活态文化。要对城市文化进行溯源，把握好城市文化内核。每座城市都包含众多文化形态，但一座城市的文化内核只有一个。找到城市文化内核，以"大文化"概念统筹细分文化形态，是实现城市文化蓬勃发展，解决城市空间同质化、碎片化的主要破题思路。二是制衡城市主体。在城市文化意义生产过程中，政府、企业组织与民众三方主体环环相扣、各司其职。政府应发挥导向作用，企业组织应兼顾当地居民与外来游客的需求开发相应文化服务与产品，二者的相互作用将引发人群的集聚效应，集聚至此的人们通过日常生产生活形成文化意涵，在隐性层面实现文化意义的生产。三是调节"物性"之势。城市文化意义的生产是由城市中多个社会空间共同建构而成的。因此，政府可将场景理论作为指导依据，在城市中选取多个具有场景建设潜力的区域进行统筹规划，完成基础设施的优化升级，为企业组织入驻、人才吸引与民众参与提供可能。

本文从物性之维探索了城市文化意义生产方略，以洛阳古城为个案详细探讨了空间中物的生成与活态文化间的关系问题，总结出我国城市文化空间更新思路与城市文化意义生产方略。从文化记忆与认同角度探讨地域文化在民众生产生活中的生成问题，或从文化建设角度探索如何将城市社会空间生产出的隐性城市文化转为显性城市文化，可作为未来深入研究城市文化意义生产的重要思路。

（郭嘉，首都师范大学文学院文化产业系副教授；王紫薇，文化和旅游部民族民间文艺发展中心助理研究员）

---

① 张进.活态文化与物性的诗学[M].北京：人民出版社，2014：2，267.

节日绘本对中国传统民俗的影像记录与文化诠释*

丁 莉

摘 要：绘本是一种独特的图文并茂的文化媒介，也是用来记录和诠释中国各民族、各地区节日民俗事象的重要载体。基于田野调查的整理研究来筹备绘本、透过整体观的节日民俗事象多点记录来梳理绘本、通过真实的客观描述与虚构的故事讲述相结合的互补认知呈现方式来创作绘本，才能最大限度地实现节日绘本对传统民俗的影像记录与文化诠释。由此，才能更加生动地书写和传播中华优秀传统文化、传承民族记忆，建立情感链接并促进身份认同和文化认同，从而注入更强的文化自信。

关键词：节日绘本；节日民俗；影像记录；文化记忆；文化自信

一、引 言

节日是指生活中值得纪念的重要日子，是世界人民为适应生产和生活的需要而共同创造的一种民俗文化。本文所探讨的是起源于传统习俗的节日，如春节、中秋节、端午节、清明节等，也称为传统节日。萧放指出："作为中华文化重要载体的传统节日是增进民族文化认同、促进社会和谐的精神纽带。"[①] 在当下视觉时代的全球

---

* 本文系国家社会科学基金艺术学重大课题项目"'微时代'的文艺批评研究"（项目编号：19ZD02）的阶段性成果。

① 段丹洁.传统节日传递美好愿望［N］.中国社会科学报，2017-01-23（2）.

化语境下，以视觉内容的生产和传播来记录、阐释和研究传统节日和中华民俗显得格外重要。

目前，大量研究以纪录片、动画以及音乐相关影像作为研究对象，从影像记录和文化诠释的视角去研究传统民俗。然而，以绘本①作为研究对象的研究还比较少。因此，本文将以中国原创儿童绘本作为研究对象，从中国传统节日的角度切入进行分析和阐述，以期从影像记录和文化诠释的视角总结出优秀的绘本是如何客观、合理并生动地书写传统节日和中华民俗的。

二、基于田野调查的整理研究筹备绘本

人类文明进入20世纪之后，视觉文化的崛起和日益昌盛使影像广泛进入社会生活的各个领域，也给人们带来认知范式的转变。"数字化时代批量生产图像内容预示着视觉文明的到来，人们经历着从以'语言'为中心向以'图像'为中心的文化过渡。"②绘本作为承载文字和图像两者的媒介，对于客观存在的民俗事象的描述、再现和阐述，有着无比重要的作用。

节日民俗是非常具有凝聚力的文化记忆，也具有乡土性和民族性的特征。然而，很多传统节日的起源无法找到具体、明确的时间和地点，而是存在于民众长期的生活实践和口头传承中。如中国少数民族研究学者王丹所述："传统节日是民众的生活，它的形态是生活的发展状态，这就决定了传统节日并非将过去传统原样保留下来，而是在生活作用下获得传统节日主体的实践、认同和诠释。"③宋颖以端午节为例指出："从古至今，对于像端午节这样的传统节日事象的记录和阐释，都不无巨细地要列举和描述当地过节方式。因此，我们能够大致勾勒和讲述一个节日'怎么过'。但是不能忽略的是，在民众生活中，始终呈现着事象繁杂、变化多端的现

---

① 绘本是一种独特的文化载体，也称图画书。它是通过一组连贯的图画与相对较少的文字（有时没有文字）来共同讲述一个故事或表达一个主题的综合艺术。
② 刘红心.视觉文化研究中的图像困境[J].视听，2017（3）：18-19.
③ 王丹.传统节日研究的三个维度：基于文化记忆理论的视角[J].中国人民大学学报，2020（1）：164-172.

实。"①因此，中国重大传统节日历史悠久、文献丰富、事象多样，研究节日民俗一定要看重田野个案的积累。② 在节日绘本的筹备过程中，人类学的田野调查③方式具有重要的指导意义。

用绘本形式来诠释传统节日时，创作者不能仅凭一人之见进行片面臆想，必须提前对节日民俗做历史回溯和现实状况的调查研究。理想的状态是先通过阅读文献资料，然后相对较长时间沉浸式、体验式地实地参与和观察该节日民俗的地域性和民族性特点，并借由文字、摄影、摄像来存留纪实档案要点，从而对传统节日和民俗内容的具体细节有所掌握，对其主干精髓也有所把握。由此，创作者才可能创作出尊重事实的作品。

儿童绘本在此基础上还有更多要求。例如，它需要创作者对儿童心理学有很好的研究和把握，对图画、色彩进行合理运用，从而给儿童创作出相对轻松愉悦的阅读启蒙作品。在严谨写作和端正态度的基础上，创作者还需要对教育学有一定的研究，从而创作出引导儿童了解并认同民族文化的优秀文化产品。可喜的是，过去十几年里我国涌现出大量根植于中国传统节日民俗的优秀原创儿童绘本。

方素珍为了创作《中国民族节日风俗故事画库》系列中的绘本《傣族·孔雀之乡的泼水节》，亲自到西双版纳去体验当地的泼水节文化，将自身的感受和经历融入编写过程中。如果没有田野调查和归纳总结，她就无法完成这本传递中国少数民族传统节日文化的优秀绘本。

笔者创作儿童绘本《伊伊，端午节快乐！》④ 的过程也经过了严谨的创作筹备和田野调查。首先，整理了朴素、模糊的生活记忆。其次，大量研读与端午节相关的文献资料，对比各个区域庆祝端午的特点，并走进城市街道和乡村田间，亲身参与了节庆的筹备和仪式的展开：实地参观并参与新加坡滨海湾的端午节龙舟赛，感受

---

① 宋颖.论节日事象的"共有""扩散"与"移借"诸问题：以端午节为例[J].民间文化论坛，2016（3）：93-101.
② 宋颖.论节日空间的生成机制[J].民俗研究，2017（5）：15-20，158.
③ 田野调查，又称田野研究或田野工作，是描述原始资料搜集的概括术语，其所应用的领域包括民俗学、考古学、生物学、生态学、环境科学、地理学、地质学、地形学、地球物理学、古生物学、人类学、语言学、哲学、建筑学及社会学等自然或社会科学领域。其项目包括：采访记录、拍摄记录、翻制记录和整理消化等。
④ 丁丁，梁琨.伊伊，端午节快乐！[M].北京：朝华出版社，2016.

到华人传统的影响力之深远;深入安徽南部农村,参与手工包粽子的活动,体会到中华民俗传承之长久;进入城市校园,见证了传统节日民俗融入儿童学习和生活的和谐方式。在这一系列沉浸和体验的过程中,笔者汲取节日的精髓,提取适合绘本表达的形式和内容。最后,完成作品的艺术化加工,通过爸爸和女儿的互动扮演式游戏把端午节期间的各种民俗活动穿插在一起。

绘本作家朱成梁在创作绘本《小威的中秋节》[①] 时,书中的重要画面就取材于浙江舟山嵊泗列岛的实景。那里依山傍水的风景刚好符合朱成梁老师对"海上生明月"这一中秋场景的构想。在实地考察后,山坡上彩色的民居场景被画进了主人公小威和妈妈骑电动车买月饼时的故事环节。路两边的港湾里,正在修理的渔船和正在织补的渔网也被记录到画面里。[②]

很多绘本的创作开始于朴素的记忆搜集。然而,这种记忆充满了不确定性,徘徊在记忆和遗忘之间,充斥着模糊与精确的纠葛。创作者只有通过方法严谨的田野调查,态度端正地筹备绘本,才有可能客观、合理、生动地还原、书写和传播中国传统文化并传承民族记忆。

三、透过整体观的节日民俗事象多点记录梳理绘本

传统节日是风俗与民间文化集中展示的时间点。从国内来看,中国地域广博,各个传统节日的民俗活动体现出强烈的地域文化差异性。节日中的每一个特定行为一般都会有约定俗成的解释,但又常常因地而异。从世界范围来看,社会经济和商贸流通的发展加速了人口的迁徙和流动,尤其是21世纪之后随着华人的迁徙和流动中华传统节日民俗被带到世界各地,这些中华传统节日民俗在延续其血脉的同时又进行一定程度的本地化。正是这种不同地区的文化背景差异性,才让中华传统节日变得既丰富多彩,又充满乡土气息。因此,研究传统节日并用绘本来"书写"它,

---

① 基尔,朱成梁. 小威的中秋节[M]. 北京:中国少年儿童新闻出版总社,2018.
② 你知道吗?《小威的中秋节》中的画面都取材于真实场景哦[EB/OL].(2018-09-24)[2023-02-22]. https://www.sohu.com/a/255895332_668222.

就必须基于整体观的多点式格局①来观察、调研并总结。

例如，同样是春节，汉族人和傣族人过得就不一样；同为汉族人，北京人和安徽人过春节的方式也不一样。同为华人，在国内庆祝春节和在海外庆祝春节也会存在区别。同样在海外，华人作者对节日的描述和外国作者对节日的描述侧重点也有所不同。因此，如宋颖所说，对于节日的研究，既不能以偏概全，又不能一叶障目。②

通过绘本书写传统节日民俗，要注重整体性的叙事结构和观念，创作者不但要全面、细致、如实地记载和描述，而且要分析各个现象之间的内在联系，由此进行横向和纵向的比较研究。在这样的基础上做梳理，创作者才能够以整体性而非碎片化的方式揭示文化的复杂与丰富。

以中秋节为例，因为"团圆"的象征意义，中秋节月饼的形状一直都没有太多的变化，然而，品种繁多的馅料成为其最有特色的部分。在我国不同的区域和海外华人所在的不同国家，都有极具特色的流行馅料。这些都被绘本作家卷儿呈现在她的绘本《从前有个月饼村》③里。她用一个童话故事把各种月饼馅儿"村民"集合在一起。为了找出偷吃月亮的"窃贼"，每位村民必须"露馅"。于是，就有了精彩的榴梿波涛、五仁天团、肉丸小组等闪亮登场，生动有趣。

再来看春节，绘本《伊伊，春节快乐！》④的故事从北京写到新加坡，用姥姥家除夕晚上包饺子对应新加坡过年流行的捞鱼生⑤；用春节期间北方孩子爱逛的庙会

---

① 这里借用人类学范畴里的"多点式"概念。与单一地点、相对静态的民族志相比，多点民族志则是一个以上地点、动态的，它通过追踪多个地点的活动来分析某一文化的状貌，在多点的流动式田野研究中寻找并解释其内在关联。
② 宋颖. 论节日事象的"共有""扩散"与"移借"诸问题：以端午节为例 [J]. 民间文化论坛，2016（3）：93-101.
③ 卷儿. 从前有个月饼村 [M]. 广州：新世纪出版社，2020.
④ 丁丁，梁琨. 伊伊，春节快乐！[M]. 北京：朝华出版社，2017.
⑤ 鱼生的主要用料是生鱼条，配上五彩缤纷的蔬菜丝如红萝卜丝、白萝卜丝等，再加上酸甜杂陈的调味料和芝麻。里面的每一种食材和调料都有喜庆的意义，取汉字的谐音或食材的造型，图个吉利。例如，炸脆意味着黄金满地、红萝卜丝意味着红运当头。吃的时候，所有人围着圆桌，用长长的筷子高高地捞这些食材和调料，一边捞一边大声喊吉祥话，例如："捞起！捞起！捞到风生水起，一年好过一年！"捞鱼生是南洋一带的传统年俗，尤其流行于新加坡、马来西亚等地的华人社区。

对应新加坡滨海湾的"春到河畔"①游园活动。这样的内容书写是在文化认同与国族认同的张力之间，确立基于跨地域、跨国界呈现的时空框架和整体观来进行民俗事象的多点式记录，把诸多具有代表性的节日民俗囊括进来，以构筑一种具有整体性的多点式中华节日民俗叙事。

我国传统节日的民俗事象，有着丰富的精神文化蕴藏。一些传统节日是中国乡村文明思想观念最集中、最生动的反映，譬如春节、元宵节等。有的节日是民间对生活理想和精神追求最艺术、最浪漫、最热烈的表达，譬如又称为乞巧节的七夕节等。② 各个区域的具体事象有所差别。在创作节日绘本时，创作者只有基于整体观来多点记录民俗事象，梳理脉络，才能生动、全面地展现中华优秀传统文化、促进身份认同。

四、通过真实客观描述与虚构故事讲述相结合的互补认知呈现创作绘本

节日绘本创作的终极目标是通过一个有吸引力的故事去传递情感、表达意义，力求真实、客观地对传统节日和民俗的现实发展予以生动呈现。因此，它既要呈现真实的、客观存在的节日文化事实，又要呈现虚构的、生于想象力空间的儿童故事。这就涉及如何呈现这种有机结合，必须讨论编剧叙事、美术风格、画面造型、人物设计和图文排版是如何体现、搭配和烘托主题的。正如加拿大儿童文学理论家佩里·诺德曼（Perry Nodelman）③ 所说："一本图画书至少包含三种故事：文字说的故事，图画暗示的故事，及两者结合后产生的故事。"④

节日绘本是儿童美育启蒙的良好媒介，有助于提高综合文化素养。除了常见的纯

---

① "春到河畔"活动始于1987年，地点在新加坡滨海艺术中心门口的广场和浮台上，集合了新年灯饰、歌舞表演、游艺活动和特色小吃，每天平均吸引近10万人次参与。活动通常延续12天左右。
② 刘华. 传统节日民俗事象的当代价值［N］. 中国艺术报，2018-08-17（3）.
③ 佩里·诺德曼于1942年生于加拿大多伦多，耶鲁大学博士，主修维多利亚时期文学。现任加拿大温尼伯大学（University of Winnipeg）英文系名誉教授。他出版了4部研究儿童文学的著作，因在儿童文学研究领域取得的卓越成就荣获2015年国际格林奖。
④ 诺德曼，莱莫. 阅读儿童文学的乐趣［M］. 刘凤芯，吴宜洁，译. 台北：天卫文化图书股份有限公司，2008：351.

平面绘画创作之外，绘本也可以采用各种传统艺术手段去再现中华优秀传统文化和节日民俗。例如，壁画、剪纸、木雕、泥塑、版画、皮影、年画、水墨画等。由此，在绘本这个二维媒介上呈现出既包含中华元素又具有世界穿透力的艺术风格。现在的节日绘本美术风格大多有三种：传统色彩浓郁型风格、现代风格强烈型风格，以及介于两者之间的风格。例如，《幼学启蒙丛书：中国民俗故事》（第二册）[①]里的除夕故事是构图丰满、色彩鲜艳的年画风格。《从前有个月饼村》的画面现代感强烈，风格独树一帜，卡通感的主人公造型别致。绘本《小年兽》[②]的画面注重线条感和墨色感，具有一定的传统风格，但结构和语言表达不受传统束缚，具有独特的美术风格，集传统和现代于一身。

绘本基于客观事实描述和虚构故事讲述的互补认知呈现，可以从多个角度丰富、立体地展现我们所处的现代当下和悠远的历史文化。在如今的家庭和学校教育环境下去阅读传统节日绘本，读者既重温身边的日常，又缅怀远离的回忆或体会无法亲临的情感。

绘本《团圆》[③]讲的是过年的故事，它既有传统节日的民俗事实，又有现代家庭父亲在外打工的现代事实，由一个虚构的故事来贯穿始终——父亲回家过年。可是，因为工作的缘故爸爸每年只回家一次。"我"不太熟悉他了，远远地看着爸爸不敢走近。接下来，爸爸和"我"一起做了很多事情。从除夕到大年初三，各种民俗活动贯穿其中。看着镜子里的爸爸，"我"感觉他和以前的爸爸越来越像了。最后，爸爸要走了，"我"把好运硬币塞给他，让他下次回来包在汤圆里。《团圆》在准确传递春节民俗的基础上，又讲述了一个基于家庭的温馨故事，从而完成了一部将民族传统文化和现代生活内涵有机融合的感人作品。

绘本《小艾的端午节》[④]也是如此，将客观民俗事实的描述融入虚构故事——小艾跟着妈妈踏上了回乡之旅。在小艾的端午节中，有菖蒲和艾叶的芬芳，有燃放河灯许愿的真挚，还有太婆亲手做的粽子。在真实描述和虚构讲述相结合的互补认知里，该书呈现了江南古镇的端午节和含蓄而美好的亲情。

---

① 赵镇琬，冢珉. 幼学启蒙丛书：中国民俗故事（第二册）[M]. 北京：新世界出版社，2011.
② 熊亮. 小年兽[M]. 天津：天津人民出版社，2018.
③ 该书荣获2009年第一届丰子恺儿童图画书奖的"最佳儿童图画书首奖"。余丽琼，朱成梁. 团圆[M]. 济南：明天出版社，2008.
④ 王轶美，张小瑜工作室. 小艾的端午节[M]. 上海：中国中福会出版社，2015.

《这就是中国传统节日》① 以小男孩儿诚诚、爷爷、奶奶及其他家人为主角,将生活故事融入社会科学、节日文化之中。引领孩子感受中华优秀传统文化,寻文化根脉,了解源远流长的中华文明。

从创作叙事上而言,这类节日绘本需要明确地确立民俗活动中的关键人物,也就是虚构故事的主角。故事应以其相关行动和叙述作为逻辑推进的主线,以其他人的行动和叙述作为辅线,主辅线的交织相辅相成。由此,通过个体身上发生的过节故事以小见大地呈现中国人的情感世界、精神信仰和文化自信。

这些儿童绘本基于客观事实描述和虚构故事讲述相结合的互补认知呈现让客观事实的描述更加生动、丰满、充盈,让虚构故事的讲述更有体系支撑、更扎实。这样的绘本创作使得读者对中华传统节日民俗的认知更为全面与立体,在阅读和思考、体验和回忆之间传承民族记忆,传播传统文化。

五、结语

本文以原创儿童绘本作为研究对象,从中国传统节日题材的作品切入,探讨如何通过绘本对中华传统节日的民俗进行呈现。

在大力弘扬优秀传统文化和重视非物质文化遗产的时代背景下,近年来我国涌现出很多优秀的传统节日绘本。从内容来看,优秀的传统节日绘本有描述春节的《北京的春节》②,描述清明节的《奶奶的青团》③,描述端午节的《小粽子,小粽子》④,描述元宵节的《兔灯》⑤,描述重阳节的《菊花蜜》⑥ 等。从制作工艺来看,除了普通的平面绘本之外,还有立体绘本,例如《欢乐中国年》⑦ 和《文化都在节日里》⑧ 等。除了单本,也有整套围绕传统节日的绘本系列,风格统一、主要角色鲜明。例如,《跟着伊

---

① 牛林敬,北京绘扬天下. 这就是中国传统节日 [M]. 石家庄:河北科学技术出版社,2017.
② 老舍,于大武. 北京的春节 [M]. 北京:连环画出版社,2014.
③ 保冬妮,周建明. 奶奶的青团 [M]. 乌鲁木齐:新疆青少年出版社,2021.
④ 卷儿. 小粽子,小粽子 [M]. 广州:新世纪出版社,2021.
⑤ 王东. 兔灯 [M]. 上海:中国中福会出版社,2017.
⑥ 保冬妮,曹艳红. 菊花蜜 [M]. 乌鲁木齐:新疆青少年出版社,2021.
⑦ 七色王国. 欢乐中国年 [M]. 合肥:安徽少年儿童出版社,2018.
⑧ 雷婷,罗落. 文化都在节日里 [M]. 西安:未来出版社,2019.

伊过大节》①、《中国传统节日绘本故事系列》② 和《中国民族节日风俗故事画库》③ 等。在传统节日绘本中，读者们看到一个个生动的人物形象，经历一段段打动人心的故事情节，欣赏一张张构图巧妙的插画页面，由此领略中国丰富多彩的节日文化和传统民俗。家庭团圆、孝亲敬祖和对幸福生活的美好祈愿等最为朴素的价值观蕴含于中华传统节日民俗里，拉紧了人们的情感纽带，使人们对节日民俗产生文化认同。

　　节日绘本是记录传统民俗事象、展现文化符号和呈现中华文明非常有效的载体。节日的文化功能，不但在于对内的文化认同与社会整合，而且在于对外的文化中介与民族同化。④ 优秀的节日绘本对于国内读者传承民族记忆、增强文化自信，对于海外华人促进身份认同、延续传统民俗，对于外国读者理解中国传统文化，都具有重要的意义。期待更多优秀的原创节日绘本将中华文化呈现在全世界面前。

（丁莉，中国传媒大学动画与数字艺术学院讲师）

---

① 丁丁，梁琨. 跟着伊伊过大节 [M]. 北京：朝华出版社，2018.
② 许萍萍，阿沛. 中国传统节日绘本故事系列 [M]. 北京：中国人口出版社，2020.
③ 方素珍，汤素兰，王一梅，等. 中国民族节日风俗故事画库 [M]. 长沙：湖南少年儿童出版社，2015.
④ 王霄冰. 文化记忆、传统创新与节日遗产保护 [J]. 中国人民大学学报，2007 (1)：41-48.

以戏剧内核建立传统文化的抒情表达

——以甲骨文题材舞台剧《玄鸟》的编导创作为例

卢佳华

摘　要：舞台剧《玄鸟》将甲骨文进行当代审美转化，寻求传统文化在当代社会建立深度共情的一般途径。本文从当代传统文化题材舞台剧改编之境切入，以此总结《玄鸟》的创作构思基点，并从戏剧本体元素层面探讨了传统文化品牌如何避免同质化的舞台呈现。本文从提炼民族性的诗化意象、游戏式排演与《玄鸟》的身体符号、尊崇戏剧的自由荒诞三个角度总结了甲骨文的文化根基与《玄鸟》创作的美学定位。

关键词：传统文化；甲骨文；舞台剧《玄鸟》；创新表达

舞台剧《玄鸟》创作团队在创作伊始就秉持一种理念：让观众与彼时的人物建立共情。由此，其创作手法从写实转化为抒情达意，也从"以故事为主、以人物为辅"的逻辑转变为"以人物为主，故事自然发生"的创作方式。抒情表达是一种更为内在的表达，它不只是视听层面的传统文化元素直接堆叠和显现，而是需要以深刻的戏剧内核为基点。《玄鸟》的创作不以主题先行，而是着眼于故事、人物本身，弱化文化与艺术的界限，破除审美形式之间的壁垒，令历史传统文化适应当代的演艺新空间。

一、当代传统文化题材舞台剧改编之境与《玄鸟》的创作构思基点

传统文化题材的戏剧改编很容易产生框架式的僵化感，这种僵化感通常包括以下

几方面。首先，戏剧叙事的时空概念。传统文化题材作品大多基于确定的史实，即有确定时间和空间的故事、情节、人物，若戏剧作品的剧本复制文化历史的内容并以此进行创作，那么其故事架构已基本被定型，创新的理想便只能外求于舞台视听形式。这也是目前大多数传统文化题材作品的窠臼，戏剧作品囿于演出经费、场地、技术设备等条件，可能不能达到预期的演出效果。其次，表演的语言和形体风格。文化、文学、国风等概念是传统文化题材舞台剧惯常遵循的风格表现，诸如此类的气质会直接将一个本来具有特殊属性的文化品牌推向类型化的创作模式。针对特定文化品牌提炼独有的气质是传统文化题材舞台剧改编的关键。最后，文化元素的舞台呈现形式单一。在传统文化题材舞台剧的二次创作中，创作者习惯于将文化元素进行表层的堆叠，体现在舞台视听层面的是角色台词的宣讲、灯光舞美的直接呈现，例如，将诗词文字等元素投放到舞台幕布、用朗诵等听觉形式通过背景音效播放等。

鉴于甲骨文传统文化题材的创作空间较大，为避免故事空洞、人物单薄，创作者在构思《玄鸟》之初便将着眼点放在剧本情节、人物、台词语言、舞台行动等戏剧创作的核心方面，将作品的核心人物作为故事发展的关键。全剧以人物成长及其性格发展来推动剧情。这并非在否定舞美、灯光等外在的技术元素，而是着力构建一个以戏剧元素为核心的传播框架，确保作品在任何新形态的演艺空间中均能达成合适的观演效果，以戏剧本体的表现力与观众进行直接深刻的交流。

《玄鸟》的风格定位是"国风体神话剧"，其中包含"国风""神话剧"两个主要的概念。所谓"国风"，指的是作品的风格倾向，力求诠释好传统文化内容，形成甲骨文元素的独特舞台属性和民族符号的意象表达。《玄鸟》的国风气质并非恢宏的和气宇轩昂的，而是载着淡淡的文明印记和东方气节。全剧形成诗意和凝练的语言风格，人与事皆颜色相殊、浓淡各异，共同汇集在一幅充满国色与史诗感的舞台画卷中。所谓"神话剧"，是指戏要想好看，就要有"情"和"趣"，这便是神话与生俱来的吸引力。传统文化题材的舞台剧，其核心的创作逻辑是创造深度的文化融入感和历史沉浸感。以戏剧内核融合浪漫主义与现实主义，戏剧中的抒情性格就不至于流于审美表象。

二、传统文化品牌如何避免同质化的舞台呈现

在舞台剧创作中，我们提炼传统文化品牌的独特气质，将其凝结为一种深刻的舞

台感受，作为戏剧转化的联结。以甲骨文为例，最直接的是"象形文字的叙事性"，因此，《玄鸟》从甲骨文中生成了剧本中的重要情节，进而将戏剧的优势和传统文化的特征相结合，避免落入同质化的创作模式。

虽然《玄鸟》舞台剧取材于"天命玄鸟，降而生商"的神话，但创作者在故事创作中作出了大跨度的延伸。由于故事本身只有商契、简狄、玄鸟三个角色，且故事原本的角色现实感都很弱，单纯的神话很难直接转化为一个厚重的舞台剧剧本并让观众产生深度共鸣，因此，创作者在最初的剧本架构层面，作出以下几个层面的尝试。

（一）重新架构故事蓝本

1. 剧本时空概念

故事以商契离开家去寻找玄鸟之父作为开端，将寻找的过程作为故事发展的主线。这一时空最开始是虚化的，现实情节是在舞台中央呈现的两个小孩子——小甲和小乙在大石头旁边玩耍，故事发展到最后，大人消失在孩子的生命中，去往了"时间之外"。这样处理，剧情就将大人与孩子共同寻找玄鸟这一行动推向了另一时空，也暗含小甲、小乙与观众同处于现实时空，而大人作为戏剧中"商契"只是两个孩子想象或记忆中的一个形象。这样，观众同小甲、小乙处于同一时空维度，与其经历共同的"寻找玄鸟之旅"，自然能够产生更多的共鸣。

2. 角色设定层面

舞台剧《玄鸟》在神话故事的角色蓝本基础上加入了小甲与小乙两个孩子、银杏仙子和老海龟的角色，两个孩子角色的性格打破了非善即恶的界限，他们带有最真诚、纯粹的人类品性，银杏仙子与老海龟是戏剧环境提炼出来的人物：银杏仙子的神秘映射了森林环境的幽深不可测，老海龟的慈祥与良善透露着水对人类的孕育。这样，剧本通过最初的人物设定突破了历史故事本身的局限性，也改变人物性格的单薄性，避免了人物形象被舞台符号化。

一是打破角色隶属于故事的理念，形成故事与角色之间的同构关系。戏中角色的动人之处不在于承载了伟大的文化使命和历史使命，而在于这个人物本身就自带一段生动的历史，这也是《玄鸟》在当下语境中能够彰显角色生命力的最重要原因。剧本在人物性格层面弱化历史的教化感，跨越时空的边界，让角色得以自然呈现。创作者在创作时强调人物的"漫画感"，即人物刻画并不严格按照历史事实、文化事实去描摹，而是从角色特质出发，并围绕故事情节发展不断强化人物独特的性格、行动的目标、生存的意志，让人物形象更加直接地深入观众内心。例如，《玄鸟》中的核心角色大人在剧本的人物小传中被概括为：也许大人是"商契"的化身，他会画画，习惯于用甲骨记录遇到的人、事、物，带着两个孩子探索世界，寻找玄鸟。大人，是孩子的守护者，是孩子的同行者，也是那第三个孩子。由此可见，全剧的核心人物是大人，他承载了全剧的最高目标——寻找玄鸟，他也是全剧的贯穿行动——画画（记录甲骨文符号）的直接执行者。通过演员与观众直接交流，该剧避免了历史文化本体作为传播内容造成的内容被动接收，从而令观众产生深度的文化融入和历史沉浸。

二是展现角色性格的丰富性。角色的舞台任务是通过自身给观众讲故事：表演是核心，演员通过声音和形体语言去刻画人物的角色感，运用好语言、神态、步态、手势、动作、生活细节等外部的形式，将其转化为观众可以直接感受的东西。其关键是去除概念化的人物模仿，比如剧中的大人，作为历史英雄人物的他不一定要时刻承担重任；戏中的小甲和小乙也并非要将"幼稚""童真"的固化特质贯穿到底。剧本的情节也包含了大人在选择面前的犹豫不决，在面对陌生人、事、物时产生的信任危机，以保护的名义阻拦孩子探索未知等，这些人性弱点的显现透露出小人物身上的真实感和生活感，以此来打破历史英雄人物带给观众的刻板印象，建立人物角色与观众之间的亲近关系。

（二）生动的剧本语言及其风格化的台词演绎

在《玄鸟》台词创作中，创作者将《诗经》的格律感与白话文的通俗感相结合，无韵但上口，无律但悠扬。这种台词的风格化审美特征淡化了传统文化表达的生涩感，力求在柔和的韵味中达意。《玄鸟》的台词语言汲取古代诗词歌赋的音律节奏，全剧大多采用短句呈现台词，强调声律学中的"旋律趋势"；在演员排练和表演中，创作者注重其台词语调和语调之间的音律，以及词与词、句与句之间的抑扬顿挫。

例如，开篇小甲、小乙二人初见面时，小甲三次重复"我不记得了"，三个叠句用不同的态度、语气、音调、音长去表现，穿插在小乙的台词之间，既彰显出小乙的无厘头，又在台词的趣味间表达了初见之时小甲对陌生的小乙的排斥态度。

小乙：你刚才睡着的时候也是这样笑的。

小甲：我不记得了。

小乙：当然！你睡着了。可是……你在笑什么？

小甲：我不记得了。

小乙：是听到了我在笑你吗？

小甲：我……不记得了。

小乙：（拿起小甲的竹杖）那你能给我画画吗？

小甲：画什么呀？

小乙：一只会飞的鸟！

又如，第二幕剧中人物找不到路时忽遇幽深洞口的情节。

大人：我一个人进去探一探路，你们在这里等我。

小甲：如果里面没有路呢？

大人：如果过一会儿我没有出来，你们就换另一条路，一定要走出这片森林。

小乙：那如果也没有"另一条路"呢？

大人：总会有一个方向是行得通的。

这一段落围绕"如果""路"两个基本音律词语进行，在白话文中注入一丝情感和趣味，强化了小甲、小乙对大人的担忧，也突出了三个人寻找出路的坚定意志。

在《玄鸟》排练过程中，创作团队尽量放大演员个人的特色，用剧本故事作为一个引子，去调动演员内在外在的激情，令其产生强烈的情绪体验和行动欲望，并在准确、合理的真实思考和判断之后，使内心体验具有可视性，从而行动起来。排练后期，剧本故事、风格、人物性格等方面基本走向一个较为完整、和谐的方向，作品整体上形成最终节奏感和舞台流动感。在演出中，创作团队更注重提醒演员找到当下的陌生感，适当留白，感受环境和环境中的人，通过即兴的舞台刺激，进一步创造自己的行动，并按照人物应有的逻辑不间断地发展下去，使每次演出呈现微妙的个性和灵性。这样的创排方式能最大限度保留人物身上的独特气质，也最大限度保留《玄鸟》这部剧的鲜活性。演员与观众处于同一时代，由此建立戏剧与现实之间的联结。

（三）有效的舞台行动和利落的肢体语言

在创作《玄鸟》过程中，创作者为达到有机的目的便着眼于舞台行动这一戏剧创作的根本层面。首先，将甲骨文中最重要的"篆刻记录"概念转化为《玄鸟》中人物的贯穿行动——"画画"，并在情节发展到关键段落时将这两个概念融为一体。

小乙："记录""画画"……还真是不一样的两句话！

小甲：嗯！

小乙：不过好像也差不多，只是听起来不一样……

小甲：嗯！看起来是一样的！（模仿大人画画的动作）

从以上案例看，将甲骨文记录的根本行为与戏剧的贯穿行动相联结，确保了与甲骨文有关的行动在全剧中的线索地位，保证了戏剧的情节流畅、结构紧凑、主题集中。

其次，《玄鸟》的主题动作是"人类不能实现的飞翔愿望"，剧本将甲骨文的文化元素作为剧中人物的行动目标或阻碍人物发展的反行动，通过这样的处理可以将文化元素转化为剧中情节发展的直接推动力，化无机的刻板说教为舞台上的有机动作。

《玄鸟》的肢体表演风格具有漫画的"定格感"，创作团队追求每一个画面都是一个故事点的延伸，因此将动作的传神定为最高标准。《玄鸟》创作团队注重演员的形体表现力，这里对形体的需求是内在心理和外在美学风格的统一。创作团队注重角色的形体设计，从人物性格出发，为每一个角色设定特别的造型感，寓情感、态度、能量于人物的动作之中。例如，大人"遥望"的行为习惯、小甲的蹦跳、小乙的慢动作等，这些都是从人物的性格和意志出发自然生成的动作造型。《玄鸟》不需要一种舞蹈化的形体美感，而需要透过骨骼和肌肉形成准确的肢体表现力，人物形体动作像现代舞那样自由随性。能够传达人物内在情感心理的、统一于整体舞台视听的、具有极高审美价值的形体语言，构成人物特质所生发的"心理—形体动作"，这种利落的动作是写实表现与创作手法的结合，同时具有生活典型性和观众亲近感。

（四）视听层面的特色化呈现

第一，为了丰富角色造型，《玄鸟》为角色设计了道具：大人用笛子吹奏的声音代表他思念玄鸟之父时的心声；小甲的竹杖，是她面对世界突如其来的不确定时可以依赖的力量；岸边的大石头，是小甲的心灵避风港……这些道具不仅丰富了角色形象，同时体现出很强的场景贯通性和空间凝练性，体现了传统文化转化舞台剧创作过程中运用象征思维的必要性。

第二，幕间音乐选取了《诗经》中的《樛木》《螽斯》《玄鸟》三个经典篇章，以吟唱的形式拼贴到情节中，其中有部分吟唱的变奏形式也作为幕间音乐。幕间音乐的常规作用是连接故事结构、推动剧情发展、烘托人物形象等。在《玄鸟》中，《诗经》吟唱还有三层更为具体的表达：承载商代的历史感、实现虚实的时空过渡、实现角色情感的视听化。在大人揽着小甲、小乙的肩膀，三个人说说笑笑，一起向远处走去的情节中，为了在舞台上创造一个人类物种的群像，剧中反复插入《螽斯》的吟唱，《诗经》原文展现了远古文明中物种的繁衍与兴盛："螽斯羽，诜诜兮。宜尔子孙，振振兮。螽斯羽，薨薨兮。宜尔子孙，绳绳兮。螽斯羽，揖揖兮。宜尔子孙，蛰蛰兮。"①此时戏中的小甲也吟唱着，大人不时将玄辞穿插其中，舞台上的神秘感和历史感呈现出来。背景音乐的吟唱歌声将语言旋律化，古琴的伴奏与歌声相映，从视听层面赋予观众强烈的沉浸感，打破了剧中古文台词表演时的刻板僵化。最终，整体的台词处理，间幕的《诗经》吟唱，剧中关键情节的鼓乐、管乐、弦乐等传统元素共同谱写，凝结成了古汉民乐的原始特征——"诗言志，歌永言，声依永，律和声"②。

三、甲骨文的文化根基与《玄鸟》的美学定位

（一）从甲骨文中提炼民族性的诗化意象

舞台剧《玄鸟》从故事发展和角色中提炼出作品风格，并在舞台视听的外在技术手段中加以强化，而非风格题材先行——这种创作逻辑尽最大可能确保了故事的自然发生和人物角色的自然发展，以及剧本的鲜活性。同时，这种创作逻辑令舞台技术成为一种加持力量，在剧本基础上成为可以与之相互补充的有机构成元素。例如，《玄鸟》的灯光设计者将"家"的甲骨文字体的边框以灯光图案的形式投到舞台底幕，此

---

① 沐言非. 诗经［M］. 昆明：云南人民出版社，2013：8.
② 王世舜，王翠叶. 尚书［M］. 北京：中华书局，2023：28.

时小甲和大人两个人正坐在海水里思考"家"的意义，从观众视角来看这一舞台画面则是小甲和大人在家中闲话。此时甲骨文字体恰好融入剧中人物的故事，并能令观众在人物之间的对话中体味到甲骨文创造及衍生的深意。

此外，作为一个全剧贯穿的主体视觉形象，舞台道具"大石头"承载着小甲的野外之"家"、三个人相遇的起点、老海龟的视觉化身、人类历史演进之后留下的记忆化石等众多现实和抽象的含义。大石头在剧中既是一个重要的舞台行动支点，又是浓缩整部戏大部分情感内涵的诗化意象。最终，小甲和小乙莫名走到了一个未知的时空，仿佛一切回到了起点，又仿佛他们来到了千百年后的今天，唯一不变的就是他们自己以及始终存在的大石头。大石头从另一个角度看像一只巨大的乌龟化石，它就像甲骨承载着人类千百年的文明和记忆——这正是全剧的最重要意象，也是甲骨文引导今日《玄鸟》创作的感受之源。

（二）游戏式排演与《玄鸟》的身体符号

在《玄鸟》这部舞台剧中，游戏式排演是对传统戏剧"以剧本为中心寻找舞台动作"这种创排形式的颠覆。通过去修辞化和弱化舞蹈式美感的身体语言，演员们用粗粝而直接的身体符号雕刻出人物在特定情境下的本能反应和潜在意志。[①] 这种表现手法，不仅让观众能够直观感受到角色的情感波动，也使得整个舞台呈现出一种原始而真实的戏剧张力。如开篇段落中的一段内容。

小甲：你是谁！（有些害怕，向后退）

小乙：（也被这一声吼叫吓到，向后退）我……我……

小甲：你……你……你……

小乙：我……我……我…… 我想找你画画！

小甲：什么"画画"？我不知道。

这段内容的舞台行动是基于扮演小甲、小乙的演员在排练中互相躲闪的动作形成的，后面连续的动作是一组戏曲式追逐，小甲的恐惧和退缩，小乙的困惑和好奇，都被转化为一系列夸张的身体动作和表情。这些动作符号和身体符号没有过多的舞蹈化

---

① 刘建. 拼贴的"舞蹈概论"[M]. 北京：民族出版社，2010：270.

修饰，以能够精准地传达出角色的心理状态和情感变化为目标。针对动作和表情进行夸张和放大，或者适度进行画面定格，这样的处理利用了戏剧最初的游戏性，将严肃的文化内容转化为生动的戏剧语言，同时也映衬出甲骨文是人类文字的起源，是人类"画画"记录自己生活的开始。

同时，甲骨文作为人类最早的文字，它不仅是记录信息的形式，也是人类自我认知和社会表达的起点；在《玄鸟》中，演员们的身体符号就类似于"当代的甲骨文"，他们的身体运动被记录在排练厅的空间之中，也被记录在演出的舞台之上，这种游戏式排演是对"记录剧场"理念的实践，也是对人类原始本能的一种探索，创作者希望借此在一定程度上回归戏剧的本质精神，探索甲骨文所记录的文字背后真实的欲望和情感。

（三）架空时空概念，尊崇戏剧的自由荒诞

《玄鸟》第三幕中出现了"时间之外"的概念，这是将故事推向未知之境的一种时空手法。时间漩涡在剧中转化为连续的行动推力，三个剧中角色在时间漩涡中被围困，他们走不出困顿的自己、无法寻找到消失的玄鸟，正如漫漫历史中人类被推动向前，却终究漫无目的、浮浮沉沉。在这样的极端情景中，小甲与小乙失去了陪伴他们成长的大人，而大人去往了时间之外，也正是人类需要不断面对分离和孤独的映衬。银杏仙子、老海龟、大人莫名消失后，小甲、小乙背对观众走向舞台深处，这一情节也呼应了人类在时间之中向时间之外的回望——找寻我们逝去的东西。最终两个孩子独自前往了更深的"未知之境"，他们抛去最初的恐惧，这一路收获的只有更加坚韧的自己——抛掉固有认知概念中所谓的"人之主体性"。《玄鸟》这部戏想表达人类向自我之外延伸的自由广阔的性情。

神话，有与生俱来的一种荒诞感和历史感。"荒诞感"指向神话的本质，是虚构与现实之间模糊的边界；此处的"历史感"不是时间赋予的厚重感，而是一种对人类本能的深刻呼唤，这种本能包括原初的情感、生命的意志、对美好事物的追求等。《玄鸟》的神话感与历史感体现在"人类渴望自身在历史中留下记忆"这一欲念，即全剧的核心理念：记录，是情绪的累积；记录，是生命的找寻。一如漫漫历史被篆刻进龟甲，我们在这种生物体上感知到了遥远的"自己"。《玄鸟》这部剧关乎人类最初不能实现的飞翔之事，并将这种信念记录下来。每个孩子都有类似的飞翔的愿望，并将其

作为生命的至高憧憬。每一个"大人"也不例外。这样的创作体现了一种对甲骨文源起的戏剧化解读,也是通过这一解读该剧创作的"意象种子"形成,创作者希望以此表达人类生活在时间之中的一点荒诞的自由。

本文从表演和导演的不同层面对《玄鸟》舞台剧创作中的传统文化深度转化进行了阐述,力求通过寻找一种再现与表现之间的尺度,调和文化与艺术之间的关系,希望以此弱化戏剧的所谓教化功能,尊重戏剧中渗透的人之本性。

(卢佳华,北京观恒文化发展研究院副研究员)

数字化背景下
北京钟鼓楼文化资源开发路径研究

李涵晶　颜　煌

摘　要：本文以北京钟鼓楼文化资源的数字化保护为研究对象，从历史文化、民俗文化、建筑文化的角度出发，通过确定遗产"突出的普遍价值"对于北京钟鼓楼所蕴含的文化价值进行评估。本文以项目调研为依托，并以北京钟鼓楼数字化实践路径为研究内容，提出完整的数字化实践方案，创建了北京钟鼓楼数字博物馆小程序，探索出一条"科技＋文化＋教育"保护与开发的路径。同时，本文从多个角度对于北京钟鼓楼数字化转型中可利用的传播手段进行研究。

关键词：数字化博物馆；文化资源开发；传播策略

作为全国重点文物保护单位，北京钟鼓楼是古都北京的标志性建筑，也是中轴线文化遗产区域上重要的一部分，本身具有很高的文化价值、艺术价值和历史价值。对其进行文化资源的梳理和保护，有利于文化资源的开发和传播。为实现北京钟鼓楼文化资源的未来发展，本文通过调研项目组的实践，针对研究对象，从古今共融的文化定位进行着重研究，挖掘北京钟鼓楼的文化资源；通过厘清文化脉络的立体性与文化肌理的层次性，可以对北京钟鼓楼文化资源进行价值评估；通过研究北京钟鼓楼丰富多样的文化体验，基于数字化技术制定文化资源的开发策略。

本文以北京钟鼓楼为主体，基于"科技＋文化＋教育"的文化资源保护与开发的思路，运用VR、AR、3D建模等技术对北京钟鼓楼的游览场景以及文物历史进行复原和数字化展示，对小程序和场景建设特性进行归纳，对当地的民俗文化和手工技艺进行深度挖掘，帮助游客进行沉浸式交互体验，同时融入艺术教育的手段，实现北京钟鼓楼乃至中轴线文化的进一步传承和保护，通过对用户行为、心理进行分析，最终为北京钟鼓楼探寻一条适合的创新发展以及保护传播的路径。

本文选取北京钟鼓楼作为数字化转型的对象，为其探索适宜的保护与开发路径，这对于北京中轴线的申遗成功也有着强大的助推作用。北京中轴线串起的是一条完整的北京古都脉络，在进行申遗工作的同时对轴线上每一个遗产点进行完整的保护和开发是必然的，因此，我们对北京钟鼓楼文化进行"活态"保护与开发策略的分析，可以帮助整合中轴线的文化资源。

一、北京钟鼓楼文化资源概述

以北京钟鼓楼文化资源开发为例，我们需要掌握北京钟鼓楼文化资源开发形成的历史文化背景、民俗文化类型、建筑文化特征等基础性问题。

（一）北京钟鼓楼的历史文化

1. "暮鼓晨钟"，刻画整座城市的时间秩序

钟鼓楼在长达600多年的报时历史中，始终沿用先击鼓后撞钟的模式，"暮鼓晨钟"由此而来。在北京钟鼓楼的后面有一块碑叫作乾隆碑，在古代人们也遵从"政声相通"的原则，将政治管理和声音串联起来，统治者通过钟鼓楼的报时功能来管理社会的秩序。因此，钟鼓楼在古代的用处不单单是对时间的把控，也象征着皇家的权力。

2. 秉承"天子至尊"思想，与中轴线的规划紧密相连

谈起北京钟鼓楼的起源和历史，必定要从明代开始。洪武元年，明军在攻下大都城后，为了利于防守，将原大都城的南墙外扩，并将钟鼓楼建在了现北京城市规划的中轴线的北端，从而形成一条南自正阳门、北至钟鼓楼的统领全城的轴线。

钟鼓楼在建造的过程中严格遵守着主体朝南且中轴对称的原则，在这条轴线上承担起皇权至上、一统江山的历史意义。虽然如今北京钟鼓楼不再具有"暮鼓晨钟"的功能，但作为时代的见证者，它是连接现代文明和古老历史的桥梁，钟鼓楼及周边的胡同、四合院，乃至更大范围的地安门街区成了中轴线上古都风貌重要的组成部分。

（二）北京钟鼓楼的民俗文化

1. 有着极强的民众教育属性

从清朝末年开始,"京兆通俗教育馆"在鼓楼成立,此时便开创了民众教育的先河。之后到了民国时期,钟楼的楼下曾开设一个电影院,周围的百姓都会来此观影。随着时间发展,1983年,北京市委开始对钟鼓楼进行大规模修缮,慢慢将附近地区建设成百姓的文化娱乐场所。与此同时,中轴线也开启了公众化的转变历程。

2. 汇集了大量民俗文化

从20世纪开始,北京钟鼓楼就经常举办不同节日的民俗节庆活动,就像《日下旧闻考》中记录的一样,每年的立春时节,鼓楼前都会举行"打春"的传统风俗仪式,北京人在立春这天会吃春饼等地道美食。在每年的元宵节（也被称为"灯节"）,鼓楼前大街的商铺都会挂起纱灯,来这里看纱灯的人络绎不绝,十分热闹。[①]

钟楼、鼓楼二楼之间的文化广场也曾开办过民众商场,不仅售卖蔬菜水果,也有花鸟鱼虫,还有人在这里讲评书、拉洋片、练武术等。这里也有不少卖小吃的商家,售卖烫面炸糕、葱花油酥火烧、豆腐脑儿、杏仁茶、豆汁儿等小吃。因此,此地也被称作"小天桥儿",很受民众欢迎。

（三）北京钟鼓楼的建筑文化

相较于其他地域的钟鼓楼,北京的钟鼓楼规模最为宏大。从建筑的形式来看,它不仅体现了古人的智慧,也具有独特的价值。

作为北京中轴线北端的重要建筑体,北京钟鼓楼也是北京老城重要的标志性礼制建筑,它彰显着独特的历史文化价值。同时,周边的历史街区经过了时代的变迁和空间的不断保护利用,在北京中轴线申遗的12年里,也始终展现着北京老城平民文化的魅力。

二、北京钟鼓楼文化资源价值评估

在北京钟鼓楼文化资源开发中,我们要把握文化资源开发的战略和原则,以北京

---

① 朱英丽,曾贻萱. 北京钟鼓楼[M]. 北京：北京美术摄影出版社,2003：84.

钟鼓楼文化资源开发评估为基础进行文化资源开发。国际社会对世界文化遗产有着一套完整的评估标准，我们可以通过对照《保护世界文化和自然遗产公约》中确定遗产价值的"突出的普遍价值"（OUV）评价标准来研究钟鼓楼。钟鼓楼所具有的独特价值也来源于其所处的中轴线文化遗产区域。对于这条轴线的保护和利用是不能割裂的，因此，在分析钟鼓楼所蕴含的价值时，我们也不可避免地要加入其对于中轴线遗产价值的考量。本文依据 OUV 评价标准，主要从以下三个方面来考量。

（一）遗产的科学性、艺术性、历史性价值

科学性价值主要体现在三个方面。第一，遗产的可持续研究价值。在钟鼓楼的历史发展中，有大量学者和遗产保护工作者对其展开研究，每年都有大量文献将钟鼓楼的研究载入其中，例如，刘心武创作的极具地方特色的小说《钟鼓楼》等。第二，精妙绝伦的建筑特色。在钟鼓楼建造过程中使用的榫卯结构融入了十分丰富的科学方法，这种工艺精细、严密，能够保证建筑千百年仍屹立不倒，古人在建造中所运用到的科学方法能够体现出在当时的社会背景下人们认识自然的智慧。同时钟鼓楼的建造也很好地融入了儒家、佛教文化。第三，科技对于文物进行了科学的保护。考古专家和学者不断运用激光测量等技术手段对钟鼓楼内文物的年限、制作工艺和保存现状进行了大量研究，让世人能够感受到其中的科学价值。

北京钟鼓楼也具有艺术性价值。北京钟鼓楼以其保存完整的中轴对称的空间布局作为我国建筑规制以及技艺上的突出案例，其全砖石结构的建筑特色完整地继承了我国古代的营造技术，这种饱含中国本土特色的营造技术是十分值得鉴赏、保存的。在外形上，钟鼓楼采用琉璃瓦的结构，强调了共鸣扩音和传声的功能。钟鼓楼在建筑形态、选材用料等方面都有着独特的艺术价值。

历史性价值主要体现在三个方面。第一，北京钟鼓楼是建筑艺术以及北京古都建设的杰出范例，历经了朝代的更迭，见证了社会发展的不同阶段。第二，在北京钟鼓楼上所陈列的每一面更鼓，都有其存在的意义。大鼓代表一年，群鼓代表二十四节气，其中击鼓的鼓点更是按照二十四节气而创作，表现了中国古代劳动人民的农耕生活。第三，关于北京钟鼓楼，也流传着很多民间传说，这些民间传说也极具地方特色，其中蕴含的历史民俗文化都是可以挖掘的。

（二）遗产的真实性和完整性

2005 年版《实施〈世界遗产公约〉操作指南》指出，文化遗产的真实性不仅限于原始形式和结构，也包括随后的所有修改和添加，只要将遗产的文化价值通过各种属性（例如形式和设计、位置和环境等）真实可信地表达出来，就可以将其理解为符合真实性的条件。① 因此，国家在对钟鼓楼进行修缮保护工作时，也遵从这个原则，加速了中轴线沿线的文物腾退和周边的环境整治，将钟鼓楼原本的风貌更好地呈现出来。这样既保证了建筑本体的原真性，又在修改和添加的过程中保证了艺术价值和历史价值的延续。

钟鼓楼保存了相对完整的地貌特征，也保存了十分完整的文字资料、图像资料以及各类民俗方面的地方志。钟鼓楼这处遗产与中轴线其他遗产保持着十分紧密、互相依存的联系。在历史发展的过程中，这处遗产没有任何实质性部分丧失它原本拥有的价值，并且保护现状是十分令人满意的。它在被进行翻修和保护的过程中不断被赋予着文化教育、民俗体验的社会功能，因此也保证了绝对的生态可持续性。

（三）遗产能够可持续地被保护

在此前的北京中轴线申遗工作中，2022 年 10 月 1 日实施的《北京中轴线文化遗产保护条例》提出，维护北京中轴线的完整性、真实性。对钟鼓楼进行保护不仅打通了中轴线上的文化资源，也由点及面带动中轴线上所有文化资源进行更深层次的转型和利用。

《北京中轴线风貌管控城市设计导则》的编制者、清华大学文化遗产保护中心规划所所长庞书经也提到，中轴线被划分为以钟鼓楼为首的地安门外大街等 6 个段，针对这片区域的保护和利用，应当凸显钟鼓楼的统领地位，强化它与周边景观的相互帮衬关系，同时也要凸显这片区域的市井气息和历史文化。

---

① 蔡青. 城市设计与历史文脉：从艺术视角审视北京历史城区的变迁 [M]. 北京：中央编译出版社，2017：152-153.

三、基于数字化技术的北京钟鼓楼文化资源开发策略

保护非物质文化遗产有利于促进我国文化事业和文化产业的发展，国家政策鼓励对于北京中轴线等非物质文化遗产的保护与开发。数字博物馆的建设多见于物质形态的文化资源数字化，即通过把博物馆馆藏的各类文化资源进行数字化信息转化、处理、登记、归类，运用数字管理技术、多媒体技术、互联网等技术，构建面向社会公众开放的超越时间和空间的虚拟信息展示系统，该系统具有立体、三维、沉浸性等体验特征。在北京钟鼓楼文化资源开发中，我们对其文化资源开发进行合理策划，前提是熟悉北京钟鼓楼文化资源开发的类型、数字化路径，在此基础上进行品牌化运营。相较传统博物馆，数字博物馆具有以下优势：第一，时间上不受限制；第二，地点并非固定的博物馆建筑物理空间，多以虚拟展示为主；第三，管理上采取非传统方式的计算机化；第四，资源属性为共享，信息量也从有限过渡到无限；第五，用户参观的路线以随意（网状）替代设计（线性）；第六，其他方面，如展览形式以数字影像为主，初期成本较高，后期成本较低，观众参与性较强，工作效率也相应大幅度提高。在数字经济的发展下，虚拟现实、3D图像测绘等先进技术在文物保护中占据着越来越重要的地位。北京钟鼓楼在原有文化资源基础上，借助科技手段进行数字化转型是大势所趋。利用数字化手段我们不仅可以还原北京钟鼓楼原本的形态，也可以对文物进行长久的保护。文化资源开发实践是综合性的过程，存在主体性、利益冲突、文化矛盾等问题，需要从社会学、文化学等其他社会科学中寻求解决办法。因此，我们也应当探索出一条"科技＋文化＋教育"的保护与开发路径。

（一）利用数字手段进行遗产保护

在数字资源的呈现上，我们可以采用大量数字技术实现对不同主体的线上复原和展示。例如，对北京钟鼓楼周围的空间和环境采用全景环视、三维激光扫描等手段收集信息，从而在手机终端将线下的场景再现到线上。将沿线的一些文化景观、民俗风情制作成动态的展览，让游客在手机端就能够360°环绕"游览"北京钟鼓楼，并且"登上"北京钟鼓楼的最高点来"俯瞰"北京城的全貌，"倾听"悠远的古钟之声和北京城的声音；采用视频、图文等方式对传统的技艺进行呈现；对于已经受到风霜侵蚀

的历史文物，采用建模、动画模拟的方式复原其原貌；收集大量地方文化资料，形成线上的数字资源库，为每一样馆藏藏品及内容都设置关联的知识扩展阅读，以便游客在进行线上参观的同时，不仅能够领略文物的价值，也可以了解到更多的相关知识和历史背景。在设计北京钟鼓楼和文物复原方案时，应用虚拟现实技术的表现形式众多，有图片、动画等形式，我们使相关内容在小程序中呈现出来，让用户可以在线上欣赏文物。

（二）借助数字平台进行遗产开发

1. 数字博物馆的功能阐述

在古建的数字化保护方面，我们不仅可以对文物本体进行3D复原，也可以深入挖掘其本身蕴含的历史和人文内涵。因此，本文提出设计一款北京钟鼓楼数字博物馆的线上小程序，在实现用户的数字化体验的同时，提升人文方面的文化服务体验。依靠"互联网＋文化装备"的助力，以北京钟鼓楼为主题，举办线上＋线下的美育互动课程，将传统场馆的展示空间转变为更有效的交互教育空间。

我们按照功能的不同将数字博物馆分为五大模块，分别是新闻资讯、实景VR体验、3D动画互动、艺术教育课程、历史知识科普。

从历史内涵上来讲，新闻资讯和历史知识科普模块会从各个渠道筛选有关北京钟鼓楼的历史资料，将发展沿革上有价值的故事、话题、动态等信息推送到平台。考虑到人们在了解历史时，很难将所有的历史节点连成时间线，因此，设计者会将每一个历史事件按发生的时间点进行排序后发布给用户，帮助用户更直观地了解北京钟鼓楼完整的发展历史。

实景VR体验模块通过对北京钟鼓楼本体和文物进行数字扫描，在手机端构建出一个完整的游览场景。该模块的可信性和沉浸性让用户感觉这个数字仿真世界是真实的，用户能够完全沉浸其中，获得与现实相同或者相似的感受。用户可以零距离地"触摸"文物，体验"击鼓打更"。同时，小程序的首页也会有一个实时模块，用户在整点进入可以参与"敲钟计时"的活动，在特定的节日用户也可以看到北京钟鼓楼不同的庆祝仪式。小程序融入元宇宙虚拟数字人的概念，在用户进行线上参观时，数字人作为电子讲解员帮助线上用户更好地了解文物的内涵。

3D动画互动模块会利用3DS MAX的建模技术以及3D动画手段，围绕北京钟鼓楼建筑艺术上最具特色的榫卯结构以及传统铸钟技艺进行游戏开发，让用户在手机端就可以体验古代建筑搭建以及感受传统铸钟技艺。用户通过益智类游戏进行榫卯结构的组装和学习；通过动画教程移动铸钟所需要的工具，一步步合成大钟。这种交互的体验方式涵盖了各个年龄段的受众，不仅面向成年人，帮助他们更好地感受历史文化，也带动更多小朋友进行脑力锻炼，让他们对建筑艺术和历史产生更多兴趣。

从人文内涵上来讲，博物馆本身就具备公众教育的属性，同时北京钟鼓楼在过去也承担着民众教育馆的功能。在原有教育功能基础上加入艺术教育元素，不仅契合当地的发展目标，也帮助数字博物馆提升了文化服务的品质。

在数字博物馆的功能构建上，艺术教育课程主要由线上课程和线下课程两部分组成。线上课程以分享艺术普及类讲座为主，主要内容围绕民俗活动、节日、建筑艺术；邀请专家和学者举办线上故事分享会，通过演讲者分享喜闻乐见的百姓生活，对其周边的民俗文化包括建筑艺术进行深度的挖掘。

线下课程以民俗技艺手工坊、青少年社会实践活动为主。内容主要围绕非遗手工的起源、发展、技艺体验展开，主办方结合北京钟鼓楼内文物的特点，开办"非遗手工绘文物""老北京民俗物件制作手工坊"等活动。第一，通过亲子手工坊、儿童艺术创想等活动，让非遗民俗传承人带领亲子家庭进行手工艺品的制作，比如可以在一些特殊节日举办"绷鼓面儿"的手工体验坊，让家长和孩子一起参与艺术生产的具体环节。第二，青少年实践活动主要针对高中、初中、小学的低年级学生，北京钟鼓楼通过与相关单位的合作，联名推出小小讲解官、探班实习生等收费的实训课程，帮助学生走近博物工作者的生活，培养学生对该行业的认知，并且通过给他们安排基础性工作，让他们更系统地学习文物知识。

数字展示的形式可以突破地域和空间给游客带来的局限性，线下的实践活动也可以让游客从"观众"向"体验者"的身份进行转变。

针对小程序整体规划，调研项目组将数字博物馆小程序分为了五大模块：新闻资讯、实景 VR 体验、动画互动、艺术教育课程、历史知识科普，如图 1 所示。此外，小程序的话题互动功能也有待开发。

2. 数字博物馆的差异化产品设计

为了培育线上用户对北京钟鼓楼数字博物馆的亲切感，我们在建设数字博物馆的过程中也应当融入社区的概念，坚持以社区为中心进行差异化设计。在互联网中，每

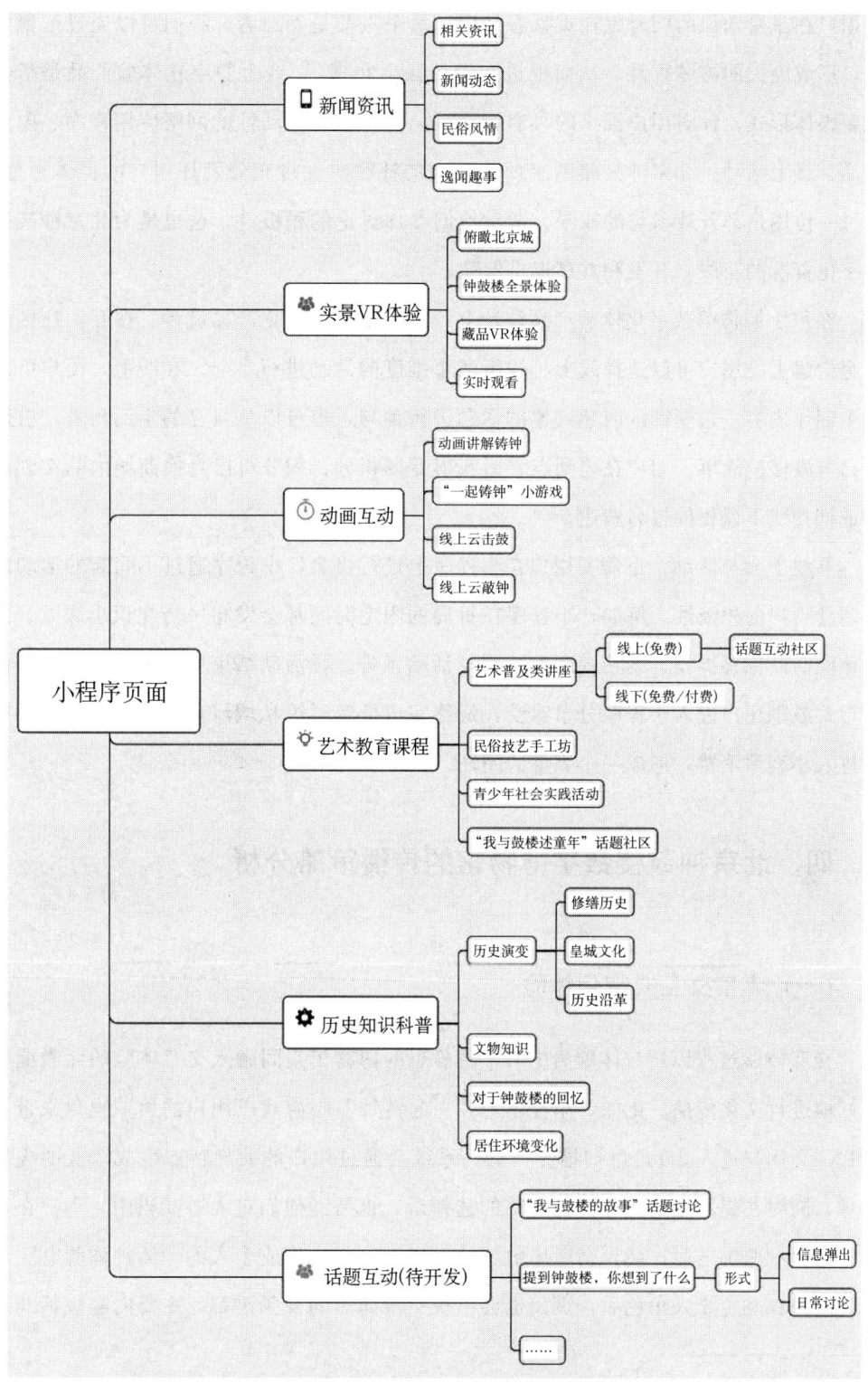

图1 数字博物馆小程序设计思路

个用户在享受知识的同时也在贡献着知识，每个人都是参与者。我们可以通过汇聚用户，形成庞大的群体智慧，从而推进知识的社会共享。[①] 线上数字化体验产品是指依托新媒体形式，针对用户推出的具有知识性、教育性、互动性的网络应用程序、内容产品、线上活动。北京钟鼓楼数字博物馆中的社区建设将充分发挥用户的群体智慧，向每一位用户都开放参与的权限，调动他们参加讨论的积极性，这也是为北京钟鼓楼数字化资源的获取、开发和共享提供保障。

在数字博物馆数字化体验产品设计上，我们注重差异化产品设计。在互动社区的内容构建上，用户可以选择线上、线下两个维度的活动进行参与。在线上，用户可以自主创作内容，选择社区内感兴趣的话题进行参与，也可以从自己的生活出发，讲述自己与鼓楼的故事。用户在得到点赞后获得专属积分，积分可以兑换商城内的文创产品或抵扣线下课程的报名费用。

在线下参与活动，也需要用户在小程序上进行报名，小程序通过不间断的活动预告调动用户的积极性。例如，小程序在每周的固定时间都会发布民俗知识小课堂、艺术体验活动惊喜折扣、宠粉福利大抽奖等活动预告。在活动结束后，小程序也会以积分形式鼓励用户进入小程序分享感受，最终完成微信群等私域流量池的搭建，引导用户进入小程序消费，形成一个完整的闭环。

四、北京钟鼓楼数字博物馆的传播策略分析

（一）丰富交互式文化体验

交互体验过程以用户体验为中心，将静态的博物馆空间融入交互体验的元素能够更好地进行文化传播。比如，小程序的"一起铸钟"小游戏以用户的第一视角来带入用户，当用户进入3D角色扫描界面后，系统会通过用户的面部特点生成个人的虚拟头像，同时在提示用户进行传统服饰的选择后，也帮助他们进入游戏当中。用户在选定了角色和服饰之后，后台会运用数字技术进行分析，生成个人的"铸钟体验官"角色。用户在确定个人角色后，页面也会出现一段简短的视频讲解，主要内容包括北京

[①] JENKINS H. Convergence culture: where old and new media collide[M]. New York: New York University Press, 2006: 258-260.

钟鼓楼的历史溯源、铸钟技艺讲解等。在视频播放完毕后，系统会通过一步步的指导，帮助用户学习并实践铸钟工序。这样的体验式设计不仅能够让用户参与传统工艺的制作中，也可以激发现代人与先人的情感共鸣，拉近了用户和历史知识之间的距离。

（二）整合媒介资源

结合不同宣传渠道的选择，我们可以将可用的媒介资源分为三个方面。文博类小程序运营的传播策略可以通过风险规制、抢占入口、留住用户等层面实施。

首先，要发挥主流媒体的作用。依靠官方传播平台的宣传力量，比如政府网站、文化和旅游网站、新闻门户网站等公共网络平台，树立北京钟鼓楼的形象，并强化北京钟鼓楼的IP理念，结合北京钟鼓楼的历史沿革、地域特点、中轴线的文化遗产点等方面，通过强调其文化特点，加大此类平台的新媒体推广力度。同时，由政府和官方组织牵头，开展更多的跨界或跨馆合作，与中轴线上的更多艺术场馆、艺术机构之间开展联动交流。在节日，与其他场馆或机构共同举办民俗体验活动、中轴线文化智慧大讲堂等活动，以此来带动更多相关的文化网站和平台的关注与传播。

其次，利用好主流网络社交媒体平台的力量。开通微博、微信公众号等平台账号，结合社会热点、节庆仪式加强对北京钟鼓楼文化的宣传，在节日发起讨论话题，引导用户参与讨论。为保障用户流量的稳定增长，新媒体需要精准把握用户需求。自账号建立后，可构筑新媒体传播矩阵（如将官方微博、微信公众号、网站相结合），做到入口多元与参与便捷，人们可以在平台搜索活动、进行报名，等待主办方的线下组织。

最后，利用快手、抖音等短视频平台进行推广。例如，在开展线下艺术教育课程时由工作人员拍摄现场的一些视频花絮，或是在小程序的线上社区中，通过选择大众最喜欢的话题，邀请高赞用户接受采访，将发生在他们与鼓楼之间的故事改编成视频投放至此类平台。具体推广策略：第一，开展跨馆跨界合作；第二，结合当下热度达成推广目的；第三，以社群营销促进推广（积分抵扣线下手工坊门票、积分兑换付费游戏）。

利用社交媒体、短视频平台留住用户，应构建承载需求与互动的公共家园。对用户形成持续的吸附力，也是各类小程序有效占据市场的关键。小程序力图将自己打造成承载需求与互动的公共家园，以增强用户黏性。具体而言，有以下几方面的特色：一是以抽奖促宣传，用户关注小程序，会看到平台不定期发起的抽奖活动；二是拥有强大的客服系统。在平台的个人栏中,有"客服帮助"选项,用户可以选择"提交问题",等待回复,也可以选择"在线客服",直接与客服对话。

(三) 塑造文化品牌

品牌传播首先要明确品牌所指向的受众,其次要强调传播手段能够持续地和目标受众进行交流,再次要对于传播资源进行有效的分配和整合,最后要运用沟通传播,让受众产生认知和联想的过程。① 因此,对于北京钟鼓楼的品牌化传播,可以基于品牌传播学的基本规律,借助广告传播、公关传播、销售传播和人际传播等手段来达成。②

北京钟鼓楼数字博物馆小程序平台在品牌传播上需要突出体验性、娱乐性、社会性、参与性、互动性的传播特点,尤其是应从北京钟鼓楼文化资源所蕴含的文化内涵来进行传播。

应该明确"以线上、线下交互体验为主的文化教育数字博物馆"的品牌定位,坚持"减少游览壁垒感,开放知识获取、鼓励创新的业务模式,以点及面帮助中轴线打通文化资源"的品牌理念。将数字博物馆的活动投放至微博、微信公众号等平台进行广告传播。借助综艺节目《最美中轴线》、"行走的中轴线"城市漫游活动、鼓楼西剧场的文艺表演等平台或活动的社会热度树立博物馆的形象和品牌,进行公关传播。

在借助媒体等外部宣传力量的同时,在小程序内部也要通过架构会员成长体系和会员优惠制度来形成品牌美誉度。通过用户参与艺术教育课程、艺术体验活动,以及鼓励用户在社区内自主创作和发布话题等方式,引导用户参与艺术生产。通过大数据技术从点击、浏览等日常行为中提取用户信息,精准追溯那些活跃度高的用户,引导他们进入福利社群。通过发红包、抽奖等方式吸纳大量小程序用户。待规模扩大后,通过设置奖励机制,鼓励老成员进行社群拉新,累积到一定人数就可以获取更高比例的佣金以及参与活动折扣优惠。

数字博物馆的跨界性体现在多元文化背景的融合上。数字博物馆传播着力解决的问题主要包括两个方面,一是建构媒介传播的创新生态系统;二是以创新生态系统建构为导向,形成参与式媒介传播机制。以互联网为媒介,我们还面临一个市场接受度

---

① 余明阳,朱纪达,肖俊崧. 品牌传播学 [M]. 2版. 上海:上海交通大学出版社,2016:11-15.
② 范新华. 关于品牌定位的战略思考 [J]. 经济师,2013 (11):15-17.

的问题,即网友到底愿不愿意成为某个数字博物馆的忠实用户。在创作与传播的层面,应建立参与式媒介传播机制,吸引用户并帮助用户克服各种障碍。

(四) 进行跨界合作

对于社区媒体而言,将用户流量变成实实在在的经济效益与社会效益,需要采取独特的营销策略,将用户与商家联系起来,拓展营收渠道,维护品牌形象。社区媒体的核心用户群是本地的社区居民,他们的性别、年龄、职业、性格各有不同,但都愿意与同城用户分享知识、交流经验。在新媒体构建的智慧营销体系中,平台基于大数据技术,从评论、转发、点赞等用户日常行为中提取信息,建立数据模型,并通过智能分发将信息传递出去,使不同用户获得对应服务。用户的另一端是商家,社区媒体需要为其精准定位,才能提高合作效率。社区媒体为商家提供线上线下一体化的营销方案,通过各类活动,将有消费意愿的用户集中起来,在线上商家可以进行公益宣传,吸引用户报名参与;在线下商家可以进入本地社区进行品牌宣传乃至实现销售。

随着互联网的进一步发展,在这样一个跨界的时代,博物馆通过单一的展览形态无法满足大众的日常文化需求。因此,北京钟鼓楼数字博物馆应当拓展更多样化的联名宣传方式,将品牌理念传递给受众。[①]

例如,在离北京钟鼓楼不远处有一座经营已久的艺术剧院——鼓楼西剧场,每到重要的节日都会举行特色的民俗活动,平常推出话剧演出。在进行数字博物馆的艺术教育活动策划时,北京钟鼓楼可以联动鼓楼西剧场,通过改编北京钟鼓楼当地的民俗故事以及借鉴节庆时当地的庆祝仪式,将传统文化进行二度创作,如编排剧目,再通过北京钟鼓楼数字博物馆小程序招募有兴趣的少年儿童加入表演培训课程。少年儿童通过难得的名师指导的机会,完成相关剧目的学习和表演,最终以少儿表演汇报的形式让家长看到孩子学习成果,在此基础上加入新媒体等渠道的宣传推广,能够在更大程度上宣传北京钟鼓楼的历史文化。

五、结语

国内新媒体的发展已经步入转型期:一方面,随着我国新媒体建设的全面铺开,

---

① 陈婷,陈卓.博物馆文物网络传播的伦理风险及应对[J].青年记者,2018(35):17-18.

新媒体有着良好的发展前景，社会各界对其的态度已从轻视、质疑转向肯定、信赖；另一方面，新媒体发展面对激烈竞争，如何差异化发展、突破困境，增强生命活力，已成为其日益面临的挑战。本文以北京钟鼓楼文化资源开发为例，探讨转型背景下新媒体的功能构建、运营模式、传播策略，为打造更多有温度的智慧社区提供参考与借鉴。针对北京钟鼓楼的文化价值进行深度挖掘，在积极响应数字化转型的前提下，开展传统古建的线上沉浸式体验＋艺术教育课程，从民俗、非遗、文物等方面进行专题艺术教育，不仅可以深度挖掘北京钟鼓楼文化，也可以培养受众的艺术素养，激发他们对历史知识的求知欲望。

（李涵晶，北京城市学院经济管理学部学生；颜煌，北京城市学院经济管理学部讲师，首都师范大学文学院博士）

昆明乌龙古渔村文化的活态保护

苏雄娟　谭亚楠

摘　要：昆明乌龙古渔村作为昆明市历史文化名村，融合了云南特色的渔猎农耕文化、建筑文化、红色文化、呈贡区域联合保护文化等文化资源，具有极高的保护价值，建设美丽乡村对于古渔村的可持续发展和文化的活态保护至关重要。在文化活态保护的过程中，应制定多样化的活态保护策略，进行合理的美丽乡村文化旅游产业开发，做到在保护中发展，在发展中保护，以取得良好的社会效益和经济效益。

关键词：乌龙古渔村；价值；文化；活态保护

古村落是人类重要的文化遗产，是传统文化的集中展示区，具有不可再生性。乌龙古渔村作为昆明市历史文化名村，具有昆明地域特色，其文化的保护应从乌龙古渔村的整体出发，借助建设美丽乡村的契机，创新保护方式，推进乌龙古渔村文化的活态保护。

一、乌龙古渔村文化的概况及价值

古村落是较早年代就有人类聚居形成的区域，人类在这一区域中创造了丰富的物质、精神财富，具有多样价值。对于乌龙古渔村文化进行活态保护，首先要对其文化及文化的价值有清晰的认识和定位。

（一）乌龙古渔村文化概况

"山居宛卧龙，海近乃曰浦"，乌龙古渔村因此得名。乌龙古渔村以前也称乌龙浦，早在4,000年前就有人居住，形成了独特的贝丘文化。现今的乌龙古渔村是明代云南实行军屯和民屯形成的，已有600余年的历史。在长期的发展进程中，乌龙浦孕育了丰富的渔猎农耕文化、建筑文化、红色文化和呈贡区域联合保护文化。

1. 渔猎农耕文化

早在4,000多年前，乌龙浦的七星山就已经有人类居住。1958年，中国科学院考古研究所在进行环滇池调查时，就在乌龙浦七星山东坡发现了贝丘遗址，后又发现有肩石斧、夹砂红陶等新石器晚期的典型器物。贝丘遗址实际上印证了这一区域曾经辉煌的古滇国历史，并且通过出土文物确定了人类进入农耕文明之前，最早的文化是渔猎文明。

乌龙古渔村是一个滇池畔农渔相杂的典型村落，乌龙浦背靠七星山，地理位置优越，村民世代以农耕渔猎为生。乌龙浦毗连滇池，明清时期是滇池沿岸重要的港口，从昆明、安宁来的船舶到此卖货，停留至此，逐渐成为娱乐场所和商贸场所，形成老呈贡八景之一的"渔浦星灯"盛景。

2. 建筑文化

乌龙古渔村民居建筑各式各样，种类齐全。据不完全统计，村内土木、砖木结构传统式样建筑共计637幢，被摄影爱好者称为昆明的民居博物馆，包括43项历史建筑，19项风貌建筑，9项文物建筑。乌龙古渔村代表建筑及特点如表1所示。

乌龙古渔村保存了大量昆明特色传统建筑，包括三间四耳一倒座的"一颗印"建筑①，四马推车样式的"半颗印"建筑，"四合五天井""三合院""走马转脚楼""卷山草顶房车"等民居结构。云南"一颗印"建筑、客家围龙屋、北京四合院、陕西窑洞、广西杆栏式建筑合称我国最具乡土风情的五大特色民居建筑形式。②

---

① 董津纶，张雯星. 昆明乌龙村"一颗印"民居建筑装饰艺术概述与分析[J]. 中外建筑，2021（4）：136-139.
② 落昉. 云南"一颗印"·散落在昆明城的老建筑[J]. 资源与人居环境，2018（10）：57-59.

表 1　乌龙古渔村代表建筑及特点

建筑名称	始建时间	建筑样式	建筑特点	现存状况	价值
杨氏宅院	民国年间	四合五天井	两层楼土木结构	保存完整	区级文物保护单位
杨氏民居	民国年间	走马转角楼式合院式	坐南向北，土木结构，整体院落古朴雅致	保存完整	昆明传统民居建筑的代表
郭氏宗祠	洪武十四年（1381 年）	三合院式	坐西向东，采用三合院式布局，三洞六耳	目前正房损坏，仅存耳房及大门	对于研究当地大户民居具有实物材料价值
垂恩寺	康熙二十九年（1690 年）	合院式	坐西向东，依山而建，寺内木雕、石刻精美	旧时风貌犹存，地方特色浓郁，香火不断	昆明市文物保护单位
净乐庵	始建于明崇祯五年（1632年），现存为清末民初重建	三殿两进院落	坐西面东，对称布局，沿中轴线设有前殿、亭子、中殿和后殿	建筑损坏严重，梁架犹存	始建最早、规模最大的寺庙
华光庙	民国十八年（1929 年）	三合院式	坐西向东，由正殿、两厢和大门组成	保存较完整，香火不断	具有明清寺庙建筑研究价值
迎佛寺（新寺、观音寺）	光绪十六年（1890 年）	合院式	由前后两殿、两厢及配殿组成	一定程度上已被毁坏，亟待修缮	具有清晚期寺庙建筑研究价值
关帝庙	光绪十六年（1890 年）	合院式	坐西向东，由山门等部分组成	保存较完整，需修缮	民俗文化的有力展示

乌龙古渔村的建筑融合了北方四合院与云南土掌房的建筑形式，以对称布局、四水归堂、主次有序为标准，结合滇池风大、潮湿、早晚温差大等特点，采用硬山顶的土木结构，有利于遮风避雨和采光。古渔村建筑依地势修建，顺应自然，充分体现了我国传统"天人合一"的思想。古渔村具有不同时期、不同地域融合特色的建筑，成为滇池沿岸建筑文化的代表，展示了古渔村建筑文化的变迁及发展。

3. 红色文化

乌龙古渔村的红色文化可以分为物质形态和非物质形态两种类型：物质形态红色文化有罗彩故居、飞虎队营房、昆华女子中学、友仁难童学校等遗址，非物质形态红色文化有罗彩精神、罗彩事迹等。

罗彩，乌龙浦村人，是土地革命时期云南农民运动的领导者之一，在他身上体现出蒙受酷刑仍旧坚贞不屈，临难仍不失忠勇，无怨无悔为真理和革命献身的红色革命精神。目前乌龙古渔村中罗彩故居仍保留较完整。

1941年，呈贡机场修建完成，迎来了中国空军美国志愿援华航空队（飞虎队），大片乌龙土地用来停驻战机，乌龙人民用自己的方式为抗日战争做出了巨大贡献。目前，飞虎队营房仍保留完好。

抗战时期，垂恩寺、迎佛寺成为昆华女子中学、友仁难童学校、昆华高级工业职业学校等学校的教学场所。1938年至1942年，孙福熙、沈从文、张兆和等文化名人寓居于杨氏宅院，开展办学活动。乌龙古渔村成为抗战时期云南昆明的又一教育中心，为抗战培养了大量优秀人才，对云南教育事业做出了突出贡献。

4. 呈贡区域联合保护文化

呈贡非物质文化遗产名录的一个显著特点就是许多遗产不限于某一村、某一户，而是包含了这个项目存在的地区。在漫长的历史进程中，呈贡人民以独特的文化意识创造出世代相传的风俗习惯、传统戏剧、节庆文化、传统工艺、民间美术等非物质文化遗产。因此，乌龙古渔村非遗项目包括省级保护项目——呈贡花灯、呈贡菱角编制；市级保护项目——呈贡滇戏、音乐《大河涨水沙浪沙》、呈贡豌豆粉、呈贡瓦猫；区级保护项目——呈贡臭豆腐、呈贡刺绣、呈贡圣贤画。

（二）乌龙古渔村文化的价值

乌龙古渔村真实地反映了渔耕文明时代昆明滇池沿岸的经济发展水平和社会文化。

1. 历史价值

古渔村的贝丘文化对于研究古滇国历史、新石器时期滇池沿岸的渔猎历史、人类进入农耕文明之前的历史、新石器时期滇池沿岸居民生活状况和经济水平等都有巨大的研究价值。七星山出土的文物在一定程度上帮助解决了当地相关史料少的难题。

古渔村的建筑遗存集中体现了乌龙浦从明清时期至今建筑文化的演变。古渔村中建筑样式丰富，尤以"一颗印"建筑最具价值，很好地诠释了云南"一颗印"建筑的演变和发展历史。同时，古渔村的建筑融合了北方四合院与云南土掌房的建筑形式，印证了明朝的移民历史。

2. 教育价值

乌龙古渔村建筑类型多样，空间格局多层，文化内涵多元，有助于人们了解本土传统建筑文化，提升审美能力，实现审美教育。以罗彩革命精神为代表的乌龙红色文化，有利于当下爱国主义教育的开展，能够激发青少年的爱国热情和报国之志，推动青少年铭记革命历史，树立远大革命志向。

3. 城市文化建设价值

古村落是历史载体，乌龙古渔村是昆明城市的一部分。因此，在昆明城市化的当下，保护乌龙古渔村及其文化，使其与现代社会生活相结合，不仅有助于保存地方历史记忆，也有助于保留昆明城市建设个性、丰富昆明城市文化内涵。

4. 旅游价值

乌龙古渔村依山傍水，景色优美，建筑风格多元融合，自古就是以"渔浦星灯"闻名的旅游胜地。如今周边旅游景点众多，交通便捷，具有发展旅游的广阔前景。它不但可以丰富旅游者的历史文化知识，陶冶心性，让游客享受旅游的乐趣，而且可创造可观的经济效益和社会效益。

二、乌龙古渔村文化保护的现状及存在的问题

（一）现状

1. 政府制定保护规划报告

乌龙古渔村的保护规划于2015年12月启动，政府以垂恩寺为中心，拆除周边砖房32栋。2016年，当地政府在实地探勘、史料查阅、座谈走访的基础上形成了《卧龙浦古渔村历史文化调研报告》，完成77栋历史古建筑和历史风貌建筑的挂牌，完成乌龙古渔村保护项目一期工程。2019年呈贡区政府对乌龙古渔村文化进行了更加详细的调查，9月20日，呈贡区召开了"昆明乌龙村市级历史文化名村申报项目"专家评审会，按照《昆明历史文化名城保护规划（2014—2020）》，该村被规划为环滇池地区特色村镇体系中山水环境特色突出的历史村镇。

2. 企业入驻与保护开发并举

2020年华侨城进入，与区政府签订《呈贡乌龙古渔村保护与生态治理项目移交书》，古渔村保护进入新阶段。乌龙古渔村美丽乡村建设成为华侨城乡村振兴战略的一个标杆性项目，是华侨城落地云南的第一个"美丽乡村"项目。华侨城云南集团从村

落景观提升、生态保护、乡村文化挖掘、历史古建修缮、古建活化、产业整合等方面，对乌龙古渔村进行升级改造和保护利用，将项目打造成为集历史文化传承和生态环境保护于一体的文旅项目。

在建筑文化保护方面，2020年年底，政府开始对古村落大部分建筑进行大规模修复，引进昆明华侨城美丽乡村发展有限公司与水石设计等专业团队进行建筑的修复和建设。目前，团队在拆除的现代建筑区域新建了多所土木结构建筑，在一定程度上体现了云南土掌房建筑的特色；新建的民居在装饰上也尽量按照村落中原有民居的样式设计。同时，团队对部分原有民居进行了修复，但大部分原有建筑还未修复，损毁严重。

在景观文化的保护中，严格落实滇池的生态治理措施。在自然景观方面，保持七星山和滇池沿岸景观；在文化景观方面，整体上保留古渔村原有民居、街道布局等村落景观，同时栽种了大面积的油菜花、小麦、羽衣甘蓝等，打造田园景观，既给古村落增添了和谐之美，又有利于农耕文化景观的构建。

3. 社区居民搬迁

2003年，呈贡成为现代新昆明建设的核心地区，乌龙村的土地被收储，村民开始外出租地或从事其他副业，古村落逐渐空心化。2008年，滇池沿岸全面开展"四退三还"工程，滇池保护成为重中之重。2018年，乌龙古渔村开始搬迁，全部村民迁至渔园星浦小区。村民的搬迁为开展生态治理和古渔村建筑的修复提供了条件，同时也为系统地保护和开发古渔村文化提供了支持。

（二）存在的问题

1. 保护进展缓慢，古渔村的自然性损坏严重

中国的古村落正在以较快的速度消失，如保护不及时，将会有更多的古村落消失。乌龙古渔村历经600多年，大多数建筑年久失修，损毁严重，无法居住。华侨城入驻后虽然对一小部分古村落建筑进行了修复，但大多数民居还未得到修复，一部分民居已经垮塌，且滇池沿岸较为湿润，降水多，建筑损毁数量在不断增加，损毁的速度在加快。此外，一些重点文物也没有得到及时的保护，如罗彩故居、关帝庙、华光寺、迎佛寺等都在一定程度上被损毁。

2. 文化内涵挖掘不深入，文化利用方式创新不足

华侨城入驻之后，对古村落及其文化的保护目前停留在建筑修复、村落景观打造、

部分文化的展示方面。在建筑修复方面,政府虽然邀请了专业团队来执行,但团队对于传统的"一颗印"建筑文化内涵挖掘不够深入,在新建的建筑和文化景观的打造上更多地体现了苏州等地区的园林景观特色,而乌龙古渔村融合北方四合院与云南土掌房的建筑形式的传统建筑特色体现不明显,导致新老建筑风格差异较大,在视觉体验和文化感知方面存在一定的不和谐。在景观打造方面,乌龙古渔村的渔耕原乡文化景观缺失,仅种植油菜花、小麦等作物,文化景观吸引力不足。在文化展示方面,目前古渔村的建筑文化、贝丘文化、非物质文化等都采用传统的博物馆展览形式,文化保护和利用方式单一,创新不足。

3. 古渔村居民外迁,文化原真性受损

乌龙古渔村文化在保护过程中最大的难点是古村落居民迁离古渔村,古渔村空心化,文化的原真性受到很大影响。居民是古村落文化的创造者和传承者,但乌龙地理位置特殊,生态保护是重中之重,为滇池保护和昆明的可持续发展,乌龙古渔村居民迁离世代生活的家园。居民的迁出在一定程度上使乌龙古渔村失去文化的内核,这对于古渔村乡村文化景观、渔耕原乡文化以及非物质文化的保护不利。同时,企业入驻后,如若无法兼顾文化的传承与开发,古渔村可能丧失特色,进而出现同质化、商业化问题。

三、乌龙古渔村文化的活态保护策略

"传统村落活态保护是指在充分认识文化的独特价值、尊重文化的内涵、保护传统要素、空间和形式的基础上,构建新的生产关系,并利用该地区文化资源禀赋和特色优势增加产业附加值,使传统要素和现代功能有机结合,使传统文化得到延续传承、村民生活幸福和谐、社会各项产业发展进步、传统村落实现可持续发展。"①

活态保护的根本目的是促进乌龙古渔村文化的传承与再利用、再创造,不再停留在静态保护的层面上,在保护的前提下适度开发,在尽可能保护文化的原真性的基础上,对古渔村的环境以及文化等进行整体的、可持续的保护,为古渔村创造新的生机与活力。

---

① 林祖锐,丁志华,张杰平. 传统村落活态保护评价体系研究:以阳泉市传统村落为例[J]. 城市建筑,2019(4):150-156.

(一) 传统建筑的恢复性建设

建筑文化是乌龙古渔村最具代表性的文化,应以现存的建筑遗存为载体,通过恢复性建设方式,以"现代的骨架+文化的灵魂+自然的外衣"为原则,恢复老建筑原有风貌,对老建筑进行恢复性修建,再融入活化利用的经营理念,让古渔村的生机再现。

对于新复原和修建的建筑,坚持本土化和创新性原则,复原云南本土以"一颗印"为代表的建筑样式,从细节上下功夫,建筑工艺、整体风格造型以及装饰等方面都要符合古渔村原有建筑文化特色。古渔村的建筑在门头装饰、抱头梁、穿插枋、檐枋装饰、隔扇门窗、瓦当装饰等的装饰纹样、图案、造型上都有其特色,如村中"一颗印"民居中,每座民居门头的图案均不同,有"金玉满堂""金马碧鸡""三阳开泰"等图案,雕工精美绝伦。在修复建筑时,要确保建筑材料符合土掌房建筑用材需要,建立泥土质检和筛检流程,采用村落中原有泥土进行修复,减少污染与浪费,最大限度体现本土建筑文化,使新老建筑和谐。同时,新建建筑在修建工艺上要与时俱进,解决土掌房建筑易自然损坏的问题。

(二) 区域联合非遗项目及传承人的保护

推进非遗项目进驻古渔村,实现古渔村和非遗的融合发展——在古渔村内打造创意工坊,为呈贡的非遗保护提供空间。如乌龙古渔村传统建筑工艺的传承,一方面可以通过申报更高级别的非物质文化遗产,提升其价值;另一方面可以让古村落中掌握建筑工艺的传承人进驻乌龙古渔村,打造创意工坊,定期开设榫卯工艺体验课程,促进非遗技艺的传承,同时推出丰富的非遗工艺作品,实现非遗保护项目及传承人自己的造血。

加强非遗文化的知识产权保护:明确规范保护的主体;明确界定保护的客体;明确保护的权利内容及期限。[①] 为呈贡非遗的多元发展提供条件,如省级非遗项目呈贡菱角编制技艺具有独特性和明显的地域特征,可以作为影视文化产业创作素材,从而促进菱角编制技艺的传播和创新发展。

---

① 杨国才,王珊珊. 城市化进程中诺邓古村的保护与发展 [M]. 北京:中国社会科学出版社,2017:217.

(三) 文化的创新保护

1. 沉浸媒介助力文化活态保护

沉浸媒介指通过融通共生，打通了媒介之间的界面，创造了没有边界的传播，打破虚拟世界与现实世界的边界的媒介[1]，沉浸技术主要包括混合现实（MR）、虚拟现实（VR）、增强现实（AR）等。

随着互联网和数字技术的发展，古村落文化的活态保护也可以借助沉浸媒介进行沉浸式保护，创新古村落文化的保护方式，提供全觉的沉浸式体验。乌龙古渔村的民间民俗文化可以通过现代化的数字技术，为受众提供对民俗文化更加真实的感受，引发受众对民俗文化在心理上的依赖和热爱。[2] 此外，沉浸媒介也可以应用于乌龙建筑文化、红色文化、渔耕文化等的活态保护，如打造"一颗印"建筑数字展，让受众可以沉浸式参观乌龙建筑；充分利用红色革命烈士罗彩及其故居、飞虎队营房遗址，讲好罗彩和飞虎队革命事迹，利用全息技术、VR技术，借助罗彩故居，再现罗彩英勇斗争、不惧屠刀的场面，让受众身临其境感受罗彩所传递的革命精神；可以借助数字技术打造沉浸式的渔猎体验馆，通过还原早期粗放的渔猎生活和清末时期乌龙人民渔猎生活，呈现不同时期的渔猎文化，让旅游者可以体验跨越时空的渔猎生活。

2. 新媒体助力文化现代性传播

文化的保护、传承在一定程度上是为了促进文化的传播，让更多的人了解乌龙文化，乌龙古渔村的文化价值也会随之提升，这才能从根本上促进文化的保护和再利用。大众传播与人际传播的结合是新事物的传播和说服人们接受它们最有效的途径。新媒体的发展，为乌龙古渔村文化的传播提供了新的路径，乌龙古渔村应利用新媒体加强古渔村文化的传播，让更多的受众了解古渔村，吸引更多的人自发保护乌龙古渔村文化。

(四) 美丽乡村文化旅游产业的开发

以党的十八大提出的美丽乡村建设为出发点，探讨乌龙古渔村文化的活态保护，同时融入生态文明理念，可以丰富和发展古渔村文化保护的理论与方法，解决美丽乡

---

[1] 李沁. 沉浸媒介：重新定义媒介概念的内涵和外延［J］. 国际新闻界，2017（8）：115-139.
[2] 杨东篱. 沉浸媒介与民俗文化的新"活态"保护［J］. 文化产业，2020（32）：1-7.

村建设背景下古村落文化保护与开发面临的现实难题。

1. 开展美丽乡村生态治理

"绿水青山就是金山银山",以七星山、滇池为主的生态治理是乌龙古渔村美丽乡村文旅产业开发的基础,开展生态治理有利于充分利用古渔村生态资源,形成古渔村特色文化景观。

乌龙古渔村的生态治理要从细节抓起:一方面,要继续推进滇池生态治理;另一方面,在古渔村美丽乡村文化旅游的发展中,要从细节方面推进生态治理。古渔村没有污水处理和排放系统,在保护和开发古渔村时要注重完善基础设施,如排水系统和污水处理系统等,坚持不让污水进入滇池;在美丽乡村建设中,要创新建设方式,做到最大限度的废物利用,降低原料成本和运输成本,同时体现文化的原真性。

2. 开发特色文创产业

在文化旅游开发中,要丰富古渔村的内部文化,深度挖掘其文化内涵,加强文化的实体化转化,紧扣文化主题,设计特色文创产品。立足品牌,深挖文化资源,打造特色文创。文创产品应实现"链条式"开发,即令文创产品能够形成品牌链条,在设计理念、设计主旨和设计风格上与乌龙文化内核保持高度一致,让文创产品在兼具美观与实用性的同时提升档次,以便进行品牌化推广。同时,打造乌龙创意园区、引进特色文创工坊等,实现创意产业与文化旅游产业融合发展。乌龙古渔村的建筑文化、"渔浦星灯"、呈贡瓦猫、呈贡菱角编制技艺等都可作为乌龙特色文创产品的设计灵感来源。

3. 打造特色农业体验观光项目

乌龙古渔村作为一个农耕渔猎的古村落,旅游业开发要充分凸显渔耕特色。通过恢复部分农耕文化景观,打造特色休闲旅游项目,如打造羽衣甘蓝种植体验及衍生品开发项目,让旅游者在周末休憩时感受传统的农耕文化,洗涤心灵,陶冶情操,同时还可通过网络实时观看自己所种植的羽衣甘蓝的生长情况,后期也可将其通过其他工艺制成工艺品或装饰品,形成产销一体化模式。此外,还可通过种植大片油菜花和小麦等,凸显村落景观特色,打造新的文化景观,在油菜花花期、小麦成熟期可以吸引大量旅游者来此打卡拍照。旅游者在感受古渔村传统文化魅力的同时,也可以放松身心,达到乡村旅游"审美享受、缓解压力、教育体验、文化传承"[①] 的功能。

---

① 马亮. 乡村旅游产业创新实践与案例分析[M]. 北京:中国农业出版社,2019:23-24.

4. 推动青少年乡村研学旅游

乌龙古渔村文化底蕴深厚，适合建设研学旅行基地，并与周边大中小学合作，"将自然生态教育、趣味知识教育、传统爱国教育、手工技能教育、艺术特长教育、职业体验教育等融为一体"[①]。利用古渔村的建筑文化等非物质文化遗产进行手工技能教育和职业体验教育，利用罗彩革命精神等红色文化建设爱国主义教育基地，开展传统爱国教育。发展乡村研学旅游既能够让学生深入学习体会到云南特色渔耕原乡文化、非物质文化和红色文化，又可以促进古渔村文化的挖掘与再利用，从而达到活态保护的目的。

5. 重现"渔浦星灯"盛景

（1）打造"渔浦星灯"露天博物馆

"露天博物馆为观众提供沉浸式的参观体验，并通过展览塑造文化认同，以期更好地实现展览的传播目的。"[②] 露天博物馆的展览项目能够给旅游者提供参与互动体验，提升其对旅游者的吸引力。对于古村落来说，打造露天博物馆可以更加完整、真实地展示古村落文化的魅力，构建穿越时空的体验，用浓缩的、生动的画面展示古村落。

乌龙古渔村作为滇池湖畔的一个渔村，是老呈贡八景之一"渔浦星灯"的所在地。入夜，渔船灯火与天空星月交相辉映，是为"渔浦星灯"。乌龙古渔村应通过多方面的设计，打造"渔浦星灯"露天博物馆，再现"渔浦星灯"的昆明记忆，重现渔耕原乡文化和商贸文化，展示古渔村昔日的繁荣以及渔民、商人的生活状态。

（2）利用数字技术打造动态"渔浦星灯"

2010年，上海世博会展出了动态版《清明上河图》，它利用"体验式沉浸数字艺术"来向人们展示。我们应以全新的方式来演绎经典绘画作品，将视觉美和体验美完美地结合。[③] 2019年，《清明上河图3.0》数字艺术展于广州展出，综合使用3D数字技术、高科技投影仪、3D建模和红外线感应装置等技术、设备，使单一的静态展览成为集触觉、视觉和听觉于一体的多感官活动，让旅游者获得综合性的体验和

---

① 宋军令.文化传承视野下的中国乡村旅游发展研究[M].北京：中国环境出版社，2017：144-145.
② 蒋凡.露天博物馆的发展与现实意义研究[D].杭州：浙江大学，2017：3.
③ 俞砚秋.关于数字动态《清明上河图》中的美学思考[J].美与时代，2014（8）：87-88.

真实的临场感。①

"渔浦星灯"盛景是最能体现过去乌龙古渔村生活状态的图景，古渔村在文化旅游开发中可以借助现代化数字技术重现"渔浦星灯"盛景。首先，邀请专家按照文献记载和古渔村现存风貌重绘渔浦星灯图。其次，利用 3D 数字技术、高科技投影仪、3D 建模和红外线感应等技术和设备，还原清末民初乌龙人民农耕渔猎的"渔浦星灯"盛景，从白天的炊烟袅袅、辛勤劳作、儿童嬉戏到晚上滇池沿岸港口各商船上点起马灯、小油灯等场景。最后，在利用高科技投影仪展示动态的渔浦星灯图的同时，结合 3D 技术、红外感应、VR、AR 等技术，打造交互式的三维动态场景，让旅游者在虚拟环境中获得临场感受。

乌龙古渔村作为滇池畔代表性的古村落，具备独特的自然风光和丰富的历史文化，是当地人民智慧的结晶。在美丽乡村建设中，古渔村文化的活态保护具有紧迫性与必要性，通过活态保护对古渔村整个发展进程、所处环境以及文化等进行整体保护，能够为古渔村创造新的生机与活力，在城市化进程中留住昆明"渔浦星灯"的记忆，寄托人们对古渔村的那一份乡愁。乌龙古渔村的活态保护需要人们对其文化的坚守与创新，寻找活态保护的新策略。未来，乌龙古渔村需要在保留古渔村本土文化的原真性的基础上，结合古村落文化活态保护的需要，打造集历史文化传承和生态环境保护于一体的美丽乡村示范项目。

（苏雄娟，云南师范大学文学院副教授；谭亚楠，云南师范大学文学院文化产业管理专业学生）

---

① 刘薇，蔡志郢. 从《清明上河图 3.0》看数字技术在文艺展览中的应用 [J]. 粤海风，2021（5）：72-78.

古村落民族文化遗产的"空间"发展路径
——以大理沙溪"复兴工程"为例

李睿康

摘　要：古村落民族文化遗产是历史文化的载体和当代民族村落日常生活的见证。在传统"时间性"发展学视角下，历史性和时间性是古村落民族文化遗产的主要关注对象，人们对遗产的保护停留在建筑等有形物质本身的修缮和维护上。然而，这种做法忽略了现代生活居民与传统文化遗产的动态共生关系，导致了传统和现代、维护和改造、膜拜和体验之间的二元矛盾。要解决这个困境，就需要从根源上反思"古村落需要什么样的发展"这一问题。本文提出，构建空间性的文化发展观是平衡古村落民族文化遗产的历史文化沉淀和当下人类社会生活活力的新思路，并通过对沙溪"复兴工程"的成功案例分析，证明了空间性的文化发展观在当下文化遗产保护中的可行性。

关键词：古村落民族文化遗产；空间发展；第三空间

一、引言

古村落民族文化遗产是人类物质和精神实践的活化石，它基于传统民族文化的有形实体、周围环境和人类的符号性创作活动再现了特定地理空间的历史变迁和社会互动。然而，在现代化建设的推进中，古村落民族文化遗产往往因为"保护和发展"的矛盾而陷入普遍困境：第一，传统古村落民族文化遗产多因位置偏远和发展模式单一而缺乏可持续发展动力，无法兼顾经济效益、社会效益，也无法做到经济发展和生态保护的平衡；第二，在以"经济增长和产业发展"为主要目标的现代化发展道路的影响下，古村落民族文化遗产往往因人们追求发展速度和产业份额而趋向商业化、同质化和景观化发展，从而带来"多样性的自我毁灭"①的问题；第三，自上而下的规划和建设主要停留在古建筑的静态保护和修缮上，切断了与当地居民日常生活的联系，无法兼顾当地居民的认同。

这些困境的根源来自"现代化的时间发展观"——我们参与的每一种生活、每一个活动，通常被天经地义地认为具有某种相关的内隐的历史和社会维度，经济增长和社会发展是发展的必然选择。这种发展理念带来古村落民族文化遗产的环境与人的割裂，导致本土居民的认同感和外来游客的体验感的缺失。这些困境引发我们反思：如何在提高当地经济、社会发展水平的同时继承传统文化，如何在保存传统文化遗产的同时尊重和珍视当地居民的生产实践，如何在吸引外界游客体验的同时延续本地居民的认同。这些问题的根本解决路径，就是要明确"需要什么样的发展"的问题。

二、"发展"的话语变迁

发展是中国改革开放以来时代的基本问题。放眼世界范围，发展的概念本身经过了不同时期的差异化定义，反映了不同时代的经济、政治和社会秩序。"发展"作为一种话语②主要经历了四个阶段的变迁：17世纪概念的最初阐释；18世纪带有生物学中的进化论色彩；19世纪至20世纪前期的现代化发展观；20世纪后期"欠发达地区"的反抗发展观。

按照雷蒙·威廉斯（Raymond Williams）的解释，"发展"（develop）一词在17世纪中叶从法文的développer首次翻译成英文，其词源意义为"展开"（unfold）与"舒卷"（unroll）③，可看作一个空间范畴的概念。18世纪后期，受到新兴生物学

---

① 雅各布斯. 美国大城市的死与生［M］. 金衡山，译. 南京：译林出版社，2022：243.
② 刘海龙. 大众传播理论：范式与流派［M］. 北京：中国人民大学出版社，2008：5.
③ 威廉斯. 关键词：文化与社会的词汇［M］. 刘建基，译. 北京：生活·读书·新知三联书店，2005：125.

的影响,"发展"具有"进化"的色彩,强调事物由小到大,由简单到复杂,由低级到高级的变化①(奠定了此后"发展"的基本定义);在现代,发展最常见的用法与经济变迁和社会进化有关②。工业革命后,"发展"又与"工业化"的程度相关。直到19世纪末20世纪前半叶,发展成为一种"工业"和"贸易经济"的进步和领先观念,"将发展的技术和观念带到野蛮、未开化的地区"成为帝国主义国家对外殖民扩张的合理化理由,武力的野蛮残暴与对"土著"的"教化"责任感并存,殖民化被看作人人都应该享有的文明在全球的推广。在这个观念下,经济与社会必然根据一个我们所知的模式,经历"线性"的发展历程而达到最后的"发达状态"。颇具关键意义的是,20世纪40年代至50年代,杜鲁门主义中的"第四点计划"强调了"发达"与"欠发达"地区的二分法,以"经济发展"为唯一指标强化了不同地区之间的对立,"发展"带有一种"及物"的意义,强调从经济落后状态经过援助、指导和增长到达发达的进步状态,加速增长被看作弥补差距的唯一方式。20世纪50年代末至70年代,第三世界的崛起对"发展"的既有定义产生冲击。一方面,既有的资本主义现代化理论强调"增长"的发展观,罗斯托的经济增长理论仍然在保障历史正当性的传统下,以"起飞"的航空隐喻强调从传统社会到现代化社会的发展必然;另一方面,第三世界通过"依附论"③、自力更生等话语,强调通过革命的方式摆脱资本主义的发展道路,建立独立发展模式。④关于发展的理论从20世纪50年代的经济发展理论逐渐过渡到70年代的"人类基本需求战略",该战略不仅强调一贯坚持的经济发展本身,也强调增长后的利益分配。

经过对"发展"概念的梳理,我们可以看出,从18世纪到20世纪前期,"发展"的诠释存在差异性,但本质上由西方国家掌握话语体系,并没有脱离历史决定论的局限。首先,"发展"的建构本身是一个以西方发达国家为视角的信仰神话,发

---

① 中国社会科学院语言研究所词典编辑室.现代汉语词典[M].7版.北京:商务印书馆,2016:352.
② 19世纪中叶"社会的明确进化阶段"等同于"国家的发展路径",强调一种"进步的发展"。
③ 依附论是20世纪50年代北美新马克思主义和拉美知识分子针对罗斯托的现代化理论而进行的反抗和批判,赋予被统治国家历史发展主角的作用,认为"欠发达"地区实现"发展"的唯一方式在于摆脱资本主义制度,而非顺从其路。
④ 此部分综合参考雷蒙·威廉斯的《关键词:文化与社会的词汇》125—128页以及吉尔贝·李斯特《发展的迷思:一个西方信仰的历史》的第二章《一个西方神话变形记》中对发展概念史的梳理。

展成为一种必然，而非一种选择。① 在这种观念中，"当下"被搁置，叙事者通过展望未来和将来的进步而制造仪式化的诺言。其次，这种思想的背后是以逐利为宗旨的市场机制。该机制认为，人的幸福生活可以借助技术进步和经济发展的无限增长得到保障。最后，关于"发展"的叙述仍然是客观的时间性叙述，相关叙述为了强调历史发展规律而弱化甚至忽略一些边缘的、个体化的状况，服务于主流、官方的话语进行宏观叙述，仍然停留在一种"工具理性"的思维之中。

近年来"发展"的失效让我们看到，在当下我们不能简单地将"增长"等同于"发展"，人类生活物质条件的普遍提高并不意味着带来社会性的结构优化和人类幸福指数的提高。从社会层面来看，贫富差距、种族冲突、环境问题等世界议题仍然困扰人类；从个人层面来看，高速的社会发展以及单一的收入增加并未带来普遍的幸福感增强。这让我们停下来思考，在当下语境下，如何理解发展？如何界定发展的对象和范围？

三、"空间"发展语境的构建

在当代如何重思"发展"？基于此问题，回归最初概念并进行当下的"语境"阐释显得尤为重要。从上文可知，"发展"的词源意义为"展开"（unfold）与"舒卷"（unroll），是一个空间范畴的概念，强调一种开放的语境。从"空间"的角度来看"发展"，1975年发布的达格·哈马舍尔德报告《做什么》提出了另一种视角。该报告认为，发展不是事物的增长过程，而是一个内生的整体，它来自不同地区各自的文化，而不能归结于对发达社会的模仿，不存在"发展"的普遍模式；② 20世纪八九十年代的后发展理论倡导将"文化语境"列入"发展"的思考范畴，该理论认为，对"发达"的定义是文化嵌入的，传统的发展观以资本主义世界既定的发展路径让世界趋向"同质化"，丧失了地方文化的独特性、个人对自我的认同性以及生活方式的选择性。可持续发展观要求人们以长远的眼光看待发展活动，考虑发展和生态环

---

① 李斯特. 发展的迷思：一个西方信仰的历史 [M]. 陆象淦, 译. 北京：社会科学文献出版社，2011：11.
② 1975年关于发展和国际合作的达格·哈马舍尔德报告《做什么》，是为联合国大会第七次特别会议准备的，发布于哈马舍尔德基金会的杂志《发展对话》(1975)。What now [EB/OL]. [2024-04-23]. http://www.daghammarskjold.se/wp-content/uploads/2016/07/What-Now-1975.pdf.

境的平衡关系。人性发展理论则思考社会资本和教育资本如何最大限度增加人力资本。当代发展思潮最大的特性就是强调了"文化"在"发展"中的重要性，强调了发展是源于个体和社会基于自身文化和环境而特殊化的空间性存在，这种发展观本质上是对18世纪至20世纪初期的西方的时间性发展观的反思，转向以尊重共时下不同地区特色和自主意愿的空间性发展观，是从工具理性思维向价值理性思维的转变。

结合当下社会发展的语境，本文将"文化的发展"定义为一种空间化的语境，它产自文化，是每个社会的内源中产生的差异化整体。其状态呈现出动态性、交互性和在场性，是共时态下多元主体通过对话、体验和交往产生的网状空间下的社会空间结构。从个人层面看，发展不但满足大多数穷人的基本需求，而且满足人的体验、表达、创意、感受和自主决定命运的需要，是人对自我的认同；从社会层面看，发展尊重在地文化和传统的多样性，反对以同一化方式规定发展的"增长"路线；发展还应注重人类活动和赖以生存的生态环境的平衡。从空间性思考，空间不仅是物质的存在，也是社会的存在。文化遗产不是割裂的物质实体，而是与周围环境融为一体的第三空间存在，既包括物质性存在的建筑，又包括通过人类生活产生的符号性、社会性的精神存在。过去和当下、物质和精神、人与环境在第三空间中结合在一起。时间发展观和空间发展观的对比如表1所示。

表1 时间发展观和空间发展观的对比

对比元素	时间叙事的发展观	空间叙事的发展观
维度和对象	线性时间下的历史进化规律	网状空间下的社会空间结构
话语权	主流的、官方的宏观审视	多元主体对话的微观观察
价值维度	工具理性	价值理性/审美理性
实现指标	经济、社会的增长和历史进步	个人和集体的文化空间获得感
叙事结构	历时态叙事序列	共时态对话"星丛"
主体关系	主客体二元对立	主体间性
逻辑基础	政治学、经济学	文化学
获得发展的途径	未来、不在场、心理信仰	当下、在场、身心体验

四、空间获得感:"空间"发展语境下的衡量方式

那么,如何衡量文化发展的空间语境呢?在批判借鉴亨利·列斐伏尔(Henri Lefebvre)、爱德华·威廉·索亚(Edward William Soja)等人的"空间"研究的主要脉络的基础上,本文提出"空间获得感"作为衡量文化发展的空间化语境的效果的标尺。

20世纪六七十年代,发达国家工业化和现代化问题导致的城市危机,使得人文社会科学界把曾经对历史和时间的关注转向空间和社会关系[①],法国思想家亨利·列斐伏尔反思了机械的空间几何学,调和了作为物质存在和形式存在的空间。他开创性地提出空间是社会关系的容器,因为人的涉入才显得有意义。[②] 他提出的物理空间(the physical space)、心理空间(the mental space)和社会空间(the social space)的三元空间学说(unitary theory)说明了空间的抽象性和实在性,但仍将二者放在互相对立的两端。[③] 列斐伏尔的"空间三元学说"也可以分为空间的实践(spatial practice)、空间的表征(representational space)和表征的空间(representational spaces)等空间的"三重性"。空间的实践指向客体化、物质化的物理空间,指的是自然及人类活动产生的物质性存在;空间的表征指的是概念化的空间,具有符号和身份的表征意义;表征的空间指的是物质空间和精神空间的有机结合。[④] 以爱德华·索亚为代表的后现代思想家在列斐伏尔基础上提出了第三空间理论,在物质空间和精神空间的基础上对第一空间和第二空间思维方式进行了解构和重构。

索亚认为,第一空间是空间的物质本质,第二空间是人对空间所持有的流行、政治和知识的话语和形象,第三空间是第一空间、第二空间的融合,它既是现实的,又是想象的,是一个开放性空间。在第三空间里,主体性与客体性、抽象与具象、

---

① 张志庆,刘佳丽. 爱德华·索亚第三空间理论的渊源与启示[J]. 现代传播(中国传媒大学学报),2019(12):14-20.
② 索亚. 第三空间:去往洛杉矶和其他真实和想象地方的旅程[M]. 陆扬,刘佳林,朱志荣,译. 上海:上海教育出版社,2005:11.
③ LEFEBVRE H. The production of space[M]. Hoboken:Wiley-Blackwell,1992:11.
④ 杜彬,李懋,覃信刚. 文旅融合背景下旅游第三空间的建构[J]. 民族艺术研究,2020(3):152-160.

真实与想象、可知与不可知、重复与差异、精神与肉体、意识与无意识、学科与跨学科等都是汇聚的、开放的。① 第三空间本质是一个批判理论范式，它打破了物质空间和精神空间的二元模式，创造了一种"作为他者化的第三化"，力图抓住观念、事件、外观和意义的事实上不断在变化、位移的社会背景，将空间、历史和社会统一于第三空间内部，是动态性的、多元性的和语境性的。

索亚的第三空间概念带给古村落民族文化遗产研究方法性的指导：第一，需要研究遗产空间的全球的物质宏观结构及过程；第二，必须审慎分析不同的主体和机制，从而理解空间的概念或话语中包含的政治本质以及意义；第三，有必要以地方日常生活空间的视角审视。

在传统第一空间（物理空间）和第二空间（心理空间）的二元视角下，遗产是作为有形或无形的"物"的存在，是一个名词，包括具体形态的文化物品、建筑等硬件和人类生活实践产生的符号性文化、习俗、仪式等软要素，但这些"物"都是显现的、静态的。然而，在第三空间的视角下，遗产是一个"空间实践的文化过程"，不存在"有形"和"无形"的对立。正如考古学家劳拉简·史密斯（Laurajane Smith）在《遗产利用》（*Use of Heritage*）中所说："遗产不等同于物，而是文化与社会过程，其中所产生的记忆活动创造出理解与参与当下世界的路径，关于遗产的观念总是被用来建构、再建构或者协商当下的认同、社会文化的价值和意义。"② 也就是说，遗产不是固化的文化形式，而是社会实践的话语形式，它塑造了我们对"遗产"概念的认同，同时组织了人类行动的方式、知识被建构和再生产的方式。

获得感是在我国全面深化改革、实现共享发展的时代背景下提出的重要概念。近年来，对"获得感"的学术研究主要体现在"客观获得"和"主观感受"两个层面，学者普遍认为"获得感"是满足个人物质和精神需求程度的内在感受。董洪杰等人首次将"环境"和"分享"作为"获得感"的多维度体现，他们将获得感分为获得体验（个体需要获得满足的内在积极情绪体验）、获得内容（能够满足个体需要的获益内容评价）、获得途径（个体对追求需要满足过程中自身努力与付出的认知）、获得环境（社会因素对于个体获益的支持作用）和获得分享（获益者在感知到社会

---

① 索亚. 第三空间：去往洛杉矶和其他真实和想象地方的旅程[M]. 陆扬，刘佳林，朱志荣，译. 上海：上海教育出版社，2005：13.
② SMITH L. Uses of heritage [M]. London: Routledge, 2006: 2.

给予的恩惠或帮助的基础上，表达出的感激之情与反应倾向）。[①]陈波提出"文化空间获得感"概念，他认为，文化空间获得感是人们对空间文化元素的整合与梳理，是历史文化基因与文化现实的对接，是主体在现代社会中的自我定位与情感安放的依据。[②]

本文认为，"空间获得感"是多元主体在第三空间中对其需求满足过程和结果的主观认知和情感体验的场景、行为和状态，具体指个人在第三空间的物质环境和精神氛围中通过行为与空间进行交互而产生的体验、分享的感知过程。"空间获得感"是衡量古村落民族文化遗产发展的关键要素，主要通过环境空间、体验空间和分享空间三个环节实现。环境空间是由物质环境和精神环境交融构成的开放性第三空间。个体通过进入环境产生体验行为，用身体知觉感知在场氛围，产生个性化的知识体验，形成体验空间；个体通过分享达成社会交流，通过体验空间文化、感知文化精神、获得文化享受的系列行为提取空间中的文化价值，最终通过空间体验来实现社会意义的分享，达成"空间获得感"。综上，"空间获得感"兼具第三空间的开放性和多元性以及获得感的主体性和体验性，强调了多元主体对开放空间的体验、创造以及分享，以空间语境和主体感受作为衡量发展的关键要素，突破了传统发展观的历史线性史观，具有后现代的包容性、开放性。

五、古村落民族文化遗产活化的思路建构

古村落民族文化遗产发展的第三空间建构，就是把文化遗产当作一个体验、分享的感知过程，它在塑造人们话语认同、组织人类行为和构建共同记忆的同时，也由于人的参与和体验而不断更新。具体而言，古村落民族文化遗产的第三空间建构主要从三个层次展开：环境层面就是构建一个历史性、社会性与空间性相交融的流动开放空间；体验层面就是将主体作为遗产的一部分参与遗产生命周期的延长，增强本地居民对遗产活化的认同和外来游客对遗产体验的价值感；分享层面是从多元主体在环境体验中的多元、差异价值中产生的对话和交流，目的是在空间的层面上将遗产实践的所有元素最大限度地调动起来，在对抗、交流和融合中实现古村落民

[①] 董洪杰，谭旭运，豆雪姣，等. 中国人获得感的结构研究[J]. 心理学探新，2019（5）：468-473.
[②] 陈波. "文化空间获得感"及其发展向度[J]. 人民论坛，2020（17）：132-133.

族文化遗产的历久弥新。

大理沙溪古镇是茶马古道上唯一幸存的集市①，它位于中国西南横断山脉，是茶马古道商贸网络的重要驿站，距今已有6个世纪的历史。在滇西北山区的公路网形成之前，马帮是这个区域最主要的运输形式，加上得天独厚的农耕条件，沙溪成了重要的区域性交易中心。然而，改革开放后，在现代化建设和西部大开发战略的影响下，公路替代了沙溪作为马帮驿站的交通枢纽地位，沙溪也因横断山区的阻隔、远离公路干线而失去了昔日繁华。沙溪因迟缓和闭塞拒绝了经济发展浪潮，但也使当地的文化独特性得以保留，白族人口占到沙溪坝子总人口的87%以上，他们在保持历史文化包容性的同时完整保留了自己民族的语言、音乐、舞蹈和服饰。经济的落后和文化的独特性这一对矛盾迫使沙溪当地政府思考：如何寻找自己的发展模式，在带动沙溪经济和社会发展的同时，留住当地的文化底蕴？2001年，沙溪寺登街被列入世界纪念性建筑遗产保护名录，沙溪的发展引来全世界的关注。在这样的背景下，沙溪复兴工程经过两年的筹备，于2003年开始实施。②

（一）环境空间活化

古村落民族文化遗产环境的内部空间是动态、多维的，它不是一个客体化的物质存在形式，而是包括有形、无形、可见和不可见4种形式的完整生命流动空间，包含在地的历史价值、文化价值、社会价值和空间价值。有形是指客观性的物质形态实物，无形是指人类精神活动产生的文化节日、仪式和风俗等符号性非物质形态；可见是指在历史和社会发展中被人们所记录、看到的文化存在；不可见是指尚未形

---

① 黄印武. 回归真实的古镇：云南沙溪古镇的复兴［J］. 上海艺术评论，2017（4）：62-65.
② 沙溪复兴工程是一个整合文化遗产保护与乡村可持续发展的区域复兴项目，它由瑞士联邦理工大学和云南大理州剑川县人民政府联合发起并实施。该项目肯定了发展的必然，试图探寻一种"社会与经济的发展不会影响文化遗产的保护"的发展理念。项目设计师认为，保存与修复不仅仅是客观性物质问题，还包括当地居民的认同问题。因此，项目以沙溪深厚而丰富的历史文化遗产为根基，以文化遗产保护为切入点，以旅游驱动经济整体发展，期望实现文化、经济、生态之间相互依托、彼此协调的可持续发展目标。沙溪复兴工程被划分为三个层次：第一，寺登街核心区文化遗产的保护；第二，寺登街核心文化遗产所依托的自然环境和人文环境保护，以"本土认同"为主，改善、提升人居环境；第三，聚焦传统村落的背景，在保护坝子自然风貌的同时，促进其他潜力产业的发展，重点在于区域性的经济社会发展策略。三个层次互为推进，形成整体。笔者认为，沙溪复兴工程的成功经验在于转变了发展的思维，从以"历史进步性"为目标的经济发展观转向以"空间获得感"为语境的文化发展观。

成规定、有待于人们去认知，处在人们的理解和记忆之外的空间存在。对古村落民族文化遗产的环境空间进行活化，就是要在对已有的可见有形空间进行修缮和维护、对可见无形空间多样性进行传承和发展的同时，发掘那些被先前历史、社会所忽略的、不可见的空间，让新的和旧的、核心的和边缘的、可见的和不可见的要素都能在这个流动、开放的第三空间中生长，沙溪空间要素划分情况如表2所示。

表2 沙溪空间要素划分情况

环境要素	有形	无形
可见	茶马古道历史遗产（兴教寺和寺登街等）先锋沙溪白族书局	历史村落保护（文化节日、仪式、风俗）文化和生态景观
不可见	破损的冰臼（未被人引起注意的）	对抗性话语（宗教）

可见有形空间是对既有的遗产实体的传承和维护，是古村落民族文化遗产环境活化的基础。沙溪的寺登街是由作为茶马古道时期马帮休憩场所的四方街广场、明朝初年建立的佛教建筑兴教寺、清朝建立的魁阁带戏台①等组成的完整空间。在这个空间里，有代表地方宗教信仰的寺院，有反映商业活动的店铺和街场，有体现人文精神的魁星阁，以及集市功能的延伸表现——戏台，正是跨越时代的茶马互市、宗教祭祀和白族民间习俗的融合让这里成为沙溪的地标性建筑，它是一个多样性碰撞、融合的可见有形空间，这里的冲突、对抗、吸收和容纳定义了沙溪的文化特征，也是复兴计划的源泉和动力。因此，沙溪复兴工程的起点就是通过保护历史遗产的可见物质空间，确保整体空间的开放性、流动性和包容性。

可见无形的空间就是遗产环境空间中被表达的文化氛围，它没有具体的形态，看不见、摸不着。然而，文化对于一个地区而言，是灵魂和根本。1999年国际古迹遗址理事会通过的《乡土建筑遗产宪章》认为："乡土遗产包含的不只是物质形式以及建筑物、结构和空间的组合，也包括对它们使用和理解的方式，以及依附于它们的传统和无形因素。"文化遗产不仅包括人类过去遗留的物质性遗存，还包括一切与人类的发展过程有关的工艺、技术、知识、礼仪、风俗习惯。沙溪文化遗产的可见无形空间主要包括二月八太子会、石宝山歌会、火把节、本主节、路祭等节庆活动；白曲、大本曲、石龙霸王鞭等民间文艺和木雕、石雕、龙头三弦

---

① 黄印武. 在沙溪阅读时间[M]. 昆明：云南民族出版社，2009：11.

等手工艺技术。

不可见的空间是环境空间自身存在的、尚未被历史和社会发掘的空间。发掘文化遗产的不可见空间，正是为了打破单一话语对意义的权威界定，让尘封的、被忽视的、被隐藏的主体有显现的空间。"天生石"是在复兴工程实施前当地人对地面上一些大石头的称呼，他们天然地认为这是沙溪的自然地貌，一直没有特别在意。也正因此，靠近东寨门的冰臼因为阻碍了沟渠中的水流而被凿开了一个豁口。后来在复兴工程实施后，设计师和考古团队发现这些天生石大约是冰河纪第四纪末期大理亚冰期带来的，其实是冰川融水携带冰碎屑形成的冰臼。项目负责人认为，"厘清文化遗产斑驳痕迹里的时间线索，顺藤摸瓜，找到被历史尘埃蒙蔽的事实，以一定的方式表达出来，让更多人一目了然，是文化遗产保护的基本目的"①。在他们的坚持下，另一个冰臼终于被完整地保存了下来。对于古村落民族文化遗产环境的"活化"，人们要和遗产的完整生命"对话"，要走出历史的线性叙事，在那些不可见的、边缘的空间要素中寻找被历史话语忽视的部分，这些内容才是古村落文化遗产别具一格的灵魂。如果凭空赋予它一种"发展模式"，它只会因为千篇一律的模式而丧失独特性。正是这种阅读时间的能力，决定了文化遗产保护的成败。

不可见的无形空间是对主流文化空间的"抗拒"，是那些边缘的、曾经不被认可的空间。然而，正是由于它们的存在，使得遗产的环境空间在开放的流动中实现自身生命周期的更新。沙溪的信仰繁多、庞杂，外来文化被选择性吸纳在白族文化之中，凝结成一个和谐而流动的整体。沙溪本地最主要的信仰是本主崇拜和阿吒力教，它们源于原始社会的图腾崇拜和农耕祭祀。后来佛教传入，并融入阿吒力教之中，对当地的信仰进行了更新。这些源源不断的更新，也在塑造本地人的精神信仰和生活习俗。由于历史原因，这些信仰遭受了破坏，但沙溪复兴工程的设计者认为，既要看到官方主导的遗产话语，又要看到地方层面在遗产、地方与认同之间的联系。正是这些边缘的、不可见的无形空间与可见空间的对抗和交流，塑造了沙溪的开放和包容。遗产保护不是为了在时间层面上用新的事物替代和超越"陈旧"来实现发展，而是通过从空间层面容许多元自主的发展模式进入"作为语境的发展"之中。

---

① 黄印武. 在沙溪阅读时间[M]. 昆明：云南民族出版社，2011：11.

正是因为四层形式的存在，遗产的环境空间不再是扁平的、线性的，而是充满了选择、矛盾和抗争。沙溪复兴工程对于古村落文化遗产的保护，不仅包括可见的权威性资源，还包括宗教信仰、文化价值观念、生产生活习俗等共同构建的文化符号体系。正是通过特定的位置、关系与情境的建立，我们才能完整地理解沙溪的独特性整体，而不是将其简单理解为物质或精神存在。

（二）体验空间活化

古村落民族文化遗产的体验空间是一个人与环境的对话空间，是作为主体的人与遗产环境空间的物理和心理的连接。古村落民族文化遗产的体验空间包括原住民的认同感以及外来游客的文化想象和在地体验，遗产体验空间活化的目的就是处理好原住民和外来游客的关系，提升原住民对本地遗产空间的认同感以及外来游客对遗产空间的体验感。

沙溪的发展不拒绝外来的力量。基于文化认同营造的古镇真实氛围，让外来的游客通过体验在场感受到当地独具特色的文化氛围，并且为当地的建设提供新的思路。"参与的重要功能在于要求重新思考创造与渴望……参与的真正意义在于它对参与者的作用，而不是对建筑的作用……人们可以重温营造环境的能力，体验共同工作的乐趣，并发展出质疑人造世界的能力。"[①] 比如，沙溪复兴工程通过跨文化培训项目的实施，让美国高中生和大学低年级学生到农户家同吃、同住、同劳动，让异文化交流者深入体会中国的民族文化的独特性，同时与当地居民分享不同的价值观和思维方式，促进了跨文化的交流与对话，也增强了外来游客对本土文化的体验感，在游客的体验中让遗产保护更加活化。

原住民也是沙溪古村落遗产活化中不可替代的主体，保持沙溪的"真实性"正是基于古镇生活主体的文化认同下遗产发展的价值所在。沙溪复兴工程通过让原住民参与工程建设来实现本土居民的认同感构建。沙溪的城隍庙社区中心项目就是为了提高本地居民生活质量、增强本地居民认同感而建立的。复兴工程实施一段时间后，沙溪的商业价值随客流量增加而上升。本地居民虽然长期生活在此，但仍然竞争不过外来投资者，于是把镇上自己的房屋出租给投资者，自己则去古镇外生活。古镇的乡绅化造成了本土居民对古镇认同感的减弱，古镇变成了景点而非居所。照

---

① HATCH C R. The scope of social architecture [M]. New York: Van Nostrand Reinhold, 1984: 15.

这样发展，古镇也终将由一个真实的生活空间沦落为一处空虚的商业场所，失去文化遗产保护的初衷。为了解决这个问题，沙溪复兴工程将修复过的城隍庙作为社区文化中心，结合一年一度的城隍庙会和不定期的民俗活动，开展艺术活动并建立文创基地，让原住民在此交易农产品和手工艺产品，发展新产业。同时，随着原住民对技能需求的增多，沙溪城隍庙东侧废弃的小学教室也成为学习中心，并且先锋沙溪白族书局在 2020 年 8 月开办，书店进入古村落民族文化，增加了当地的文化氛围，提高了原住民的居住认同感。

（三）分享空间活化

古村落文化遗产的分享空间活化，指结合环境空间和体验空间的全部要素形成第三空间的动态网络的对话空间，是历史与当代、外来与本土、守护与变迁、主体性与客体性、抽象与具象、真实与想象、可知与不可知、重复与差异、精神与肉体的综合。人们通过主体间平等的对话达成空间的开放包容，在文化的包容性中保护地方社会发展的多元性、对话性和参与性。在个体层面，古村落文化遗产的活化，促进了本土官方与民众之间的互动、本土人与外来者之间的互动、跨文化交流者之间的互动，让每一个个体有体验、表达、创意、感受和自主决定命运的权利；在社会层面，反对以同一化的方式规定发展的道路，倡导尊重在地文化和传统的多样性，包容各种力量在空间中的对抗和共生；在生态层面，将遗产的空间开拓到整个人地生存的空间，以一种可持续的发展理念保护遗产空间的自然景观、人文景观。

六、结语

本文认为，打破以"增长"为目标的时间性发展观，构建以"空间获得感"为语境的文化发展观，是推动古村落文化遗产活化的根本方式。文化遗产与当代现代化的发展是独立而又融合的，既要保护传统文化的价值，又要依据文化环境中人的生活情景对传统文化本身进行再域化，文化遗产的空间"活化"成为具体的实现方式。"活化"的目的就是打破文化遗产的历史性语境，在现代的空间语境下赋予文化遗产新的生命周期，让具有传统性的历史文化建筑超越时间的限制，融入当地居民的日常生活中，赋予其新的意义。古村落民族文化遗产的"活化"，就是要将作为遗产物质存在的实体空间、作为遗产周围的人与环境互动存在的精神空间统一为一个开放性的空间语境，在地理意义的有形遗产的传承和保护的基础上，以动态、开放和互动的思维，重构基于对话、交往、情景的多元性开放空间，协调历史、社会和空间三者的关系。

（李睿康，北京大学艺术学院博士研究生）

博物馆文创产品发展研究*
——以三门峡庙底沟博物馆为例

陈燕苹 吉润峡 明丽丽

摘　要：文创产品是博物馆对中华优秀传统文化进行创造性转化、创新性发展的重要载体。本文以三门峡庙底沟博物馆为案例，通过实地研究提出改善文创产品的设计和营销的策略。在文创产品设计策略方面，侧重运用符号学中潜叙事、刺点与伴随文本等相关理论，争取使消费者对文化符号产生认同，促进个性表达。在文创产品营销推广阶段，运用"4I"模型构建文创产品传播范式。经调研发现，三门峡的博物馆文创产品存在较多问题，如文创产品设计资金欠缺、政策支持力度不够、缺乏专业文创产品设计和营销人才、没有专属的文创产品销售展台、文创产品的内涵挖掘深度不足等，未来需要重点在文创产品设计和营销层面发力。在设计上，要注重IP形象的打造、文化内涵的深挖；在营销上，要注重模式的创新和文创组合的发展。

关键词：博物馆；文化创意产品；设计策略；营销推广

20世纪80年代"新博物馆学运动"兴起，博物馆文化创意（以下简称"文创"）产品开始发展，联合国教科文组织（UNESCO）对文创产品的定义为"表达创意思想、符号和生活方式的消费性产品"①。文创产业发展至今已形成了较为成熟的

---

* 本文系三门峡市社科联2023年度调研课题（SSK-2023-078）的研究成果。
① UNESCO. Culture, trade and globalization: questions and answers [M]. Paris: UNESCO Publishing, 2000: 13.

产业链。

"十四五"文化和旅游发展规划提出,展望2035年,我国建成社会主义文化强国。目前,我国已进入高质量发展阶段,经济长期向好,文化领域也迎来了新消费热潮。作为公共文化服务机构,博物馆具有发掘文化资源,开发文创资源,促进传统文化资源的创造性转化、创新性发展的作用。开发文创产品对于传承中华优秀传统文化、转变服务方式、促进文化消费、推动文化产业发展等具有重要意义。

三门峡作为"仰韶文化"发源地,拥有较好的文化资源禀赋且有一定的IP效应。笔者在实地调研和访谈中发现,三门峡的博物馆文创领域并没有形成一体化的文创产品设计和营销模式,甚至处在雏形阶段。因此,对于博物馆文创产品设计和营销推广进行研究就显得极其迫切。借助当地良好的人才资源及区位优势,通过学习陕西历史博物馆和河南博物院的文创产品设计和营销模式,有望形成特色鲜明、富有创意的文创产品体系。

一、开发博物馆文创产品是时代发展所需

开发博物馆文创产品有利于激发广大博物馆主体的参与热情,改善和提高其经营管理能力。随着人民对美好生活的向往要求的提高,更多的消费者开始重新审视文化产品,文创产品的出现则为博物馆参观对象提供了新的消费体验。因其本身的文化性、符号性、参与性的特点,文创产品获得了一定的社会关注。在新时代背景下,博物馆文创产品已基本完成迭代更新,类型多样,不仅有博物馆文物元素的文创产品,更有包含文化创意组合的虚拟文创产品,文创产品迎合了受众的消费需求,并引导受众向更高层次的文化消费迈进。

二、国内博物馆文创产品的设计及营销模式

(一)博物馆文创产品中"符号学"和"4I模型"的运用

在符号学中,潜叙事指的是接收者对符号链的理解具有时间和意义向度,也就是基于文本,接收者想象的内容要多于符号链本身。第一,在产品设计阶段,文创

产品符号的表达要尽可能激发消费者内心的潜叙事，增强消费者的文化想象与身份认同。第二，分析文创产品的点睛之笔。运用符号学中的"展面"和"刺点"理论，"展面"寓意浅显，感染能力不强；"刺点"则是要突出产品的"爆点"，重点是创建意想不到的组合，给人新奇且合理的感觉。第三，分析文创产品设计理念。要体现中华美学精神，对文化元素重新提炼和整合，可以是顺序组合也可以是交叉组合，引发消费者的文化记忆，进而让他们完成消费的行为。第四，建构文创产品解释框架，即"伴随文本"。文创产品的伴随文本包括产品说明、包装设计等。要结合视听图文等方式，注意场景营造，增加文创产品的内涵。① "4I"模型主要运用在文创产品营销环节。"4I"模型包括分众、即时、互动、定向4个方面，分别对应博物馆有形类、定制类、无形类、体验类4种不同文创产品的营销策略。移动营销的"4I"模型如图1所示。

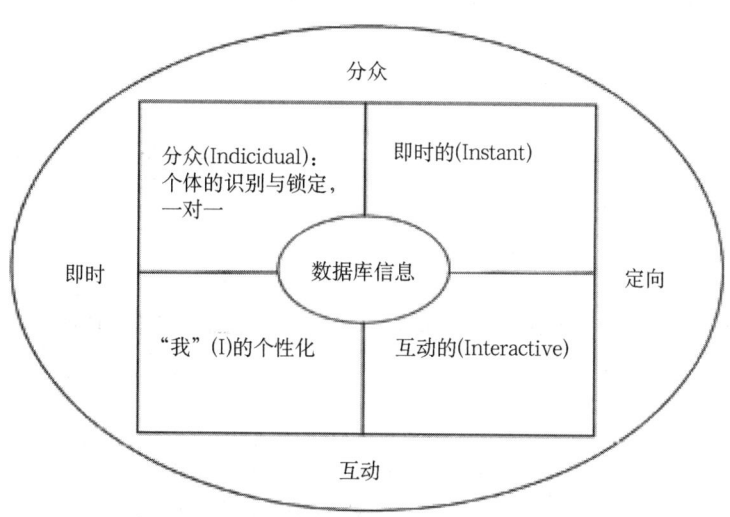

图 1　移动营销的"4I"模型

分众即确定营销对象，要求文创产品具有文化价值、品牌定位，抓住关键点迅速传播，以此获得较高的销售额。即时要求运用线上社交类App，如微博、微信、小红书、短视频平台等作为线上营销阵地，同时线下辅助营销。互动要求博物馆推出体验类文创产品，重点强调利用好AR、VR搭建真实或虚拟场景。定向要求博物

---

① 向勇，白晓晴. 全程创意生产观下文创产品的设计策略研究［J］. 工业工程设计，2021（4）：5-11.

馆推出定制类文创产品,强调由 3D 打印技术及自定义模式,满足消费者个性化、定制化需求。①

(二) 国内大型博物馆文创产品设计及营销模式

在分析国内博物馆文创产品时,笔者以上述理论为指导,选取陕西历史博物馆出圈文创产品如虎符送福、唐妞、联名文创产品等展开设计和营销分析;选取河南博物院深挖内容的构建手法,分析河南博物院如何打造一体化 IP 文创产品;以苏州博物馆为例,学习地方博物馆出圈的做法。最后,将优势重新整合,以期为三门峡庙底沟博物馆文创产品提供合理建议。

通过检索陕西历史博物馆官网,笔者整理出该馆的代表文创产品,如表 1 所示。陕西历史博物馆中文创产品的设计体现了符号转化中的风格转化,如设计者对唐妞形象进行了卡通化处理,文创产品设计也体现了中华美学精神,对文化元素的提炼恰当,运用场景丰富,在文创产品包装等方面也极具特色。

表 1　陕西历史博物馆代表文创产品②

主题分类	代表文创产品
镇馆之宝	主题摆件、吊坠、虎符等
主题衍生	冰箱贴、香囊、书签、文具、钥匙扣等
文博跨界	冰袖、手帕、香包、小方巾、橡皮擦、眉笔、唇釉、发带等
霓裳羽衣	折扇、帆布包、胸针、手绳、耳饰、蚕丝围巾等
饕餮长安	虎符饼干
腹有诗书	邮册、日历、大唐遗宝、陕西历史博物馆相关书籍等
国风日用	冰箱贴、香插香座、家居饰品、印章、茶具套装、毛绒挂饰等
书写长安	手账胶带、书签、文具、笔记本、涂色绘画套装等

该馆既有传统文化符号元素文创产品,又有联名文创产品这种创新形式。联名文创产品包括工艺品、彩妆等品种,类型较为丰富,基本满足了博物馆参观者的文化消费需求。从营销角度而言,该馆文创产品采用新媒体营销,有两点特色。一是

---

① 罗婧. 4I 模型下的博物馆文创产品开发路径研究 [J]. 济南大学学报(社会科学版),2019 (6):149-156,160.
② 陕西历史博物馆官网 [EB/OL]. [2023-11-16]. https://www.sxhm.com/product.html.

创意性和功能性相结合，以虎符送福为例，包括饼干礼盒、橡皮擦、长条抱枕、钥匙扣这几款文创产品，这些以历史文物为依托的文创产品，将历史和美学相结合，对中国文化的弘扬起到了助推作用；二是线上营销和线下营销相结合，在官网、微博、微信、B站、淘宝等线上平台展开营销，重点运用微信公众号将线下活动告知参观者，吸引更多人购买文创产品。

河南博物院在2019年成立了文创部，目前已开发近2,000款文创产品。[①] 值得一提的是，河南博物院不仅在馆内设置文创门店，还在郑州中州国际酒店开设豫博文创店，在郑州东站设立河南省文化和旅游体验中心，在周口博物馆、"只有河南·戏剧幻城"等设立品牌形象店，可以说已经走出了本馆，开启了"传帮带"业务，进一步提升了影响力。近几年，河南文旅频频出圈，并形成了自己的品牌IP。根据官网查询，目前河南博物院代表文创产品如表2所示。

表2 河南博物院代表文创产品[②]

主题分类	代表文创产品
文创IP	意趣插画、Q版插画、彩绘插画、手绘插画、唐宫夜宴版仕女乐队
主题系列	镇院之宝、仕女乐队、华夏古乐团、武则天系列
盲盒	考古盲盒、鸮尊盲盒、仕女乐队盲盒、鎏金盲盒
体验类	文物修复、藏书票、雕版大师、制香大师、铜镜打磨等
豫博文房	书签、尺子、明信片、胶带、鼠标垫等
豫博家居	钥匙扣、冰箱贴、眼罩、伞、手机壳等
豫博配饰	丝巾、胸针、T恤、手帕、袜子
豫博首饰	项链

此外，河南博物院IP授权的数字文创产品在品牌保护方面走在了前沿。在意趣插画方面，河南博物院选取云纹铜禁、莲鹤方壶、妇好鸮尊、贾湖骨笛等进行创作，这些作品意境优美，文化意义深远。在唐宫夜宴仕女乐队方面，通过展示不同形象的仕女角色创造Q版人物画像。彩绘插画的镇院之宝系列，也是以文物为出发点打乱重组形成艺术作品；彩绘插画的镜圆璧合系列，以文物铜镜为出发点，创作海兽葡萄、鸳鸯卧莲、双凤双狮、嫦娥奔月等原创IP；彩绘插画的华夏古乐系列，以古

---

①② 河南博物院［EB/OL］.［2023-11-16］. https://www.chnmus.net/ch/cultural/about/index.html.

筝、琵琶、二胡、排箫、箜篌等古乐器进行二次创作。在明星文物的 Q 版插画方面，为吸引更多的年轻受众设计更符合现代人消费需求的文创产品，如 Q 版妇好鸮尊、莲鹤方壶、珍珠地兔纹枕等。在手绘插画的豫博王牌方面，将经典文物形象和扑克牌相结合，让文创产品兼具文化性和实用性。

（三）国内中型博物馆文创产品设计及营销模式

苏州博物馆虽然是地方博物馆，但在中小型博物馆中知名度较高，在文创产品领域发展也较好。该馆由建筑大师贝聿铭设计，博物馆建筑具有较高的美学欣赏价值，其文创产品也具有鲜明的吴文化特色，制作精良，吸引了一批忠实的文化消费者。苏州博物馆代表文创产品或品牌如表 3 所示。

表 3 苏州博物馆代表文创产品或品牌[①]

主题分类	代表文创产品或品牌
镇馆之宝	秘色瓷莲花碗、吴王夫差剑等衍生文创产品
文创主题	吴门四家、翰墨丹青、方寸苏博、器之典藏等系列文创产品
设计师联名	Sam 魏航帅、何方、戏子、王沁
品牌联名	太湖雪、自然家、大英博物馆等
艺术授权	徐累、朵云轩
非遗传承	宋锦、琉璃、苏绣、缂丝、苏扇

苏州博物馆的文创产品或品牌种类较多，相较于大馆来说，该馆文创产品更具有苏州本地特色。值得注意的是，苏州博物馆文创产品除了结合文物本身之外，还有设计师联名、品牌联名、艺术授权相关的文创产品，彰显苏州本地的特色，将"符号学"中的相关理论运用得淋漓尽致，在一定程度上提升了苏州吴文化的影响力。在品牌联名上，苏州博物馆与大英博物馆进行品牌联合，售卖主题香薰、保温杯、摆件、服饰和箱包等，在文创产品迈向国际化方面走出了探索之路。

苏州博物馆文创产品取名意蕴优美，在伴随文本方面展现了特色鲜明的苏州文化。在营销方面，该馆不仅在官网有文创产品售卖平台，在各大平台网站也有售卖站点，特别是联名文创系列，是"4I"模型中分众营销、体验营销、定制营销等理

---

① 苏州博物馆 [EB/OL]．[2023-11-16]. https://www.szmuseum.com/.

论的实际再现，形成了自身的文创产品营销模式。

三、三门峡庙底沟博物馆文创产品发展现状

（一）庙底沟博物馆基本情况

三门峡庙底沟博物馆馆内现有三个常设展览：基本陈列"花开中国——庙底沟与中华早期文明的发生历程"；专题性展览"庙底沟记忆"；数字化展览"邂逅庙底沟人"。基本陈列以严文明的"重瓣花朵"理论为依据，以历史发展顺序为轴线，讲述庙底沟文化的发展历程、文化面貌及影响，从而揭示庙底沟在中华文明发展中的地位，构建文化意义上的"最早的中国"。展览分为三部分，第一部分"鸿蒙初开 乾坤始奠"；第二部分"百卉含英 花萼相辉"；第三部分"芳花未央 永续华章"。[①] 该博物馆是2021年投入使用的新馆，因此，在整体建设上现代化、科技化、互动性较强。加之依托"仰韶文化"的底蕴，该馆具备一定的社会影响力，对当地文旅事业发展起到了推动作用。

（二）庙底沟博物馆文创产品发展现状

通过实地调研和访谈，笔者了解到目前该馆文创产品存在资源短缺、资源利用率低、IP效应弱、营销方式落后、产品创新创意不足等方面的问题。

1. 文创领域初创阶段资源短缺

目前馆内暂时没有形成自身的文创产品开发模式，文创产品开发处于雏形阶段。馆内虽然设有文创产品研发部门，但主要由其他部门人员兼职，且资金、政策、人才支持力度非常有限。目前馆内文创产品主要由三门峡文旅集团提供，没有形成自身的生产研发平台，对第三方的依赖程度较高。笔者在调研中得知，第三方可能会退出馆内文创板块，之后该馆在文创产品方面大概率会处于被动发展的局面。访谈对象也表示，以后的发展模式很可能是将场地租赁给第三方，然后授权其制作文创产品并分成，但具体的发展方向还没有完全确定，博物馆方持一种观望的态度。

---

① 三门峡庙底沟博物馆［EB/OL］．［2024-04-23］．http://nb.ncha.gov.cn/museumdetail.html?msg=552737cddd314ea294af11efabb4d8e4&nianfen=2021．

2. 无自身文创 IP，地位被动

馆内目前文创产品设计以"仰韶文化""庙底沟文化""天鹅文化"为主题，但"仰韶文化"区域广的特点导致庙底沟博物馆的 IP 效应并不强烈。对比渑池仰韶文化博物馆的文创产品，庙底沟博物馆的文创产品又缺乏鲜明的本地特色，加之文创领域的各项外在资源短缺问题，目前馆内尚未形成自身的 IP。"仰韶文化"中各种古代陶器纹路花样在服装、饰品、家具用品等方面有很高的开发价值，但目前只停留在浅显的运用层面，没有进行深度挖掘设计，文创产品的设计和使用还是由第三方企业主导，地位被动。

3. 文化内涵挖掘程度不深

在文创产品的设计和营销阶段，存在资源利用率低的问题。"仰韶文化"中最丰富的纹路花样和特色的器物文化没有得到较好的开发，设计元素挖掘和创新力度不够，文创产品出现了同质化现象，实用性和艺术性有待提高。笔者通过调研了解到，目前文创产品开发主要是馆内提供文化元素，设计师落地，但也存在设计师对文化理解不到位，导致文创成品质量低于预期的问题，这与合作人员的能力水平有关。

4. 文创产品营销方式方法落后

目前馆内文创产品的营销效果一般。一是由于馆内参观人员有限，且博物馆没有做好文创商店的导引窗口，导致潜在消费者流失；二是目前馆内只通过微信公众号、其他网络图文等方式进行简单的营销推广，没有创建电商运营平台，销售渠道建设非常有限；三是没有将免费流量和付费流量相结合，博物馆在网络上的知名度较低，没有利用话题营销、KOL 推荐等新媒体营销推广方式，导致现有的人流量和转化率较低；四是在营销的过程中，没有运用好内容营销的策略，如文创产品的包装、图文的介绍、视频的制作、网络的投放等均没有达到以"文"引人的效果。

5. 文创产品缺乏文化资源联动性

目前该馆文创产品品类单一，文化元素使用集中，产品同质化严重。其实三门峡不仅有"仰韶文化""天鹅文化"，还有"虢国文化"等资源，但没有形成文创产品"百花齐放"的局面。在文创产品的设计方面，各种文化元素被独立运用，没有打乱重组或重排，形成新的文创产品，不能够满足消费者"求新求异"的消费心理及新需求，虽然第三方团队曾经设计过"鹅小鹅"和"陶小陶"两个 IP 形象，但也只是单纯为了重大活动而创建卡通形象，没有后续的资源支持可持续深入设计相关文创产品，文化元素之间的隔阂依旧存在，文创资源的联动性较弱。

四、提高三门峡庙底沟博物馆文创产品竞争力的建议

（一）加大人才和资金资源扶持力度

河南博物院的文创产品获得成功的原因之一在于成立了自己的团队，庙底沟博物馆可以学习该院文创团队的发展模式，主动出击。一方面，要提高人才培养和培训力度，向优秀的同行学习；另一方面，要加深现有文创人才与社会企业合作强度，形成双赢局面。可从以下几点着手开展工作。

第一，在政策支持方面，根据国家发布的《博物馆条例》《博物馆管理办法》《关于推动文化文物单位文化创意产品开发的若干意见》等政策文件，国家鼓励博物馆发展相关文化产业，政策支持力度加大。博物馆应多渠道筹措资金，促进自身发展。

第二，在资金支持方面，中央和地方各级财政要通过各种渠道筹集资金支持文创产品的研发和营销等工作，可以在文创产品开发模式、绩效分配、奖励等方面进行改革，拓宽文创板块的资金来源。对于文创产业这个文化产业的重要板块，当地文旅局、财政局应积极支持，以完善的配套服务契合"天鹅之城"的美誉。

第三，在人力支持方面，应重点培养高端创意研发、经营营销推广等人才，可通过文旅、公共事业管理、文化产业管理等专业人才的培养来支持人才队伍建设，为后续发展提供源源不断的人才力量。

（二）结合文化元素创造新 IP 形象

从博物馆文创产品的价值角度出发，博物馆应注重文化价值、美学价值、创意价值等方面，着力提高文化消费者的审美能力和文化素养。[①] 创新价值和体验价值对于游客购买意向具有显著影响。[②] 以苏州博物馆为例，该馆的文创产品重塑了场

[①] 向勇.博物馆文创产业的审美公赏与创意管理[J].人民论坛，2023（3）：105-109.
[②] 疏淑进，邵隽.游客感知价值对故宫文创产品购买意向的影响研究[J].资源开发与市场，2021，37（4）：498-504.

景体验的原真性，实现了 IP 价值的全产业链创新。[①] 三门峡庙底沟博物馆是 2021 年开馆的新馆，馆内"科技＋文化"的运用较广，具备一定的互动性。因此，在创造新 IP 形象方面，该馆可利用先天优势，在文创产品设计上对"天鹅文化""仰韶文化"等文化载体进行编码解读，之后生产者和传播者运用多元化的编码方式，将文化用多种媒介进行讲述，并搭建 IP 运用场景，为消费者带来全新体验。同时，文创产品的 IP 中要加入融合传播的理念，重点将"仰韶文化"中的纹路式样进行多元化的设计，同时加强系统性，设计系列化产品，以点带面，通过核心 IP 主题进行广泛宣传推广，以提高文创产品的识别度。

（三）深挖文化内涵，增加多元文化形式

文创类型要多样，文化展现形式要多元。除了传统的文创产品之外，博物馆要打造交互式的个性化体验，如盲盒、体验类服务等。要以用户为中心提出延伸特展活动、创新产品结构服务、探索儿童产品开发、运用科技增强场景化体验等策略，以提升文创板块的吸引力。如在儿童文创产品设计方面，要结合儿童本身的身心发展特点，注重文创产品的互动性、体验性、知识性的设计，可以加强对儿童动手能力的培养。另外，在文创产品的包装设计、产品说明等方面，注重新包装新材质的运用：包装设计要具有"刺点"，吸引眼球；产品说明可结合视听图文等方式，注意场景营造，增加文创产品的内涵。

（四）注重营销模式创新并关注社群营销

博物馆利用良好的营销推广模式能够极大程度吸引人流量和增加浏览量。当代粉丝经济非常火爆，这说明了目标群体细分的重要性。博物馆要注重运用社群营销中的话题和内容营销策略，利用抖音、小红书、淘宝等平台社交分享的特点，重点培养 KOL，打造以直播电商、淘宝店铺等方式为主的多元营销组合。重视消费者的全程参与，提高消费者的主体地位，针对游览者、团体、学生等不同群体开展不同的营销方式。合理运用电商平台和跨境电商平台，配合文创产品的相关支持活动，进而加强文创产品的推广营销。此外，也可着手研发设计文创服务等无形产品，增

[①] 孙亚云，王凡. 营销沟通视角下博物馆文化创意产品设计及推广研究：以故宫博物院为例 [J]. 文化艺术研究，2018，11（2）：1-7.

强体验性，提高文创产品的附加值。要特别注意营销类视听产品应重点展现产品背后的历史故事或文化背景。同时，为了契合智媒算法，短视频脚本等网络文本应积极与已有的垂直类别相融，如将文创口红的视频设置"美妆"标签，文创胶带的视频设置"宅"标签等，以便算法精准识别，并推送给高存量的已有群体，避免创意类视频因独特性过强而导致传播冷启动问题。

（五）打造文创组合

根据营销策略相关理论，组合产品的售卖往往有较好的营销效果。文创领域也可打造相关组合产品，如实体文创和虚拟文创的组合，使文创产品兼具实用性和互动性。三门峡庙底沟博物馆可以学习苏州博物馆的主题文创产品、联名文创产品，将"仰韶文化""天鹅文化""虢国文化"重组，形成系列产品，再与河南博物院、陕西历史博物馆等进行合作，推出博物馆文创主题系列，这样的营销能极大带动文创产品的发展。

（陈燕苹，三门峡社会管理职业学院教师；吉润峡，三门峡社会管理职业学院副教授；明丽丽，三门峡社会管理职业学院教师）

政务短视频：
融合传播中的社会治理逻辑考察*

王 擎　揭其涛

摘　要：政务短视频在社会治理中充分体现了主体性角色，起到既居中协调、为社会治理服务，又反映社会呼声的作用，具有社会治理主体和社会治理工具的双重属性。本文对政务短视频作为社会治理主体和社会治理工具两个维度进行比较分析。就产生的动力、功能和目的而言，政务短视频是作为社会治理主导者的政党力量在媒介融合传播领域的扩展和延伸，是以政治逻辑启用短视频，使其服务于社会治理体系现代化的实践载体，体现的是媒介融合传播与社会治理在中国的独特路径。

关键词：政务短视频；融合传播；社会治理

一、媒介与社会治理

作为社会结构的重要组成部分，媒介在社会治理过程中具有重要的意义。治理是指解决政治和经济问题的制度结构，进行调控引导与协同合作的有序过程。"通过这一过程执政者汇聚各方意见，制定公共政策并监督其执行，以提升执政的正当性和有效性。"[①] 早期中国社会通过治理追求政治稳定、社会秩序井然，服务于统治阶

---

* 本文系北京市教育委员会社科计划重点项目、北京市社会科学基金项目"北京重大突发风险事件中媒介化治理能力提升研究"（项目编号：SZ202310011005）的阶段性成果。

① BEVIR M. A theory of governance [M]. Berkeley：University of California Press，2013：17.

级的目的。中国最早关于治理的表述可以追溯至春秋战国时期《孟子》中的"君施教以治理之",以及《荀子》中的"明分职,序事业,材技官能,莫不治理"①。党的十八届三中全会提出,创新社会治理体制,改进社会治理方式。② 社会治理是一项庞大而复杂的系统工程,我们需要注重社会治理的系统性、复杂性、整体性和协同性。③ 对治理进行构想、设计并实践治理举措,需要我们对社会有机体系统本身进行剖析。

在结构主义和孔德"社会有机论"的影响下,人们以科学和实证的角度研究社会结构。帕森斯将社会系统拆分为政治、经济、文化、社会四个部分,四个部分相互联系、相互作用,以维持系统整体的动态运行,这一观点对于理解社会子系统与社会整体的作用关系影响至深。随着信息社会的发展,大众媒介作为社会系统的组成部分,在协调和组织社会大众中起着重要作用。杜威从结构功能主义视角出发,"认为媒介既有圆满终结的性质,也具有工具的作用,它是建立社会合作、统治和秩序的重要手段"④。杜威所探讨的是媒介的沟通功能作为秩序与工具的理性价值,他进一步认为:"社会不仅通过传播得以生存,更通过传播构成了社会想象的共同体和权力关系的链接。"⑤ 以拉扎斯菲尔德、莫顿为代表的经验主义学者在媒介逐步渗入社会机理的背景下,考察大众媒介影响、控制社会群体的作用,印证了媒介在社会系统中的重要影响。由此可见,在社会系统中,大众媒介通过基础性的信息传递、意义阐述,以及延伸性的社会关系协调、社会文化传承,发挥了自身有效的功能,有效维护现行的社会秩序,实现了一定的社会治理功能,这种功能的实现在新一轮科技和工业革命的推动下,有着更加显著的体现。

网络建构了新型社会形态,网络化逻辑的扩散实质性地改变了权力和文化生产过程。卡斯特认为,社会中的"碎片化"个体进程产生了新的个体与群体认同,互联网与移动传播网络成为新型社会关系、组织关系的基础设施。网络技术赋权于媒介组织和公众个人,在提升新媒体传播力和影响力的同时,赋权于公众参与社会治理的过程。一方面,新的媒介技术演进形塑了新的传播关系,社会化媒体的发展提

---

① 李龙,任颖."治理"一词的沿革考略:以语义分析与语用分析为方法[J]. 法制与社会发展,2014(4):5-27.
② 中共中央关于全面深化改革若干重大问题的决定[M]. 北京:人民出版社,2013:49.
③ 范如国."全球风险社会"治理:复杂性范式与中国参与[J]. 中国社会科学,2017(2):65-83.
④⑤ 杜威. 经验与自然[M]. 傅统先,译. 南京:江苏教育出版社,2005:30.

升了公民参与网络的能力,传播学者普拉迪克·托马斯称其为"信息社会的传播权利运动"。基于传统社会结构权力运行的规则受到冲击,拥有用户身份的公众在新媒体中扮演信息生产者与传播者的双重身份。另一方面,被赋权后的媒体也提升了传播力、影响力、引导力,从而构筑社会监督、舆情引导、行为规范的社会治理平台,为赋权社会治理提供了新的路径。

具体而言,这种社会治理平台的建构是指以数字技术为元技术的平台将不同维度上的媒介进行整合,以大众传播机构为原点和依据,在原有媒介功能和优势的基础上增添新的技术砝码,以完成自身"网络社会"的搭建。在这一过程中,动态变化的社会力量渗入其所在的各领域当中,深刻影响社会文化景观,意味着媒介的影响向各领域延伸,并始终存在流动因素。舒尔茨进一步将这种演变具体化、过程化,认为它是一个替代(substitution)、融合(amalgamatiom)的过程。[1]替代是指媒介部分或全部取代社会行动或机构,例如,网络问政平台、政务微信、网站等为民众开拓的参政议政渠道。融合则是指媒介行动与非媒介行动之间界限的模糊,媒介渗入日常专业化的领域。通过技术媒介的物质性交往,融合传播的实践被液态传播、人工智能浸入传播所湮没,在信息社会中逐步建构社会治理的功能。

二、融合传播在社会治理中的功能建构

融合传播发轫于媒介融合的实践,媒介空间作为新的活动范围,颠覆了吉登斯所提出的现代社会时间战胜空间的神话,建构起虚实相生的时空组合与广泛的节点主体。基于媒介融合实践的融合传播发挥着社会参与、社会沟通、社会疏导、社会监督等作用,并与社会治理体系重叠同构、共同运行。

(一)从"媒介融合"到"融合传播"

作为媒介融合的结果呈现和当下社会信息环境的重要表征,融合传播从传播学角度概括了媒介融合的发展,构建起泛媒介化的现实社会。考察融合传播对当下社会的深刻影响,媒介融合是其主要线索。20 世纪 70 年代末,尼葛洛庞帝预言了广

---

[1] SCHULZ W. Reconstructing mediatization as an analytical concept [J]. European journal of communication, 2004, 19 (1): 87-101.

播、印刷、动画、出版等产业之间的融合趋势。1983年，麻省理工学院的普尔教授在《自由的技术》中进一步阐述媒介融合的可行性。在技术的推动下，"任何一种过去只能通过单一媒介提供的服务，例如广播、报纸、电话，现在都可以由多种媒介来提供。由此，过去在媒介与它所提供的服务之间存在的一对一关系正在被侵蚀"[①]。一般认为，媒介融合涉及产业融合、技术融合、机构融合等层面，互联网技术的发展运用，改变了当下的新闻传播生态模式，原有的传播格局被解构、翻新，人们接触新闻信息的渠道和介质逐渐多元化。移动应用程序（App）、社会化媒体、二维码、视频网站、网络直播等媒介技术的交互创新推进了传统媒体走向融合发展。被"边缘化"的传统媒体借助互联网和新媒体技术投身媒介融合的大潮当中，构造出以融合传播为特征的传播新生态、技术新生态、内容新生态。

无论是普尔提出的媒介融合，还是当下中国正在发生的媒介变革，都立足于传播技术和形式来讨论媒介融合。基于这一视角，融合传播成为媒介融合实践中衍生的概念，对于这一概念的理解也应当强调融合传播是基于人工智能、算法、AR、VR等一系列媒介融合技术的实践，以及多种形态传播工具的使用，对某一新闻事件、信息内容进行全方位、多渠道、多形态的传播。以这样的视角来看待今天的媒介传播现实，可以发现点对点、点对面的传统传播方式已经弱化，新媒体以一种中介化、平等、多元的网络化关系实现了"融合传播"，完成了麦克卢汉、梅洛维茨等媒介环境学者提出的"媒介从感知外部环境到作为社会环境媒介"的演变。其最大的特点在于区别于单一形式或普通物理介质的传播，在传统的文字、图片、音视频的基础上，综合运用H5、短视频、直播等传播方式，创新话语表达，以期更好地实现传播效果的最大化。

（二）融合传播与社会治理体系的同构

融合传播与社会治理体系的同构处于应然状态。自国家诞生以来，信息的传播与国家社会的治理就处于同一体中，早期人类通过烽火、信鸽、跑马等方式进行信息传播，为决策治理提供保障。新一轮信息通信技术革命浪潮全方位提升了信息的生成和联通能力，以融合传播的方式与社会治理进行同构。这种同构体现在两方面：

---

① JENKINS H. Convergence culture：where old and new media collide [M]．New York：New York University Press，2006：10．

第一，社会治理系统包含信息融合传播的过程。系统论、控制论、信息论等理论希望以系统科学的思想达到控制系统的既定目标。香农在信息论中对信息的定义是："信息是用来消除随机不确定性的东西"，强调信息是一种负熵。钱学森在《组织管理社会主义建设的技术——社会工程》中将系统科学理论运用于社会科学，认为信息传播就是社会治理的一部分。[①]结构功能主义理论也认为，任何事物的结构要素都有着特定关联，具有信息传播反馈性和系统的整体性。系统需要维护秩序稳定，就需要不断进行能量和信息的交换。[②]同样，社会治理体系在保持和谐稳定状态时，也需要建构信息传播的持续循环，减少信息的不对称性，因此，社会治理系统本身就包含信息融合传播的过程。第二，社会治理通过信息融合传播的调节以增强适应性。社会治理系统由诸多相互联系、作用的子系统构成，当下的社会治理体系庞大而繁杂，不稳定性因素居多，融合传播中信息超链接、非线性、多节点存在的特点能够在社会治理体系出现偏差或非稳定的状态下对系统进行纠正，即通过通信工具和信息治理平台的运用使社会治理体系按照既定目标进行自我调节。融合传播与社会治理体系的同构具有高度的重叠性，通过融合传播的信息体系理解社会，推进社会治理体系创新，能够有效发挥融合传播的关键作用。

（三）融合传播与社会治理体系的运行

融合传播与社会治理体系的运行是通过遵循一定原理，实现社会资源的优化配置，从而改善社会治理系统的功能，发挥作用的过程。通过对融合传播与社会治理体系同构的分析可以发现，社会治理体系中包含信息融合传播的过程和要素，在遵循系统科学理论的基础上通过信息的融合传播实现社会治理体系的调整，以增强其适应性，这种同构决定了融合传播与社会治理体系的运行机制。首先，信息的融合传播成为社会运行的基础性架构与操作系统。以云计算为代表的大数据基础设施使互联网、物联网更加深刻嵌入社会的各领域中，将人与物定格在特定的网络节点当中，在人与物、物与物之间建立起高效的信息交互能力。以文本、图像、视频、音频等形式存在的非结构化数据信息通过融合传播的方式建立起快捷有效的关联，并

---

① 钱学森，乌家培. 组织管理社会主义建设的技术——社会工程[J]. 经济管理，1979（1）：5-9.
② BEDI A R. Systems theoryand therapeutic systems [J]. Groups & organization management，1985（3）：344-342.

进行资源的最优配置和有效治理。在民生服务、公共卫生、参政议政、文化教育、医疗保障等各领域形成庞大的信息融合传播网络。其次，在信息的融合传播成为社会运行基础性架构和操作系统的基础上，传统媒体及新兴媒体已经逐步演变为社会治理的平台，形成了"传播即治理、治理即传播"①的原理性操作。最后，信息的融合传播不仅作为党的耳目喉舌，更作为社会治理的着力点。具体到本文的分析对象，政务短视频即融合传播与社会治理体系同构并运行的一种有益实践。政务短视频是政府部门创新的社会治理模式。②

三、主体与工具：政务短视频融合传播的社会治理逻辑

政务短视频是指以政治机构为传播主体，时长在1分钟以内，在新媒体平台中传播，旨在解决群众问题、疏通政治沟通渠道的政务新媒体形式。③自2018年3月8日，中共中央政法委员会官方网站中国长安网入驻抖音，开办政务官方机构的首个短视频账号，政务"两微一端一视频"的搭配开始进入公众视野。随后抖音推出"政务媒体号成长计划"，包括开展专业培训、制作升级、百号百万粉、正能量伙伴招募四部分，鼓励政务短视频长期发展。各级党政机关开设的官方短视频账号如雨后春笋般涌出，并发布政务宣传、时事热点、主流价值观、科学知识等丰富的内容，产生了较大的影响力。

相较文字、图片等传统传播方式，政务短视频因其图文并茂、声画同步、形式小巧、内容有趣等融合传播的特质，带给受众更多参与感、体验感、共情感，同时开启了政务短视频融合传播与社会治理的新时代。表1展现了9个较为典型的政务短视频抖音号，以及其发布的经典短视频案例。对其进行分析可以窥见，政务短视频既是社会治理的主体之一，又是社会治理的一种工具。

---

① 龙小农，陈林茜. 论信息传播体系与国家治理体系的一体同构性：基于媒介与社会互构的视角 [J]. 新闻与写作，2021 (12)：50-58.
② 郎劲松，沈青苗. 政务短视频的人格化传播：呈现与驱动——基于政务抖音号的实证分析 [J]. 新闻与写作，2020 (10)：39-46.
③ 陈世华，蒋博斌. 政务短视频参与社会治理的价值和路径 [J]. 社会工作，2020 (6)：77-89，110.

表 1 政务短视频的抖音账号及发布的典型案例（数据截至 2024 年 11 月 9 日）

序号	账号名称	所属机构	视频量（个）	点赞量（万）	典型案例
1	栾川文旅	栾川县文化广电和旅游局	934	86.7	在河南，有一个神奇的地方，他叫栾川！
2	中国政府网	国务院办公厅中国政府网	2,265	6,038.6	国务院联防联控机制权威发布
3	中国气象局	中国气象局	2,399	564.2	冷空气中的王者——寒潮从哪来？
4	上海发布	上海市政府新闻办	7,754	3,566.2	垃圾分类你学会了吗？
5	重庆文旅	重庆市文化和旅游信息中心	1,499	2,826.8	巴山渝水踏歌行
6	北京交警	北京市公安局公安交通管理局	1,795	1,435.4	摩托车闯红灯酿事故，不守规则负全责
7	中国消防	国家消防救援局	4,368	49,000	《直播蓝朋友》进行时
8	国家预警发布	国家预警信息发布中心	1,577,000	771	暴雨自救指南
9	江西省上饶市玉山之窗	玉山县融媒体中心	12,000	3,100.9	玉山无人机表演献礼建国72周年

（一）作为社会治理主体的政务短视频

当前，在关于社会治理的视角中，治理的概念强调两方面的内容，一是政府角色在多元社会治理主体中被理解和接纳，二是多元的社会主体积极参与治理。与统治、管理的内涵不同的是，治理的内涵更为广泛，指向目标不同的行为主体之间确保协调连贯的参与过程，其主体包括政治机构、社会机构、社会组织等。这也是政务短视频这种融合传播的形式能够成为社会治理主体的原因所在，以"去中心化—再中心化"为特征的传播资源泛化和传播权利全民化开辟了新的传播空间。在这一空间中，诸如抖音等社交媒体激发了新的媒介活力，催生了多样化的媒介内容，也因此受到群众的欢迎，形成以多元、开放、公正、平等为特征的现代社会政府、市场、社会的运作规则。政务短视频也在这样的背景下成为社会治理系统的主体之一，具有行动主体的自主性，形成一套相对成型的行动规范，并以此进行社会治理。

作为主体的政务短视频既是行政管理部门的媒介化、人格化体现，又是行政管理部门的一部分，起到既居中协调、为社会服务，又反映社会呼声的作用。李良荣教授认为，主体性是治理体系中的传媒新角色，主要体现为媒体是主动的行动者，作为主体性的角色，职责在于促进社会的平等、协调、协商、多元，代表多元利益主体发声。[①]政务短视频内嵌于抖音等社交媒体，根植于群众的日常生活，生发出向上直通国家部委、各级政府、机关单位等社会治理的主干，向下延伸出向普通受众传播的毛细血管，提供了其他类型媒体不可替代的治理性服务。在承接互动传播与传播服务的过程当中，体量庞大的政务短视频涵盖了诸多重要的政府部门和各级政府主体，在信息采集、加工、分发、互动方面"可大可小，可微观可宏观"。从政治、经济、文化层面来看，政务短视频作为社会治理的主体具有先天性优势。

从政治层面来看，作为治理主体的政务短视频并不只是政府人格化传播的符号和标签，而是深深嵌入社会各阶层场域中进行政治文化生产的主体，既有自上而下的政治资讯传播，又有点赞、评论等多种形式的民意反馈。政务短视频既呈现地方政府从街头巷尾、田间地头采集的鲜活素材，回应上层的规划部署，又是各单位动态信息发布、舆情疏导、形象建构的主体。

从经济层面来看，作为治理主体的政务短视频不遵从短视频平台中以流量进行营利的运行逻辑，增值只是其完成社会治理功能后的附加属性。政务短视频账号的简介，都在强调政务短视频聚焦于政治机构自身的治理范围以及一定辐射范围内的服务，并不像短视频平台一样，将用户作为资本的流量并试图收割。政务短视频与用户之间更倾向于一种相互依存、和谐共生的关系。

从文化层面来看，作为治理主体的政务短视频倾向于融合地域特色与乡土文化，以便通过主流话语解构、再传播的方式，贡献基层社会协同治理的文化力量。例如，一些县区级政府机构开办的政务短视频账号发布的方言喊话短视频，根植于方言情感认同的文化土壤中，形成一种自下而上的地域文化再造与传播。在共同历史文化及日常生活习俗的共性范围内，政务短视频紧密联系现实进行基层治理。此外，作为社会治理主体之一的政务短视频在脱贫攻坚、突发事件舆情疏导、文化娱乐功能等方面发挥先天优势，有效将其转化为社会治理的效能。

首先，作为脱贫攻坚主体的政务短视频。作为脱贫攻坚主体的政务短视频发挥了积极作用。很多贫困地区的地理位置偏远，即使拥有良好的民俗文化和自然资源，

---

① 李良荣，方师师.主体性：国家治理体系中的传媒新角色[J].现代传播（中国传媒大学学报），2014（9）：32-37.

也难以通过有效的渠道向外界传播。政务短视频以视觉呈现和充满创意的表达方式，立足当地特色景观或地域风情，展现贫困地区的美景、美食、民俗及普通百姓的日常生活，以此带来线下游客数量的增长，促进当地农产品、传统工艺品的销售。例如，曾经的国家级贫困县河南栾川就通过抖音号"栾川文旅"展现当地的风采，通过相关短视频线上推广活动，吸引了大批游客前来观光。

其次，作为舆情疏导主体的政务短视频。面对新冠疫情等重大突发公共事件，作为舆情疏导主体的政务短视频以权威、积极的政务信息和坚定的精神力量增强人民群众的自信和凝聚力。政务短视频的信息发布具有权威性，占据舆论的主导地位。通过发布权威信息内容和社会正能量，政务短视频能够快速稳定民心，减少突发公共事件的负面影响。新冠疫情发生以来，各级政务短视频账号持续关注疫情走向，宣讲疫情防控知识。如国务院办公厅中国政府网的官方抖音号"中国政府网"，持续发布相关权威信息，有效构建政务短视频的话语体系，形成社会共识，并提高社会认同。

最后，作为文化娱乐功能实现主体的政务短视频。政务短视频不但能够发布严肃的权威信息，而且能够寓教于乐，运用人民群众喜闻乐见的表达方式持续传递政务、科教、文化、娱乐信息，实现文化娱乐功能。一些政务短视频的内容制作强调情景建构，其戏剧化、细节化的特征规避了宏大叙事和空洞表达，用情景戏剧重现经典案例以达到教育或警醒的目的。政务短视频在将乐观主义精神融入短视频内容的同时，以诙谐幽默、简单易懂的趣味视频吸引年轻受众，帮助受众纾解日常生活的压力，让人们在观看政务短视频的愉悦情感中感受到深刻的思想内涵。例如，"中国天气"抖音号发布的趣味视频以活泼生动的方式对比各地气温，创新专业知识的表现形式，方便不同年龄层次的受众理解。

（二）作为社会治理工具的政务短视频

政务短视频与"两微一端"融合，弥补了政务新媒体矩阵格局中的缺陷，[①] 并以迅猛之势成为政务传播的新"利器"[②]。服务平台也好，"利器"也罢，政务短视频都被定位为社会治理体系的一种重要工具。现代社会治理的方式呈现多样化的特

[①] 陈世华，刘静. 政务短视频的价值与践行：基于行政合理性原则 [J]. 浙江学刊，2019 (6)：69-75.
[②] 张放，杨颖. 移动政务视频碎片化传播效果的实验研究 [J]. 新闻界，2021 (2)：46-56.

征，一方面包括政治的、文化的方式，另一方面包括非强制性、协商、引导的方式。从社会治理整体框架的角度来看，政务短视频是社会治理整体框架中一个非强制式、文化式、协商式工具。通过推进政务短视频的发展，社会治理以更加接地气的姿态深入社会各群体——政务短视频精耕细作信息服务、强化政府形象建构、创新网络治理路径，从而推进社会治理能力的现代化。

第一，精耕细作信息服务，贯通政治沟通渠道。政务短视频从贴近性和实用性角度出发精耕细作，能够实现信息服务与社会治理的有效衔接。本土化信息服务天然的接近性要求政务短视频的内容取材于本土的日常生活，也讲究基于本土特色的传播和表达方式，以适应受众的信息消费习惯。温州市鹿城区推出的系列短视频"爸妈，听话！预防新冠肺炎，请听闲婆张大姐5句劝"，以方言的形式契合社会热点事件，获得超过32万的点击量。① 上海市在推行垃圾分类政策后，纷繁复杂的分类标准让居民感到困扰，政务机构联合网络红人，以短视频的形式呈现垃圾分类的政策内容，引发全网热评和模仿创作，消解了公众的抵触情绪，推进了垃圾分类政策的进一步实施。政务短视频以视觉化呈现的方式将文字、数据转化为视觉符号，以帮助人们理解、获取信息，相比晦涩、抽象的政务信息传播，短视频的碎片化视觉呈现重点更加突出，形式更加灵活多样，有效提高了社会治理水平。

政务短视频在自上而下进行信息服务的同时，也在赋予公众话语权，贯通政治沟通的渠道。俞可平认为，善治的实质是还政于民，是国家权力向社会转移的过程。② 政务媒体的发展见证了网民话语权的变化，政务短视频的评论、转发、点赞等功能进一步拓宽了公众参与政治沟通的渠道，作为政务短视频主导方的政府不仅是信息的发布者和提供者，也是信息传播效果反馈的接收方。公众可以通过政务短视频这一工具积极响应政府开设的话题创作，参与短视频的评论、转发并成为传播效果的反馈者。

第二，借助微观叙事技巧，强化政府形象建构。政务短视频借助微观精巧叙事方式，强化了政府的形象建构。目前政府大量使用监控设施，摄像头每日产出的数据具有极高的传播价值，只要对内容稍加剪辑就能创作出真实客观、场景自然、受

---

① 赵瑜，范静涵. 突发公共事件视域下的县级融媒体中心建设：基于浙江省新冠肺炎疫情的报道分析[J]. 中国出版，2020（10）：8-13.
② 俞可平. 论国家治理现代化[M]. 北京：社会科学文献出版社，2014：42.

到公众欢迎的短视频。例如，"武警官兵凌晨给清雪师傅送奶茶""孕妇街头临产，女警狂奔助产""23岁交警泥浆中救出女子后轻拥安抚"等短视频，从平民视角、细微视角切入公众生活，突出人性化的关怀，塑造出温情、贴心的政府形象。政务短视频账号中包含大量建构政府形象的内容，使政务短视频对政府形象的塑造常态化。在爱国、强军、强国、民族复兴等意识形态领域，政务短视频结合微观精巧叙事和家国情怀宏大叙事，能够持续营造短视频沉浸式传播的体验效果，以媒介仪式的庄严感和强烈视觉冲击下的媒介奇观，使公众在不同的生活场景下共同沉浸在"国家""民族"等想象的共同体中，对政务短视频塑造的形象产生高度认同。

政务短视频在微观叙事下对政府形象的建构，有力打破了传统政务媒体严肃的刻板印象。政务短视频中"政府公务行为""政务人员日常工作""政府主体形象"等内容呈现，将政府具象化为政务相关人员，展示其执行公务、日常生活、训练学习等情况，拉近政府与公众的心理距离。政务短视频在内容叙事中不断解锁新方式，通过主导拍摄宣传片、人物片、政策解读片、幽默短剧等方式传递政府理念，实现吸引力与影响力的双向驱动。以接地气、故事化、活泼轻快的呈现方式缓解公众对传统政务宣传的抵触情绪，在强化政府形象建构的同时提高了亲和力，增强了政务系统的公信力。通过特定的算法推荐机制，这类内容可以源源不断地向公众推送，为政府推进社会治理、社会改革营造了良好的舆论氛围。

第三，创新网络治理路径，革新社会管理手段。网络治理是社会治理的重要组成部分，互联网环境提供了多元主体参与和互动的共享平台，政务短视频为网络治理开辟了新的路径。我国网民数量居世界第一，已然成为网络大国。[①] 但在网络空间中也存在诸多矛盾，网络暴力、网络诈骗、网络隐私泄露等问题使社会治理面临更加艰巨的挑战。政法系统、公安部门的政务短视频在网络空间中提升了社会治理的影响力，一些政务短视频账号通过反诈警官出镜进行反诈宣传，在网络空间中不断提高群众反诈的意识和能力，营造出全民反诈的浓厚氛围。这类政务短视频涉及"打击网络黄赌毒""反对网络暴力""拒绝网络隐私泄露"等内容，不仅传递了政府的法治工作理念、弘扬了社会正义，对网络中的不法行为起到有力震慑作用，也使受众受到熏陶。

同时，许多宣传部门、文化旅游部门利用政务短视频革新社会管理手段，通过

---

① 唐登芸，吴满意. 网民问题：网络社会治理的切入点[J]. 求实，2017（9）：56-68.

短视频平台进行日常事务管理运行，宣传城市价值、展示城市形象。这类政务短视频将人文气息和生活气息相结合以迎合大众审美，催生出"网红城市""爆款美食""打卡胜地"等城市主题爆款短视频。例如，被称作"抖音之城"的重庆，通过短视频形式展示特色美食、李子坝轻轨、悬崖秋千、钢琴楼梯等网络热门打卡地，细致展现重庆城市文化的全新符号。政务短视频还发起各种各样的线上互动，主动进行议程设置，借助短视频不同的拍摄角度和表现手法，以多种形式完成对城市建筑、城市规划、城市整体形象的建构。西安市旅发委推出的"四个一计划"，通过制定城市主题挑战、文化城市助推、抖音达人深度体验等活动，引发众多网友的关注和参与。通过发起官方倡导、民间参与的活动，政务短视频实现了城市形象推广等宣传手段的创新。

四、融合传播中政务短视频社会治理的意义与限度

融合传播所带来的泛媒介化生存使媒介散布在生活的各个角落，深刻影响公众日常生活实践与主体价值认知的形成。工具和技术蕴含交流与传播的潜能，在这种潜能中有一部分在特定历史语境下通过社会机构得以实现，通过特定机构及其融合传播功能形成社会治理与公众的良好互动。本文分析的政务短视频，是在这样宏观背景下进行社会治理的实践载体。政务短视频作为融合传播与社会治理直接催生的产物，是中国推进社会治理现代化过程中特有的传播现象。

目前政务短视频的发展逐步走向成熟，作为社会治理主体和作为社会治理工具的政务短视频，既是融合传播技术条件下，互动传播功能的新设计，又是社会治理理念和治理工具的创新。然而，通过对作为社会治理主体和作为社会治理工具的政务短视频两个维度的比较分析，我们可以发现，就产生的动力、功能和目的而言，政务短视频是作为社会治理主导者的政党力量在媒介融合传播领域的扩展和延伸，是以政治逻辑启用短视频，使其服务于社会治理体系现代化的实践载体。这一点区别于西方媒介治理的逻辑，体现的是媒介融合传播与社会治理在中国的独特路径。

在中国，媒体是国家体制的一部分，政治场域和媒体场域存在一定的重叠，[①]传播行为和治理行为之间并没有清晰的边界。因此，在很多情况下媒介逻辑会被引

---

① 闫文捷，潘忠党，吴红雨. 媒介化治理：电视问政个案的比较分析[J]. 新闻与传播研究，2020（11）：37-56，126-127.

入社会治理体系中发挥作用。在利用政务短视频进行社会治理时，融合传播的运行逻辑清晰可见。比如通过算法推荐给用户特定的短视频，政府在进行脱贫攻坚、信息服务、舆情沟通等社会治理的同时，以视觉化融合传播的方式进行政府形象建构。也就是说，在实现社会治理目标的同时，政务短视频仍然以融合传播技术为基础，并且充分考虑受众需求。因此，才会有诸多政务短视频以短剧的形式进行演绎，以增强短视频的情节冲突和视觉效果，提升政务短视频的可看性，使观众关注政务短视频发布的内容。这些都显示出，融合传播一旦被纳入社会治理的范畴，便会在无形中推动该体系的运作。

综上，本文认为，政务短视频是融合传播渗入社会治理的一种有益尝试。

首先，作为社会治理主体的政务短视频能够推进脱贫攻坚、提供信息服务、进行舆情疏导，作为社会治理工具的政务短视频能够贯通政治沟通渠道、强化政府形象建构、革新社会管理手段。政务短视频为公众参与公共事务的讨论和决策提供了一个可能的、社会覆盖面较广的公共平台。这个平台在特定的媒介环境下，经过政府与媒体的协作搭建。它展现出强大的社会影响力，容纳社会多元主体发声，公众能够较为自由地选择入场或出场。

其次，无论是从政务短视频的运作与生产所遵循的体制逻辑，还是从社会治理所遵循的融合传播逻辑来看，政务短视频都构成了政府与公众、社会治理主体与公众、政府各部门以及不同社会群体之间的互动。这种互动一方面能够形成个人、社会、国家之间有序的协商，进而推进社会治理体系与个人理性的能动性发挥；另一方面使社会治理更加丰富多元，促进社会治理的统筹与平衡。

最后，在融合传播的数字社会中，政务短视频赋予社会公众参与社会建构、凝聚共识的条件，更多社会公众参与政务短视频的评论、点赞、转发、创作等实践，成为社会治理进行共识凝聚、价值引导的一部分。吉登斯主张通过对话和多元主体的协同促进现代性的重建[①]，政务短视频所实现的恰恰是一种社会治理方式——为公众对话与引导、社会治理提供服务，进而遵循现代社会治理理念，发挥融合传播优势。

（王擎，北京工商大学传媒与设计学院院长、教授；揭其涛，中国传媒大学媒体融合与传播国家重点实验室博士研究生）

---

① 胡百精. 互联网与重建现代性 [J]. 现代传播（中国传媒大学学报），2014（2）：40-46.

首都外宣需求下北京市属媒体国际传播的挑战与应对*

范 敏

摘 要：与其他地方的外宣不同，北京的首都地位决定了北京外宣的最大特点是首都外宣，这给北京市属媒体的国际传播带来了三大挑战。对标首都外宣的需求，应对内容创新的挑战之策——充实北京作为国际交往、科技创新中心的内容，同时补齐北京作为政治中心的角色；应对话语和叙事体系构建的挑战之策——提炼优质北京核心概念，提高二次传播影响力；应对国际传播平台渠道建设的挑战之策——对内打通内外宣界限，对外加强海外社交媒体建设，并适时向西、向南转，加大对"一带一路"沿线国家及发展中国家的耕耘力度。

关键词：首都外宣；北京市属媒体；国际传播；挑战；应对

地方媒体是地方外宣的主力。当前，地方外宣立足自身优势，成为向世界讲述中国故事、传播中国声音、推动中华文化走出去的重要践行者，但对标国际社会的认知需求，以及国家、省市对外宣工作的需求，地方外宣仍面临诸多挑战。[①]

北京的首都地位决定北京外宣的最大特点是首都外宣，这对北京市属媒体的国际传播能力提出了更高的要求，使北京市属媒体面临艰巨的挑战。要厘清并理解这

---

* 本文为教育部人文社会科学项目"中美经贸摩擦中的话语博弈与中国话语权提升策略研究"（项目编号：19YJAZH092），以及北京市教育委员会社科计划一般项目"'大外宣'战略下北京市属媒体的国际传播能力建设研究"（项目编号：SM202010011004）的阶段性成果。

① 《对外传播》编辑部课题组. 新形势下地方国际传播实践探索与发展路径［J］. 对外传播，2021（7）：57-62.

一挑战,首先需要对标首都外宣的总需求:以全球视野、国家站位、首都定位、首善标准,着眼于北京发展新阶段、新方位、新要求,以大国首都大外宣、全面立体大样子为定位和目标,以主动服务国家外交外宣战略,突出北京功能定位为主线,多主体、多平台、多渠道、多载体,生动传播最新、最美、最好的北京,讲好具有北京特色的中国故事,成为塑造可信、可爱、可敬中国国际形象的首要窗口,以首都实践阐释中国理论,以北京故事构建中国话语体系和中国叙事体系。[①]

上述需求主要涉及国际传播内容创新、对外话语和叙事体系构建、国际传播平台渠道建设三大方面,但每一方面都非常宏观,需要逐一拆解,我们才能剖析挑战与应对之策。

一、国际传播内容创新的挑战

(一) 首都外宣的需求

首都外宣总需求给北京媒体国际传播的内容定位是:着眼于北京发展新阶段、新方位、新要求,以主动服务国家外交外宣战略,突出北京功能定位为主线。这涉及对外"讲什么"的问题。

根据北京市"十四五"规划和2035年远景目标,北京要大力加强"四个中心"功能建设、提高"四个服务"水平,把北京建设成为伟大社会主义祖国的首都、迈向中华民族伟大复兴的大国首都、国际一流的和谐宜居之都。"四个中心"指中央对北京作为全国政治中心、文化中心、国际交往中心、科技创新中心的城市战略定位;"四个服务"指首都工作要为中央党、政、军领导机关的工作服务,为国家的国际交往服务,为科技和教育发展服务,为改善人民群众生活服务。进一步结合《北京市推进全国文化中心建设中长期规划(2019年—2035年)》(以下简称"文化中心规划")可知,作为中国故事的首要部分,北京希望国际社会听到的"北京故事",是新时代城市规划下,紧密围绕北京"四个中心""四个服务"功能定位,展示北京首都风范、古都风韵、时代风貌的故事;作为中国国际形象的首要窗口,北京希望国际社会感知到的"北京国际形象",是在"四个中心"建设与"四个服务"水平提升

---

① 徐和建. 构建中国话语体系和叙事体系的北京思考[J]. 对外传播,2021 (11):25-30.

中呈现出来的中国首都、大国首都、国际一流和谐宜居之都形象。这其实也就是北京媒体国际传播的内容框架。

(二) 挑战

不过,从实际情况看,北京故事、北京形象在国际社会的传播和认知现状,离北京城市规划与发展实际,以及首都外宣希望达到的效果都有较大距离。

首先,北京在多数情况下只是被国际主流媒体"提及",而非成为报道"主题",且往往负面报道较多[1],负面内容一般集中于政治、社会治理和环境领域[2]。其次,外媒过于强调北京作为中国"首都"这一政治符号的意义,而对其作为"城"的地域性认知存在局限。[3] 这使得北京的全国政治中心这一角色被极度渲染,北京本身的政治形象内容被架空,几乎被国家政治形象完全占位,而北京作为文化中心、国际交往中心、科技创新中心以及和谐宜居之都的形象被大大弱化。[4] 在被弱化的领域中,北京文化相关话题最受关注,正面反馈最多;科技创新、国际交往相关话题以中立居多;和谐宜居相关话题则有褒有贬。相比新媒体,以上现象在传统媒体中都更为普遍。简言之,世界对北京"古都风韵"的认知度最高,也最认可;对"时代风貌"的认知不足;对"首都风范"的认知有过度政治化偏向。

再对照考察一下北京媒体在国际传播内容上的供给。作为北京市第一个走向海外的对外宣传阵地,《北京日报》海外版自1996年开始创办。以刊发在欧洲华文日报《欧洲时报》上的"北京新闻"专版为例。专版登载的新闻以文教、社会和经济类内容为主,文教新闻又以文化旅游、艺术展览、文物考古为主,这说明我们非常重视以文化、国际交往为载体与纽带推介北京,这方面的传播效果最好;社会新闻以城市规划与管理、民生、就业为主,这说明我们有意识地突出了作为"城"、作为"人"的北京故事,也很契合人文北京战略。反映城市发展硬指标的经济新闻数量虽

---

[1] 王宁,张璐,曹斐. 英国媒体中的北京形象:基于《泰晤士报》2000—2015年的框架分析[J]. 西安外国语大学学报,2017,25 (4):1-6.

[2] 欧亚. 推特平台的北京国际形象及其传播模式研究[J]. 对外传播,2021 (5):61-64.

[3] 吴奇志. 北京形象国际传播的媒体表达:以部分中外主流媒体历史文化遗产报道为例[J]. 中国记者,2019 (7):116-119.

[4] 马诗远,郑承军. 新信息环境下海外社交媒体中的北京形象研究[J]. 现代传播(中国传媒大学学报),2021 (7):150-157.

位列第三,但多为简短的消息,内容较为单薄,且侧重创业投资、人才引进宣介,不足以反映科技北京、绿色北京全貌;政治新闻数量最少,以领导人活动、重要会议、时事政策为主,属于外宣中常见的政府通告性新闻——这样的处理不排除有淡化专版政治色彩的考虑,但北京作为政治中心的部分似有所缺失。①

两相对比不难看出,北京故事的讲述当前面临的主要问题是呈现的内容滞后于北京的城市发展现状,内容不完整、不均衡,导致问题出现的原因既有外媒"他塑"的偏差,又有我们"自塑"的不足。

(三)应对

如何在巩固现有成果的基础上,充实北京作为国际交往中心、科技创新中心的内容,同时在媒体内容中补齐北京作为政治中心的角色,这是摆在北京媒体面前的艰巨挑战。其中,又以补齐北京作为政治中心的角色最具挑战性。一方面,需要对政治中心的内涵有创新性理解,它既有作为国家符号,即"都"的政治内容,又有作为"城"本身的政治内容,二者不能相互替代,尤其不能像外媒有意无意地那样用前者架空后者;另一方面,需要对政治中心的表现载体有创新性理解,不能简单地等同于领导活动、政务新闻、会议传达,而应从北京肩负与实践的"四个服务"中,提炼体现北京政治风貌、政治品格以及北京市民核心价值观念的选题与素材。

将补齐北京作为政治中心的角色称之为艰巨挑战,不仅是从政府需求层面而言的,还因为该命题涉及传播效果以及国际政治传播、跨文化传播中的诸多难题。因为补齐北京作为政治中心的角色,实际上是一个重塑城市形象、改变受众认知,进而改变受众态度的课题。传播学效果研究相关理论告诉我们,个人认知、态度的改变尚且常常需要一个复杂、漫长的过程,更何况还是在国际舆论格局总体西强我弱的背景下针对一座城市进行改变,其理论与实践创新的难度可想而知。同时,补齐北京作为政治中心的角色在中国国际传播的现实语境下,实质反映的是一个更棘手的问题:当面向在意识形态、政治制度、文化背景、价值观念等方面存在较大差异甚至敌对心理的对象时,如何有效开展国际政治传播和跨文化传播?对此,北京市

---

① 范敏,李司麒.北京日报报业集团二十年"走出去"的报道框架分析:以《欧洲时报》"北京新闻"专版为例[M]//郭嘉,杨慧,唐颖.燕京创意文化产业研究2022年卷.北京:中国传媒大学出版社,2022:64-73.

提出"在事实认同的基础上为更高的价值认同创造条件"①，其理论与实践创新的难度可想而知。

二、对外话语和叙事体系构建的挑战

（一）从话语体系到叙事体系

2013年，习近平总书记提出"精心构建对外话语体系"，以及"着力打造融通中外的新概念新范畴新表述，讲好中国故事"。2021年5月31日，习近平总书记在中共中央政治局第三十次集体学习时又提出"加快构建中国话语和中国叙事体系"。这一新提法对中国国际传播提出了新要求。

国际传播的最佳方式是讲故事，讲故事需要一套语言符号，它由各种概念、范畴、表述组成；同时，一个好的故事还需要遵循一定的叙述逻辑和结构，以便把这些语言符号有机、有效地组合起来。前者属于话语体系，后者属于叙事体系。话语体系脱胎于一个国家最具代表性的、最为核心的文化密码、价值取向、理论观念，是一个国家在国际主流意识形态领域的地位和国际话语权的体现，②是打造融通中外的新概念新范畴新表述之源。叙事是一个形式范畴的概念，在中文语境下内涵比较简单，就是按事情的发展顺序进行叙述，但在西方语境下，叙事在近代发展出"展示"和"讲述"两种内涵。这一区分的实质是把现实世界中发生的所有事件与实际的叙事情节或描述加以区分，并指出后者永远是一种建构，呈现经过选择和安排的事件的一部分。③ 这样一来，叙事也就不仅仅是个形式问题，相反，它表现出既折射话语体系又丰富话语体系的内容属性，尤其是当被要求体系化地成为承载中国文化密码、价值取向、理论观念的特定逻辑和结构，即中国叙事体系时，其所需的自主性、创造性是与话语体系同等重要的。齐头并进推动这两个体系的构建，把讲好中国故事的要求向前推进一步，即不单是讲好中国故事本身，还要"更加充分、更

---

① 徐和建. 新形势下的首都国际传播新思考［J］. 对外传播，2021（8）：35-39.
② 韩庆祥，陈远章. 构建当代中国话语体系的核心要义［EB/OL］.（2017-5-16）［2023-10-26］. http://www.xinhuanet.com/politics/2017-05/16/c_1120977542.htm.
③ 章晓英. 中国对外话语体系建构：一个叙事学视角［J］. 国际传播，2019（1）：1-7.

加鲜明地展现中国故事及其背后的思想力量和精神力量"——这也是第一次出现在习近平总书记重要讲话中的新提法。如此，讲好中国故事也就分量更重、意义更大了，它既是中国话语和叙事体系的载体或产物，又充实了中国话语和叙事体系。

（二）首都外宣的需求

首都外宣总需求给北京媒体对外话语和叙事体系构建的定位是：传播最新、最美、最好的北京，讲好具有北京特色的中国故事，塑造可信、可爱、可敬的中国国际形象的首要窗口，以首都实践阐释中国理论，以北京故事构建中国话语体系和中国叙事体系。这涉及对外"怎么讲"的问题。

具体而言，北京市提出，以主场传播、主流传播、主力传播、主心传播作为首都构建中国话语体系和叙事体系的总思路，提炼最新、最美、最好的北京核心概念。主场传播指利用在京举办的重大活动开展国际传播；主流传播指对外宣介习近平新时代中国特色社会主义思想及其在首都的实践成果；主力传播指通过影响有影响力的主力人群、选择有国际影响力的主力渠道开展国际传播；主心传播指做足人文交流，促进民心相通，打造构建人类命运共同体的民意基础和人文基础。在提炼最新、最美、最好的北京核心概念方面，北京市提出，一要深入研究、科学参照联合国可持续发展目标等国际化通用坐标体系；二要能够通过北京展示中国；三要立足北京自身，推出更多北京创意、北京模式、北京方案、北京品牌、北京名片、北京标识，培育数量众多、品质优秀、独具特色的"京字号"原创外宣品牌，创造形成体现中国精神、蕴藏中国智慧、接地气聚人气、具有北京特色的主体叙事、主动叙事。①

从对外话语体系的构建看，北京故事要凭借城市核心概念来讲，因此提炼城市核心概念是总纲，既要对标人类共同价值，借北京看到世界；又要对标国家形象，借北京看到中国；还要对标自身特色，借北京看到北京。从对外叙事体系的构建看，北京故事要遵循中国理论、首都实践的逻辑与结构来讲，因此，创造形成"都""城"同构与"家""国"同构的北京特色主体叙事、主动叙事是目标，意在对西方媒体以"都"代"城"的做法予以纠偏，还原北京作为自我而不只是国家符号的应有面目，恢复被其遮蔽的城市故事叙事，改"被展示"为"我讲述"。

---

① 徐和建. 构建中国话语体系和叙事体系的北京思考[J]. 对外传播, 2021 (11): 25-30.

（三）挑战与应对

提炼北京核心概念的实质，是对最能彰显北京城市特色、发展水平、精神气质的核心要素的符号化表达。符号的所指源于北京在政治、经济、文化、社会等各领域，践行习近平新时代中国特色社会主义思想的生动实践与丰硕成果；符号的能指则需在融通古今中外、人类共同价值与北京个性中寻找话语创新的灵感。成功的符号化表达，有赖于精心提炼所指，使其富有深厚的内容积淀与打动人心的意义，也有赖于精心推敲的能指对所指的话语"点化"。经"点化"，能为所指找到最适合、最简洁有力、最让人眼前一亮并触发共鸣的语言外壳，这反过来又往往使所指的内涵得到升华。能指所指相得益彰，一个理想的概念由此形成。提炼北京核心概念就需要这样从内容到形式都精心打磨、反复酝酿。

作为北京故事的新的认识方式和叙事方式，打磨、酝酿后的北京核心概念还需置于国际传播中检验其影响力，很重要的一个指标是二次传播的数量和比例，即让我们的表达成为更多外媒的新闻线索、信息源或背景。因为这意味着我们参与了对方的传播过程，让我们的话语体系和叙事体系进入对方视野，并在一定程度上影响媒体议程和受众议程——即使对方报道的是负面事件，但如果引用了我们的观点和说法，也能够起到一定的纠偏作用。[1] 研究者分析了美国有线电视新闻网、卡塔尔半岛电视台和今日俄罗斯电视台利用重大事件崛起的经验，发现二次传播是一大共同特征。[2]

在内外宣界限日益模糊的背景下，被二次传播的既可能是那些专门的地方外宣媒体的报道，也可能是"无心插柳柳成荫"的本地中文媒体的报道。《华盛顿邮报》驻京记者潘文就曾表示中国的地方报纸很多，是他获取新闻线索的重要渠道。[3] 这印证了二次传播的价值，也再次说明今日之国际传播确实不再分得清内宣外宣了，所有媒体都有机会。然而，北京媒体的二次传播情况总体不理想。笔者曾以"北京""北京市"为关键词，在史蒂芬斯报纸全文数据库（EBSCOhost Newspaper Source）中做过粗略检索，只有屈指可数的几条新闻显示依据某北京媒体报道；笔者又尝试以"北京大兴

---

[1] 欧亚，熊炜. 从《纽约时报》看北京城市形象的国际传播 [J]. 对外传播, 2016 (6): 48-50.

[2] 张超. 遵循传播规律 深耕疫情报道：打造国际一流新型主流媒体的契机与策略 [J]. 中国广播, 2020 (5): 21-27.

[3] 唐佳梅. 区域对外传播共识的补充与修正：《纽约时报》《泰晤士报》《海峡时报》十年涉穗报道分析 [J]. 现代传播（中国传媒大学学报）, 2010 (5): 153-154.

国际机场""北京环球影城""北京证交所""北京'十四五'规划""北京城市副中心"等关键词进行检索，结果也不理想。这说明，北京总体仍处于被"展示"的境地，构建自我"讲述"的对外话语和叙事体系的挑战还相当艰巨。

在这样的背景下，我们更应充分认识到北京核心概念的提炼是一个长期、动态且国际化的过程。言其长期，是因为鉴于北京城市核心要素的丰富，需要从以下不同维度广泛探索：古都北京、红色北京、京味北京、创新北京、绿色北京、和谐宜居、双奥之城、高质量发展、科创中心、"两区"建设、全球数字经济标杆城市、国际消费中心城市等，①每个维度都为充实核心概念的所指提供了大量素材，但素材通常是分散、零碎的，必须有意识地加以盘点、梳理、提炼、深化，为创造理想的概念能指夯实话语"点化"的基础，这是发挥北京媒体触角深广的优势所在，但只有久久为功才能厚积薄发。言其动态，是因为随着北京"四个中心"建设的推进，每个维度的内涵都可能发生变化且相互牵引、关联，如在空气质量有所提高的今天，碳减排逐渐成为绿色北京的新焦点、新亮点，也成为理解和谐宜居、高质量发展、科创中心等其他核心要素的新切入点，这就要求北京媒体必须持续保持对各领域前沿动态高度的新闻敏感，洞察秋毫、见微知著，如此才能持续保持话语符号所指、能指的领先，进而保障概念传播的持久活力。言其国际化，是指需要国际社会共同聚焦完成，这首先是因为北京核心概念参照的是国际化通用坐标体系、凝聚的是具有最大公约数属性的人类共同价值、借鉴的是国际化城市形象概念塑造的经验。其次，频繁的跨国人口流动以及随之而来的思想碰撞、文化交流，本身即构成北京城市核心要素的重要部分，这需要北京媒体充分利用好主流传播、主场传播、主力传播、主心传播的便利，不断扩大爱北京的"朋友圈"，让更多国际元素、国际声音有机会融进北京核心概念的话语创造中。

三、国际传播平台渠道建设的挑战

（一）首都外宣的需求

以有北京特色的中国话语体系和叙事体系，讲好具有北京特色的中国故事，需

---

① 徐和建. 构建中国话语体系和叙事体系的北京思考［J］. 对外传播，2021（11）：25-30.

要有丰富、畅通、高效的传播途径，"泛媒介化"的当下更是如此。因此，要把政府机构、企事业单位、高校智库、社会组织、个人等都动员起来，多主体、多平台、多渠道、多载体开展首都外宣，生动传播最新最美最好北京。这是继对外"讲什么"和"怎么讲"之后"怎么传"的问题。

根据 2020 年颁布并实施的《中共北京市委关于新时代繁荣兴盛首都文化的意见》和"文化中心规划"，针对北京媒体国际传播平台渠道建设的具体要求有：坚持主场外宣、主流外宣、主力外宣齐头并进，坚持"走出去"和"引进来"双向发力；区分对象、精准施策；与中央媒体密切合作，助力其国际传播能力建设，推出北京专题定制报道，借力展示北京大国首都形象；鼓励市属主要媒体办好外语节目、海外专版、海外节目中心；鼓励、支持市属主要媒体深化与境外主流媒体、海外华文媒体及相关机构的内容和渠道合作，通过节目互换、人员互访、联合制作、联合报道等形式，推动外语节目、纪录片、专题片、综艺节目、多语种报刊等在境外落地传播，参加具有国际影响力的节展和评奖活动，扩大新闻产品知名度和影响力；推进海外社交媒体北京内容和渠道建设，鼓励市属媒体开设账号，用好海外社交平台，开展移动化、社交化、可视化传播。

上述要求反映了当前我们对国际传播平台、渠道建设的很多共识，但比较独特的一点是，我们在强调"走出去"时也强调"引进来"，提出把主场外宣、主流外宣、主力外宣巧妙融为一体。对于这几大外宣的强调，说明北京本身也是重要的，从某种意义上说还是"现成"的、能自主掌控的国际传播平台和渠道，只要能够抓住机遇、精心设置议题，即便没有"走出去"，也可能"引进来"优质的国际传播素材，使得在北京的传播"不经意间"就成为对国际的传播。这一点是其他地方媒体在国际传播方面难以获得的优势。不过，这一认识必须基于对大外宣战略思想真正透彻的理解，不分内外，把包括本地中文媒体在内的所有北京媒体的国际传播潜力都激活。

（二）挑战与应对

比照首都外宣的需求，在利用好北京自身的平台、渠道，坚持主场外宣、主流外宣、主力外宣齐头并进，"走出去"和"引进来"双向发力方面，北京媒体做了很多努力。以广播电视为例，在外宣新闻节目方面，北京广播电视台先后推出《今日北京》《海外连线》《全景中国》《新闻50＋》《我看北京这五年——老社长的故事》

《驰骋在后海边的"新老八爷"》等音视频节目;在外宣文化节目方面,推出以《传承者》为代表的系列节目等;在外宣纪录片方面,推出《中国梦——365个故事》《非遗时光》《北京印象》《握手非洲》《嗨!东盟——"一带一路"之东盟行》《长城》等作品。其中,既有我们主动对外讲北京故事的主流外宣、主场外宣,也有通过采访众多国家驻华媒体负责人,引进"他者",借他人之口讲北京的主力外宣。此外,北京广播电视台还从2016年到2018年,连续推出"天涯共此时——'一带一路'大型新闻行动",每年历时3个月,组织百余人的报道团队奔赴亚欧非国家,展现"倡议"为大家带来的机遇和互惠互利,从而巧妙地把主场外宣、主流外宣、主力外宣融合起来。①

不过,仍有部分北京媒体对于利用好北京自身的平台、渠道的认识比较有局限性。他们认同地方媒体也可以且应该做外宣,但无形中又在地方媒体内部把地方外宣媒体与本地中文媒体切割开来,或者在同一家媒体内部,把外宣部门与本地部门切割开来,不了解本地中文媒体在二次传播中可能发挥作用,打通内外宣的构想也还没有提上议事日程。

然而,仔细研读首都外宣的顶层设计,基于北京自身的平台、渠道优势,"引进来"的思路并非只针对作为专业新闻机构的市属媒体,还把通常认为属于市民服务性质的政务媒体,以及各市场主体办的社会网站都涵盖进来。"文化中心规划"在"构建多层次多形态的国际传播格局"中就提出:"支持全市各单位政务新媒体、属地社会网站发挥自身优势,创造具有国际元素的新媒体产品,展示北京国际形象。"这是对国际传播多主体实践路径的有益探索,反映出对习近平总书记"推动内宣外宣一体发展""内宣外宣联动"等指示的精准理解与贯彻,更是意在把对于建设对外话语和叙事体系有特殊意义的政府部门与有助于呈现政府外宣视角的社会化媒体吸纳进来,全方位、多角度展示全面、立体、真实的北京。十年前,外媒多次提及在突发事件报道或社会安全类报道中,致电北京市公安局等相关部门,却无人接听或被告知负责人不在,但现在,外媒开始大量使用"平安北京"微博和北京本地媒体作为信源。② 这

---

① 李明. 融媒体时代广播电视媒体国际话语权建设:以北京广播电视台为例[J]. 中国广播影视,2019(11):94-95.
② 高金萍,王纪澎. 奥运光环下北京的嬗变:2009—2016年国外主流媒体关于北京报道的分析报告[J]. 现代传播(中国传媒大学学报),2017(6):39-43.

一可喜的变化亟须在"文化中心规划"指引下加快成为北京国际传播的"日常",它需要北京市政府管理的开放、外宣部门信息服务的改善,以及北京媒体更自觉的观念调整:北京无小事,内外无界限,用好身边的平台、渠道,把对更多(尤其是我们想要重点推介的)北京新闻、北京故事的第一报道权与解释权掌握在自己手里,提高对国际舆论场上北京信息二次传播的影响力。

在开发海外传播平台、渠道方面,截至2022年8月3日,北京媒体的海外传播平台、渠道建设概况如表1所示。

表1 北京媒体海外传播平台、渠道建设概况

媒体名称	自办媒体	与海外华文媒体合作	与境外主流媒体合作	进驻海外社交媒体
《北京日报》	/	与美、加、澳、法、德、奥(地利)六国发行量较大的六家华文媒体展开合作,出版《北京日报》海外版①	/	Beijing Daily 推特粉丝数:0.19万 脸书粉丝数:6.72万
《北京晚报》	/	/	/	Beijing Evening News 推特粉丝数:0.16万 脸书粉丝数:5.9万
《新京报》	/	/	/	Beijing News 推特粉丝数:0.11万 脸书粉丝数:0.04万
《北京青年报》	今日北京	/	/	Beijing Youth Daily 推特粉丝数:0.23万 脸书粉丝数:0.03万
《北京商报》	/	/	/	Beijing Business Today 推特粉丝数:0.15万 脸书粉丝数:0.03万
北京广播电视台	北京外语广播	与欧洲华语广播电台、纽约中国广播网、洛杉矶1300广播电台、加拿大中文台、澳大利亚堪培拉首都双语台、新西兰华人之声等华语广播电台合作②	与联合国电台、俄罗斯卫星通讯社、加拿大国际广播电台、荷兰在线、澳大利亚澳洲广播电台、新加坡新传媒电台、巴基斯坦独立新闻社等境外主流媒体合作③	Touch Beijing 推特粉丝数:0.06万 脸书粉丝数:104万 BRTV官方频道 推特粉丝数:0.003万 BRTV北京时间 推特粉丝数:0.05万

---

① 陈红梅.论地方媒体在国际传播中讲好中国故事的策略:以北京日报海外版为例 [J].新闻前哨,2022 (11):56-57.

② 北京外语广播介绍 [EB/OL].(2016-6-28) [2022-01-22].http://www.am774.com/about/2016-06/28/cms199043article.shtml.

③ 务实开展中外媒体间深入交流,推进合作共赢成果丰硕 [EB/OL].(2018-6-4) [2022-01-22].https://www.sohu.com/a/234009548_108794.

由表 1 可知，北京媒体主要采用自办媒体、与海外华文媒体合作、与境外主流媒体合作、进驻海外社交媒体 4 种途径开拓海外传播平台、渠道，其中，又以与海外华文媒体合作、进驻海外社交媒体为主。进驻海外社交媒体是所有媒体都采用的策略，而 4 种途径"全面出击"的是北京广播电视台。作为中国媒体"走出去"较易操作的基础模式，与海外华文媒体合作是"借船出海"的首选，与大多数国内媒体一样，北京媒体也遵循此思路，取得较丰硕的成果；与境外主流媒体合作，有利于推动传播作品境外落地，直接影响当地民众，但难度较大，是当前我国国际传播海外拓展的一大瓶颈，北京媒体也不例外，除了临时性的合作之外，相对稳定、固定的境外主流媒体渠道还不够丰富，分量也还不足；进驻海外社交媒体是近年来我国大力提倡开拓的国际传播途径，一是因应媒介技术与媒介生态变革，二是曲线解决与境外主流媒体合作难度大的问题，但自建渠道的引流任务也很艰巨，需要在传播内容、形式、经营策略上有更多创新，这方面除北京外语广播的脸书账号"Touch Beijing"成效显著外，北京媒体在海外社交媒体上的表现总体不佳。未来，北京媒体应继续加强对海外社交媒体的建设，提高粉丝数，同时紧随国家外交战略的调整，适时向西、向南转型，加大对"一带一路"沿线国家及发展中国家的耕耘力度。

（范敏，北京工商大学传媒与设计学院新闻系副教授）

央视《消费主张》节目叙事策略研究

刘　超　郗佳玉

摘　要：《消费主张》作为央视财经频道重要的新闻专题节目，具有严谨的叙事逻辑与叙事方式。经济新闻与消费类节目的结合，使其在内容上追求真实性，更加贴近大众生活。在新闻专题节目叙事化模式越来越流行的背景下，《消费主张》在叙事视角、叙事话语、叙事时序、叙事结构等方面呈现出特有的节目风格，本文通过对其典型报道进行梳理，分析其叙事策略，可为经济新闻专题类电视节目提供借鉴。

关键词：叙事策略；消费主张；新闻节目；电视节目叙事

近年来，随着我国消费市场不断扩大、消费水平升级，消费模式越来越多样化，大众对消费市场信息的需求也越来越强烈。《消费主张》是 CCTV-2 一档充分利用主流媒体优势和电视话语特点的消费类专题节目，节目宗旨是"做中国消费市场的引领者和守护者"。该节目集专业性和大众性于一身，通过调查性报道和独特的叙事策略，形成了独特的节目风格，自 2009 年播出以来，树立了良好的媒体形象，产生了较大的社会影响力。

《消费主张》每周一至周五晚间 7 点半播出，每期时长 25 分钟左右。新闻专题报道是《消费主张》的核心内容，节目组围绕消费市场实时热点话题或热点问题，展开新闻采访、调查和报道。本文选取 2021 年 11 月至 2022 年 4 月《消费主张》节目中有关财经新闻的新闻专题报道为研究对象，共获得 42 期研究样本。这段时间涵盖了 2022 年春节，有多期关于春节前后市场的报道，具有较强的典型性。随着叙理论在新闻传播领域的应用，电视图像叙事真正释放了"图像"叙事的威力。① 通过对《消费主张》节目进行叙事策略研究，可为经济新闻专题类电视节目提供借鉴及启示。

一、《消费主张》的叙事视角

法国结构主义批判学家热奈特将叙事视角分为零焦点、内焦点和外焦点。②《消费主张》经常在同一期节目中采取不同的叙事视角呈现报道内容。

零焦点叙事，又称全知视角，即叙事者知道的情况比其他人知道的情况多，了解整个事件。全知视角一般用于对整体内容的概括和背景介绍，出现在电视新闻的开场或预告。例如，《消费主张》的《追踪欧莱雅面膜差价事件》（2021-11-22）节目中，在经过节目组对当事人的调查、事件的梳理和对大众和法律人士的采访，对整个"欧莱雅面膜差价事件"有了整体了解之后，记者站在一个市场的欧莱雅柜台前方对整个事件进行了评价，并呼吁有关部门加大对消费者权益的保护力度。在节目结尾处运用全知视角对事件进行评价与总结，既表达了节目对于事件的态度，又使节目内涵上升到更高层次。

内焦点叙事，又称限知视角。叙事者知道的情况和他人知道的情况一样多，叙事者参与事件当中，以参与者的身份进行观察。在《消费主张》的新闻专题节目中，记者到现场对事件进行逐步调查、采访，经常使用限知视角。例如，在《猪肉价格为何一降再降？》（2022-4-11）节目中，记者走访饭店、超市、批发市场、养殖场和中国农业科学院，针对近期猪肉价格问题对不同人群进行采访调查，让各方分析猪肉价格下降的原因。通过记者亲临现场对当事人的采访，节目更有代入感、真实感，观众从平时无法观察到的角度了解市场行情。

外焦点叙事，又称纯客观视角。叙事者知道的情况和观众知道的情况一样少，从外部观察、记录事件。《消费主张》节目组在进行调查性报道的时候经常使用纯客观视角。例如，在《虎年贺岁金饰热销 黄金消费进入旺季》（2021-12-24）中，记者来到黄金首饰售卖点，调查热销的金饰款式，通过采访了解金饰行情。这种叙事视

---

① 石长顺，成珊，赵伟. 叙事理论与电视[J]. 现代传播（中国传媒大学学报），2004（2）：59-61.
② 热奈特. 叙事话语 新叙事话语[M]. 王文融，译. 北京：中国社会科学出版社，1990：116.

角可以很好地调查事件，真实地呈现事件。

在 42 期研究样本中，叙事视角中出现最多的视角是内焦点视角，《消费主张》节目主打深入一线的实地调查，让观众代入节目视角，将有说服力的事实呈现给观众。

《消费主张》节目的叙事视角不是单一的，而是由多种叙事视角组成的。节目采用不同叙事视角，从多方位、多角度报道事件，增强节目叙事性和提升叙事效果。例如，在《追踪欧莱雅面膜差价事件》（2021-11-22）中，节目先采用限知视角，对"欧莱雅面膜差价事件"的几位受害消费者进行采访，展现事件详情。在节目的尾声又站在全知视角，由记者在总结整个事件后对欧莱雅面膜事件发表看法，并呼吁有关部门加强监管。通过不同的叙事视角，节目组对报道进行合理叙事，叙事视角的转换，使得整个节目结构更加完整。

二、《消费主张》的叙事话语

《消费主张》中的叙事话语可以从记者、采访对象、解说词及节目标题四个方面进行分析。

（一）记者的话语：注意语言艺术

在《消费主张》以采访调查为主的新闻专题节目中，记者跳出访谈类专题节目主持人的角色，成为节目的"代言人"。记者要代替观众向采访对象进行提问，这使得记者在采访中需要注意对语言艺术的运用。例如，在《罗平小黄姜上市，今年行情怎么样？》（2021-12-2）节目中记者对收购商的一段采访。

> 记者：姜是发往哪里？
> 收购商：发往山东安丘的。
> 记者：山东姜挺多的，也要从云南这边发过去吗？
> 收购商：因为山东那边还是喜欢我们云南的小黄姜，辣味赞，很好吃的。
> 记者：我看您发的货还挺多的，今年的利润怎么样？

> 收购商：这个利润薄，今年干一年的话最多能够（挣到）20万元。
>
> 记者：那跟去年比呢？
>
> 收购商：去年的话，都是四五十万。

记者不需要自己表达观点，而是对采访对象进行提问引导，让观众从采访对象口中得出答案。本期节目的记者并没有询问小黄姜的品质有多好、今年价格的变动，而是通过问采购商发货目的地、今年利润情况等间接得到了答案。

（二）采访对象的话语：充满生活气息

《消费主张》节目的主要环节是采访事件相关人士，采访对象从养殖户、农民到采购商、商户、超市工作人员、消费者，覆盖了消费领域的生产者、消费者、专家等。其中，节目组对生产者的采访是最多的，他们处于生产的各个环节当中，成为节目的主要叙事者。对于节目中提出的问题，如肉价、菜价等变动原因，节目组并不会自己下结论，而是通过采访对象来讲述。收购商、养殖户、商户会站在各自角度分享观点，为观众提供全方位的解答。在介绍产品特点、种植方式等内容时，也多半是由相关工作者亲自介绍。

这些采访对象的语言充满生活气息。节目并没有为采访对象提前设计文稿，不讳忌口误、地方方言，而是展现最真实的采访现场。比如，为了让观众更真实地感受到价格变动，节目组会让商户呈现或再现交易现场，通过这种方式展现价格变动对商户的影响。比如，在《猪肉价格为何一降再降？》（2022-4-11）这期节目中，记者在采访批发市场的收购商时拍摄了交易现场，镜头前收购商与批发市场人员再现交易过程，通过最直观的方式让观众感受到价格变动。

节目中，消费者的对话内容一般很短、很简单，节目通过展现几个消费者的看法让观众感受到大众的想法。而专家一般出现在节目最后阶段，在经过记者调查后，节目组通过采访专家，起到总结作用。相对于普通采访对象，专家会用更加专业的、宏观的视角和语言回答记者的问题，提升节目内容的专业性。

（三）解说词：为节目穿针引线

如果说《消费主张》中记者的作用是替观众提问，解说词则具有阐述节目的作用。解说词在《消费主张》中起到多重作用。

第一，引出节目内容。在节目开头，用解说词引出本期节目内容。例如，《东海第一鲜 大黄鱼迎来丰收季》（2021-12-16）节目开头的解说词是："每年11月至春节前后，是东海大黄鱼的上市季。大黄鱼色泽金黄，肉质细腻，素有'软黄金'之称。"这句话概括了本期节目主要内容——大黄鱼及其捕捞。

第二，交代背景。《罗平小黄姜上市，今年行情怎么样？》（2021-12-2）这期节目开头，先由解说词介绍罗平小黄姜的产地特点："罗平县地处滇、桂、黔三省结合部，是进出云南的东大门，素有'滇东门户''鸡鸣三省'之称。这里气候温和湿润，土壤砂质，最适宜种植生姜，自古就有姜之乡的美誉。"之后，记者深入农田进行观察。

还有一种解说词是引出节目内容和交代背景的组合，在进行节目引入的同时也介绍产地、产品。《赣南脐橙：喜获丰收 价格几何？》（2021-12-3）这期节目开头的解说词不仅介绍脐橙产地，还引入本期节目内容。解说词内容为："江西赣州被誉为中国脐橙之乡。这个地方的纬度、光照、土壤，被农业农村部专家认为是全国最适宜种植脐橙的地理环境。眼下正是脐橙采摘、大量上市的季节。据说今年赣南脐橙取得丰收，那脐橙多了，价格是否会下调？主产区里的果农们的收入是否会受到影响呢？我们的记者打算实地走访看看。"解说词先介绍脐橙产地，然后引出本期节目要调查的内容，快速进入正题。

第三，推进调查开展。《消费主张》的记者会到多地，对多人、多领域进行采访，在多个采访调查之间，就需要使用解说词过渡。如《香菜金字塔，香椿为何卖出天价？》（2022-2-22）这期节目先是介绍超市里的香椿价格，随后记者开始追本溯源，到批发市场、种植基地调查，此时解说词说道："在批发市场里的香椿又是什么行情呢？"画面也从菜场的香椿转移到批发商驱车前往批发地的场景，推进调查进一步开展。

第四，场景转换。随着节目内容的转换，画面会发生空间转换，而此时就会需要解说词过渡。例如，《天冷羊肉销售旺，今年价格怎么样？》（2021-12-6）这期节目先是通过在火锅店、超市的采访呈现羊肉产品价格，随后解说词说道："那么今年这些品种的羊肉价格会有怎样的变化呢？而在原产地，养羊的成本又是什么情况呢？"画面也由北京的市场转换到宁夏回族自治区盐池县，开始介绍盐池县当地的养殖情况。

第五，补充采访对象话语。如《今年的五常大米有多"香"?》（2021-11-11）这期节目中，记者采访正在给大米脱粒的种植户，询问他的工作内容和亩产情况。随后镜头以俯视画面拍摄田地丰收景象以及稻米脱粒的画面。此处解说词说道："农户告诉记者，今年的五常大米从10月2号开始收割，到现在已经收割完毕。经过一段时间在地里的自然晾晒，目前家家户户都在给水稻脱粒。"解说词补充了采访对象的话语，丰富了节目层次，也借此过渡到对下一位农户的采访。

（四）节目标题：拉近与观众的距离

在42期研究样本中，以疑问句作为节目标题的节目共有18期。疑问句的提问内容一般是本期节目调查的内容，也是时下百姓在消费领域最关心的内容，以疑问句为标题也能更加吸引观众。此外，多期节目以"调查""上市季"为标题，直观展现本期节目内容。

《消费主张》的节目标题十分注重生活气息，如对于消费品价格涨跌趋势的专题报道，节目在标题中常用"是涨是跌""价格几何""价格如何""行情怎么样"等话语进行表述；又如《天冷了，选一件合适的皮衣过冬吧》（2021-11-29）、《天冷了，轻薄保暖的好被子你会选吗?》（2021-11-30），连续两期节目标题均以"天冷了"开头，拉近与观众的距离，关注冬季保暖日用品消费市场。

三、《消费主张》的叙事时序

叙事时序是文本展开叙事的先后顺序，是从开端到结尾的排列顺序，是叙事者讲述故事的时序。叙事时序包括顺叙、倒叙、插叙。

顺叙，即叙事时间与故事发生一致。在《消费主张》节目中，节目往往跟着记者对事件一步步地进行调查、剖析。例如，在《鲈鱼：养殖规模扩大 消费需求旺盛》（2021-12-20）这期节目中，记者深入鲈鱼养殖场，记录九江传统鱼花技艺、清早手工收鱼、随机抽验肉质和低温运输保存等内容，按顺序将鲈鱼的养殖、捕捞和运输过程呈现给观众，让观众了解鲈鱼是如何一步步被运送到餐桌上的。这种叙事手法可以让观众跟随记者观察整个事件脉络。

倒叙，是对故事发展到现阶段之前的事件的一切事后追述。倒叙是《消费主张》常用的叙事时序，《消费主张》不会在节目一开始就展开调查报道，更多的是通过倒叙进入节目的主题内容。例如，在《香菜金字塔，香椿为何卖出天价？》（2022-2-22）这期节目中，节目一开始就展现张阿姨做香椿的画面，通过采访张阿姨了解香椿的价格变化，随后记者才进入零售市场、批发市场、种植基地调查香椿价格高的原因。这种叙事手法使得节目一开始就把"天价香椿"的事实通过普通人的视角传达给了观众，吸引观众追看"天价香椿"背后的原因。《消费主张》的受众定位是所有关注财经的大众，《消费主张》用居民日常生活、美食等作为节目开头，增加了节目的生活气息，拉近了节目和大众的距离。

插叙，是为了帮助展开剧情，中断主线叙述，而插入一段辅助主线的剧情。在《秋冬进补 铁棍山药上市了》（2021-11-23）这期节目中，在要介绍山药种植户牛梦阳时，节目首先回顾了2020年采访牛梦阳的一期节目——大学生牛梦阳回乡种植山药事业取得了成功。此时解说词又把观众拉回到了当下（2021年）："今年他家山药的情况会怎样呢？"然后，节目记者采访牛梦阳种植的山药受灾后的损失状况。节目在主线叙事中插入背景资料，补充了牛梦阳的人物介绍，也通过去年的生意不错与今年受灾对比，突出今年受灾的严重性。在《冬季牛肉消费调查》（2021-12-8）中，记者采访养殖户有关不同品种肉牛养殖问题时，画面转到食品加工厂，让食品加工厂工作人员介绍安格斯牛的雪花牛肉等级判定方法。随后，记者再采访专业人士有关国内肉牛品种比例的问题。在讨论国内肉牛品种有关问题时，节目插入雪花牛肉等级判定方法的介绍，为消费者提供有关肉牛的实用生活技巧。《消费主张》节目中的插叙要么像前者，插入背景资料丰富主线；要么像后者，插入对消费者有帮助的生活技巧，这是《消费主张》作为以主流消费者为受众的消费专题节目所独有的叙事手法，突出了节目特色。

四、《消费主张》的叙事结构

《消费主张》的叙事结构主要体现在常规叙事结构和新闻报道叙事结构两个方面。

（一）常规叙事结构

《消费主张》节目的常规结构是：本期节目预告—节目内容—下期节目预告—消费权威发布。

节目开头首先是本期节目预告，每期时长十几秒到二十秒，内容是对于本期节目的整体介绍。节目对每个版块、内容用一句话总结，共计五六句话，预告整期节目内容。例如，在《冬季牛肉消费调查》（2021-12-8）中，节目预告是："冬季来临，牛肉市场销售热闹。牛腩、牛腱子、牛里脊，今年的牛肉价格怎么样？走访肉牛养殖基地、加工厂、零售市场，各个环节牛肉价格有何变化？肉牛多了哪些新品种？雪花牛肉为何价格昂贵？敬请收看本期《消费主张》。"预告内容对应节目中"市场调查牛肉价格""走访牛肉养殖基地、加工厂、零售市场""调查国内牛肉品种变化"几大版块。配合着本期节目相应的镜头画面，将本期节目重要版块传达给观众。

节目结束后是下期节目预告，内容就是下期节目的"本期节目预告"。

部分节目的尾声还有"消费权威发布"版块，内容是近期各省、市的市场监督管理局发布的公告，公告内容一般是相关地区不合标准规定的产品的消息，这体现出《消费主张》"做中国市场的引领者和守护者"的节目宗旨。

（二）新闻报道的叙事结构

《消费主张》的新闻报道可分为单线式调查报道和多线式调查报道两种。单线式调查报道一般围绕一个消费领域问题进行一步步调查、采访，大部分内容是与大众消费者生活密切相关的内容。

调查探究是调查报道的核心内容。记者围绕调查主题，进入实地调查采访。这种调查可分为两种顺序：一种是从消费者到生产源头，还有一种是从生产源头到消费者。如《猪肉价格为何一降再降？》（2022-4-11）这期节目中记者先后从饭店到超市、批发市场、养殖场进行采访，《冬季牛肉消费调查》（2021-12-8）这期节目，记者由养殖基地到屠宰场、农贸市场、加工厂、餐厅进行采访。也有一些节目不是严格按照这两种顺序进行，由以上两种顺序穿插或组合。

在多线式调查报道中，多个事件并列叙事。内容一般是围绕一个主题进行，节目通过对相关领域人群的采访调查，从多方面介绍内容，没有明显的主线。《宠物消费节节攀升，催生多种花式项目》（2022-3-14）这期节目中记者通过采访不同的养犬人士和专业人士了解各种新式宠物消费，如宠物减肥、宠物照相和宠物侦探等。在每一个部分，节目组对不同宠物主人或专业人士进行采访，都是对"宠物消费"的介绍。《赣南脐橙：喜获丰收 价格几何？》（2021-12-3）这期节目则从价格、采摘、种植、鉴别、电商带货、脐橙宴等方面介绍脐橙的特点和果农的致富之路。

五、《消费主张》的叙事策略

通过上述对《消费主张》节目的叙事分析，我们不难发现《消费主张》节目无论叙事话语还是叙事视角，都彰显着节目亲民的定位和朴实的节目叙事风格，节目内容时刻围绕百姓生活展开。从叙事结构来看，从采访到调查报道，节目处处围绕真实性下功夫。《消费主张》的叙事策略体现在以下几个方面。

（一）由身边小事展开节目

《消费主张》节目开头除了开门见山进入节目主题以外，还有独特的节目展开方式，即以贴近大众生活的场景切入，同时将本期节目将要讨论的问题引出，如肉价变动、菜价变动。例如，《天冷羊肉销售旺，今年价格怎么样？》（2021-12-6）这期节目由北京牛街肉店和火锅店展开，通过肉店排长队的镜头和采访火锅店顾客展现羊肉市场的火爆，记者通过采访火锅店厨师、经理了解近期羊肉价格变动。《香菜金字塔，香椿如何卖出天价？》（2022-2-22）这期节目开头为张阿姨做香椿，随后通过采访张阿姨呈现香椿近期价格。在《食用油价格上涨，对消费者影响几何？》（2022-4-12）这期节目中，由早点摊位经营者樊先生说明油价对于油条价格的影响。《鲈鱼：养殖规模扩大 消费需求旺盛》（2021-12-20）这期节目由厨艺大赛上的鲈鱼菜肴作为节目开头。这种开头既增加了节目的生活气息，又将节目的调查主题与大众消费者联系起来，将调查主题轻松地呈现给观众。

（二）选题内容贴合百姓生活

《消费主张》的受众是大众消费者，节目内容也十分贴近大众关注的内容。仅2022年春节前后，就有数期节目围绕春节前后各类食品价格变动展开调查。节目围绕冬季、节前、节后、丰收季等多个时间段展开调查，调查对象囊括了百姓的餐桌：蔬菜、水果、鱼、牛羊肉等。相关节目也有对于其他消费领域的调查：宠物、黄金、旅游等。

节目充满了对消费者有帮助的信息：如教观众如何辨别农产品，如何挑选高质量产品，如何科学健康饮食等，做到既引导市场，又帮助消费者。

（三）调查追本溯源

《消费主张》的调查是追本溯源、按顺序进行的。一种顺序是从消费者到生产地，如《猪肉价格为何一降再降？》（2022-4-11）这期节目是记者由饭店到超市、批发市场、养殖场进行采访的。另一种顺序是由生产地到消费者，如《冬季牛肉消费调查》（2021-12-8）中记者是由养殖基地到屠宰场、农贸市场、加工厂、餐厅进行采访的。记者走访普通家庭、餐厅、超市、批发地、加工厂、农田和养殖场等，采访消费者、商户、收购商、农户、养殖户、专家等，一步步深入调查节目核心问题。节目让观众可以从平时看不到的视角观察关系百姓的消费问题，追本溯源的调查也使节目内容更加有逻辑性。

（四）采访深入基层

《消费主张》的调查采访深入基层，采访地点从农田到超市，采访对象从养殖户到普通消费者，充满"烟火气"。采访景别运用近景、中景、全景等，记者在采访时，会选取相应的背景，如农民在农田旁，批发商在批发市场的货摊，收购商站在卡车、小面包车旁。采访对象用朴实的话语回答记者的提问，更加让人信服，增强了节目的可信性。记者问到哪里采访对象说到哪里，采访对象说到哪里记者就设法往后续的方向问。相较于有些节目经过"加工"的采访或"故事化"的叙事结构，这种"不完美"的采访能够体现过程的真实性，反而是观众愿意看到的。

综上所述，《消费主张》让经济新闻更贴近大众生活，为大众日常生活服务。《消费主张》也区别于一般消费生活节目，用财经的专业眼光关注百姓生活和大众消费。在叙事策略上采取生活化和专业化的组合，使得《消费主张》节目得以持续受到欢迎。

（刘超，北京工商大学传媒与设计学院新闻系讲师；郝佳玉，北京工商大学传媒与设计学院新闻学专业学生）

可供性视角下
北京红色文化智能传播路径探析 *

刘 娟

摘　要：数字智能技术带来了多个维度的"可供性"，并催生了全新的信息传播生态。在可供性视角下，本文探讨北京红色文化的智能化传播路径：在智能媒体技术快速发展的语境下，北京红色文化传播需要打破旧有传播壁垒和传播圈层，从传播主体、传播内容、传播平台等多个角度探索北京红色文化的生产可供性、社交可供性和移动可供性，从而实现智能化、数字化、云端化传播。

关键词：生产可供性；社交可供性；传播可供性；红色文化；智能传播

一、文献综述与问题的提出

（一）可供性理论溯源

"可供性"（affordances）为思考主体和技术之间的互动关系提供了新思路，这一概念由美国认知心理学家詹姆斯·吉布森（James Gibson）提出，最初指有机体

---

* 本文系北京市教育委员会社科计划重点项目"可供性视角下北京红色文化的融媒体传播研究"（项目编号：SZ202210011007）、北京工商大学青年教师科研启动基金资助项目"大数据时代重大突发公共卫生事件舆情应对与治理研究"（项目编号：QNJJ2021-64）的阶段性成果。

（生物）与环境之间的强耦合关系和协调性①，后来被引入设计学、计算机学、科学技术社会学等领域。在此过程中，"可供性"的概念内涵不断发生变革。基于技术为社会互动提供的可能性，威廉姆·盖弗（William Gaver）提出了"技术可供性"（technology affordances）。② 可供性在分析人与技术人造物的关系时，摒弃了以往机械式的"结构—功能"倾向，强调人与人造物之间的互动关系，关注人与技术人造物（技术环境）互动中的主体性价值。③

2003年，巴里·威尔曼（Barry Wellman）对可供性概念进行了改造，提出了社交可供性（social affordances），并将其引入传播学领域，以指涉技术/物影响日常生活的"可能性"，意在说明主体具有消化、使用技术/物的能力，强调特定技术/物如何为用户提供特定的功能。④ 2015年，为解决不断加大的结构/能动之张力，理查德·施罗克（Richard Schrock）提出了传播可供性（communicative affrodances）概念，用以说明"对效用的主观感知与改变传播实践或习惯的技术客观品质之间的相互作用"。⑤ 2017年，罗兰德·莱斯（Roland Rice）等进一步提出媒介可供性（media affordances），以指涉某一特定背景下行动者感知到的其能够使用媒介开展行动的可能性与媒体潜在特性、能力、约束范围的关系。⑥ 同年，这一概念首次被公开引入中国新闻传播领域，潘忠党从生产可供性（production affordances）、社交可供性（social affordances）、移动可供性（mobile affordances）三个层面概述了新媒体可供性理论框架，并界定了一系列可供性要素⑦，具体如图1所示。

---

① GIBSON J J. The ecological approach to visual perception [M]. Boston: Houghton Mifflin, 1979: 127.
② GAVER W W. Technology affordances [C]//ROBERTSON S P, OLSON G M, OLSON J S. CHI'91: Proceedings of the SIGCHI conference on human factors in computing systems. New York: Association for Computing Machinery Press, 1991: 79-84.
③ 景义新，沈静. 新媒体可供性概念的引入与拓展 [J]. 当代传播，2019 (1): 92-95.
④ 孙凝翔，韩松. "可供性": 译名之辩与范式/概念之变 [J]. 国际新闻界，2020 (9): 122-141.
⑤ SCHROCK A R. Communicative affordances of mobile media: portability, availability, locatability, and multimediality [J]. International journal of communication, 2015 (9): 1229-1246.
⑥ RICE R E, EVANS S K, PEARCE K, et al. Organizational media affordances: operationalization and associations with media use [J]. Journal of communication, 2017, 67 (1): 106-130.
⑦ 潘忠党，刘于思. 以何为"新"？"新媒体"话语中的权力陷阱与研究者的理论自省: 潘忠党教授访谈录 [J]. 新闻与传播评论，2017 (1): 2-19.

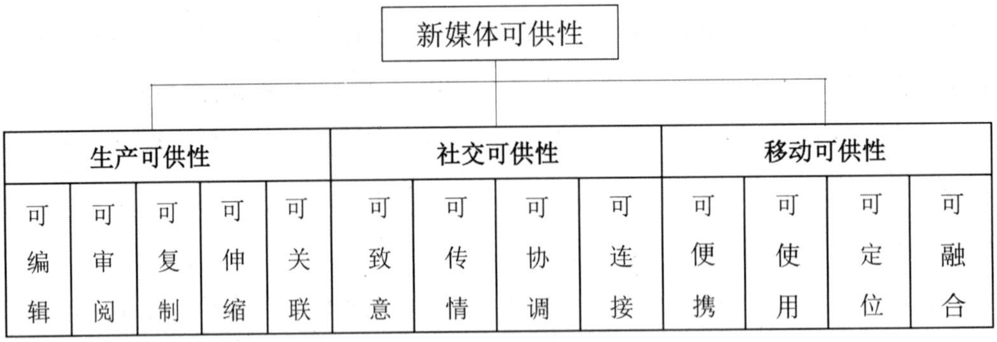

```
                          新媒体可供性
    ┌─────────────────────────┼─────────────────────────┐
    生产可供性                社交可供性                移动可供性
┌──┬──┬──┬──┬──┐  ┌──┬──┬──┬──┐  ┌──┬──┬──┬──┐
可 │可│可│可│可 │  │可│可│可│可 │  │可│可│可│可 │
编 │审│复│伸│关 │  │致│传│协│连 │  │便│使│定│融 │
辑 │阅│制│缩│联 │  │意│情│调│接 │  │携│用│位│合 │
```

图 1　新媒体可供性理论框架

"可供性"概念旨在探讨"行为体与行动环境之间的连接关系"①，以解释特定媒介技术在具体语境中为技术使用者提供的行动可能性。可供性给理解新闻传播带来了新的视角：以生态性而非工具性的思路去看待技术的角色，并在技术环境与主体之间的互动关系中理解新闻生产的各个环节。② 在理论研究层面，学者围绕这一理论进行了概念辨析的梳理③、译名之辩与范式/概念之变分析④。在实践研究层面，学者将其用于评估"四全媒体"的媒介技术、形态、结构等方面的发展空间⑤，研究数字新闻的再定义和时间可供性⑥，分析优质 IP 的媒介逻辑⑦，剖析互动广告的交互过程⑧，理解用户与算法的互动⑨，探寻主流媒体深化数字转型的路径等。⑩

不少研究者认为，"可供性"不仅是一种研究框架，更是一种新的研究视角，为研究者探索数字技术环境下的信息传播模式提供了充满开放性和可能性的认知视角

---

① GAVER W W. Technology affordances [C] //ROBERTSON S P, OLSON G M, OLSON J S. CHI'91: Proceedings of the SIGCHI conference on human factors in computing systems. New York: Association for Computing Machinery Press, 1991: 79-84.
② 常江，田浩. 生态革命：可供性与"数字新闻"的再定义 [J]. 南京社会科学, 2021 (5): 109-117, 127.
③ 罗玲玲，王磊. 可供性概念辨析 [J]. 哲学分析, 2017 (4): 118-133, 200.
④ 孙凝翔，韩松. "可供性"：译名之辩与范式/概念之变 [J]. 国际新闻界, 2020 (9): 122-141.
⑤ 喻国明，赵睿. 媒体可供性视角下"四全媒体"产业格局与增长空间 [J]. 学术界, 2019 (7): 37-44.
⑥ 王海燕，范吉琛. 数字新闻的时间可供性：一个研究框架的提出 [J]. 国际新闻界, 2021 (9): 116-135.
⑦ 陈昌凤，仇筠茜. 技术可供性视角下优质 IP 的媒介逻辑分析 [J]. 清华大学学报（哲学社会科学版），2018 (4): 163-168.
⑧ 谭亮. 可供性：互动广告的交互过程研究 [J]. 美术学报, 2015 (1): 107-112.
⑨ 皇甫博媛. "算法崩溃"时分：从可供性视角理解用户与算法的互动 [J]. 新闻记者, 2021 (4): 55-64.
⑩ 刘丹凌，陶一晨. 可供性视角下主流媒体深化数字化转型的路径 [J]. 出版广角, 2020 (19): 29-31.

与认知框架。在这一认知框架内,研究者可以不断开拓新的解释路径,甚至提出新的概念,为"可供性"概念介入中观和微观分析提供了可能。①

(二)北京红色文化传播研究梳理

红色文化是中国共产党领导中国人民在长期的革命、建设和改革的斗争与实践中创造的文化,深植于中华优秀传统文化,直接来源于中国共产党的革命文化和先进文化。② 北京红色文化是指革命战争年代在北京形成的革命文物、遗址遗迹、纪念场馆、烈士陵园、故居旧居、文献档案等。对北京红色文化的分类,既可以按照重大事件、历史时期和地标等进行,又可以按照红色建筑、红色文物、红色人物、红色活动和红色精神等进行,如表1所示。

表1 北京红色文化分类

分类标准	具体类目
北京红色建筑	遗址遗迹、纪念馆、博物馆、陈列馆(室)、展览馆、纪念碑、烈士陵园、纪念广场、纪念雕塑、标志性会堂等
北京红色文物	旗帜标识、报刊图书、文稿笔记、书信电报、标语对联、诗文作品、借条收据、券币票据、题词碑刻、车船工具、武器弹药等
北京红色人物	李大钊、宋庆龄、毛泽东等
北京红色活动	五四运动、新文化运动等
北京红色精神	五四精神、抗战精神等

其中,红色建筑包括历史革命遗址遗迹、纪念馆、博物馆等。此类红色文化最为丰富,包括:新文化运动纪念馆、长辛店二七纪念馆、古北口长城抗战纪念馆、古北口战役阵亡将士公墓、卢沟桥文化旅游区、焦庄户地道战遗址、北大红楼、毛主席纪念堂、李大钊烈士陵园、鲁迅博物馆、宋庆龄故居、八宝山革命公墓、鲁迅

---

① 常江,田浩. 生态革命:可供性与"数字新闻"的再定义[J]. 南京社会科学,2021(5):109-117,127.
② 中共北京市委党史研究室课题组. 深入推进北京红色文化建设 凝心聚力做好首都文化这篇大文章[J]. 前线,2017(10):74-76.

在京故居、李大钊在京故居、陶然亭慈悲庵、中国人民革命军事博物馆、中国人民抗日战争纪念馆、人民英雄纪念碑等。

总体上，北京拥有166家市级爱国主义教育示范基地，15个全国红色旅游经典景区，215处革命遗址，163处抗战遗存①，围绕北京的中央档案馆、国家博物馆、中国人民革命军事博物馆、中国人民抗日战争纪念馆等，还诞生了大批党史著作、档案选编、纪实文学、歌曲诗歌、歌剧舞剧、电影电视等作品，初步形成颇具地域特色的红色文化产业、红色社区、红色智库等红色文化发展路径，为借助智能媒体技术传播北京红色文化奠定了坚实基础。

现有相关研究主要围绕北京红色文化继承和挖掘展开探讨，研究者针对北京红色文化旅游形象和文创产品设计②、微影像创意实践③、传统媒体传播、新媒体传播和实地传播、学校教育传播等方式进行探讨，并指出北京红色文化传播方面存在的问题：传播主体对红色文化认知不明确、传播内容同质化严重、媒体传播方式有待创新。④

2021年，智能媒体生态走向成熟。根据互联网数据中心发布的报告，2020年中国智能媒体解决方案市场规模达到4.8亿元人民币，预计2020年至2025年其年均复合增长率将达46.3%。⑤智能媒体技术的快速发展，使其成为讨论当下信息传播生态环境绕不开的话题。然而，少有学者在新媒体技术背景下讨论借助智能媒体技术可供性对北京红色文化进行创造性赓续和创造性传播的议题。伴随着新媒体技术的发展，立体化、全媒体的信息传播体系重塑了北京红色文化的传播路径。在此背景下，上述问题依旧存在，并且部分问题还更加严峻，尤其是传播内容同质化、传播方式陈旧等问题。因此，需要从新媒体可供性视角对上述问题进行针砭时弊的思考，结合当下最新媒体技术——数字智能媒体技术，以探寻北京红色文化传播新路径。

---

① 裴植. 红色文化的内涵与主要特征 [EB/OL]. [2024-04-23]. https://cpfd.cnki.com.cn/Article/CPFD-TOTAL-BSFB201903001004.htm.
② 胡乃瑄. 北京红色文化旅游形象与文创产品设计研究 [D]. 北京：北京印刷学院，2019.
③ 杜剑峰. 作为北京文化传播手段的微影像创意实践 [J]. 当代教育实践与教学研究，2020（5）：220-222.
④ 李文平. 北京红色文化传播路径研究 [J]. 北京印刷学院学报，2022（1）：27-30.
⑤ 《中国智能媒体发展报告（2021—2022）》重磅发布，聚集中国智能媒体创新亮点 [EB/OL]. (2022-04-08) [2024-08-05]. https://news.sina.com.cn/zx/2022-04-08/doc-imcwiwst0592491.shtml.

二、生产可供性视角下北京红色文化智能传播路径探析

生产可供性指媒体技术提供的内容可编辑、可审阅、可复制、可伸缩和可关联。可编辑，即允许用户对相关内容进行编辑修改；可审阅，即允许用户对相关对象进行审查、回顾和评价；可复制，即允许用户对相关内容进行复制；可伸缩，即内容的可扩展性和可延展性；可关联，即平台间和内容间相互结合或产生关联的可能性。[①] 在此视角下，借助生产主体的多元化、生产平台的智能化和生产内容的多样化，从而实现北京红色文化的可编辑、可审阅、可扩展和可关联。

（一）生产主体多元化

2021年，我国媒体发展进入全媒体传播体系2.0时期，新闻生产迈向集人工智能、大数据、云计算等技术于一体的全周期升级，打造贴合业务流程和应用场景的AI中台架构成为现实。在此技术体系支撑下，虚拟主播、智能导播等新场景应运而生。因此，可以借助智能机器人和算法推荐系统重塑内容生产流程，以精准抓取、提炼和分发北京红色文化资源；借助虚拟主播进行北京红色文化现场讲解、线上直播，以提升北京红色文化的影响力和传播力。

丰富北京红色文化生产主体，不但要借助智能媒体平台上的网络红人、KOL赋予北京红色文化长久性的流量属性，从而将北京红色文化传播到多个流量圈层，形成共振式传播，而且要借助智能媒体技术，深入挖掘北京红色资源，使得北京红色文化内容可进行创意编辑、智能观看、多元关联和多样传播，赓续红色基因。

（二）生产平台智能化

在传播北京红色文化时，我们需要借助最新数字智能媒体技术从软硬件、互动、数据等方面全方位助力北京红色内容生产。第一，研发智能化、一体化的软硬件，丰富北京红色文化传播方式和渠道；第二，将智能虚拟人、智能修复技术等引入北京红色文化传播场景中，提升用户的观看、互动体验。第三，以智能媒体融入北京红色文化传播日常生产管理，实现信息的互联互通，提升北京红色文化内容生产管

---

① 景义新，沈静. 新媒体可供性概念的引入与拓展[J]. 当代传播，2019(1)：92-95.

理效率。具体到亮点建设，则包括：智慧北京红色文化体验中心、北京红色文化经典影像修复版独家献映、智能北京红色文化内容生产一站式解决方案等。

（三）生产内容多样化

针对北京红色文化传播主体认知不明确和传播内容同质化的问题，我们有必要关注北京红色文化在融媒体传播生态格局中的传播特点，系统梳理北京红色文化资源，借助人工智能、VR、AR等技术改造北京红色文化，延伸用户感官，打造沉浸式、互动式内容，借助智能采集、智能拆条、智能剪辑等应用创新北京红色文化传播内容的生产流程和生产形式，以解决北京红色文化传播内容单一化等问题。与此同时，引入虚拟导游、AI主播、智能大屏等智媒应用，为线下北京红色文化传播提供创新方法，吸引用户参与互动，助力个性化推广，从而为社会提供多主题、多层次、多角度的北京红色文化的立体化内容和信息流。

三、社交可供性视角下北京红色文化智能传播路径探析

杰弗·博厄斯（Jeff Boase）将社交可供性界定为传播技术的内在属性如何影响人们对它的使用，只有当个体发现媒介技术提供的可能性与其传播需求耦合时才会采用某种类型的传播媒介，个体寻求技术带来的关系维持与潜在行动之间的一致性。① 社交可供性解释了个体传播网络关系多样性和媒介使用之间的关系，也解释了技术带来的互动可能性。

（一）北京红色文化线上社交可供性搭建

在智能环境下，信息内容的传播，逐渐体现为以人为媒介的社交分发和基于算法的智能分发两种模式并存。② 在全新的生产和传播模式下，北京红色文化社交可供性空间的探索，需要借助"人机协同"的热点分发机制，基于微博热度、客户端数据化指标等多维度信号，建立北京红色文化分层分发体系，以"生态协同"思维

---

① BOASE J. Personal networks and the personal communication system [J]. Information, communication & society, 2008, 11 (4)：490-508.
② 彭兰. 数字时代新闻生态的"破壁"与重构 [J]. 现代出版, 2021 (3)：17-25.

与其他媒体渠道进行合作，实现北京红色文化的多渠道、多场景的分发。

借助人机协同和热点话题，提升北京红色文化运营的热度和效能，促使北京红色文化为用户进行社交问候（可致意）、情感表达（可传情）、融通协调（可协调）、构建连接关系（可连接）提供可能性，增强北京红色文化传播与用户个体传播需求之间的耦合度，从而使其进入用户的社交和讨论圈层。在智能传播技术和社交媒体可供性的支持下，北京红色文化能够实现多媒体传播的"破圈"传播，打造北京红色文化多媒体传播矩阵和有效传播内容生态，实现北京红色文化与公众的互联互通。

在线上，可以借助短视频平台进行话题社区构建。以抖音上"建党 100 周年"话题标签下的短视频为例，"建党 100 周年"话题视频播放量达 4.5 亿次，"庆祝建党 100 周年"话题视频播放量达 3.2 亿次，"建党 100 周年歌曲"话题视频播放量为 2.2 亿次，"献礼建党 100 周年"话题视频播放量为 1.1 亿次，其中央视新闻、《光明日报》、《人民日报》、《中国日报》、央视网、新华网以"建党 100 周年庆祝大会"为话题的短视频分别获赞 1,386.5 万、175.1 万、140.4 万、80.1 万、71.6 万、65.5 万。用户围绕央视新闻抖音号的视频《100 响礼炮，声声震寰宇；国旗护卫队，步步坚定有力！百年大党，生日快乐！》，展开了 42.7 万条评论、3.4 万次收藏、28.7 万次转发。上述多家主流媒体的短视频账号对"建党 100 周年"相关活动进行了破圈传播，形成了协同传播后的热议。

（二）北京红色文化线下社交可供性搭建

在线下，我们可以借助虚拟主持人、正仪镜面系统、数字投影沙盘、数字光电沙盘、动感滑轨、智慧沙盘、互动翻书、历史时间墙、互动地面、知识抢答系统等先进智能媒体技术提升北京红色文化的社交互动可能性。①

借助算法推荐系统，我们可以搜集和分析当下受众对北京红色文化的个性化需求，智能识别当下热点话题，聚焦用户关注焦点，辅助自动化子话题聚合模型，从而实现北京红色文化相关话题聚类以及热点素材库构建，提高热点覆盖率，丰富围绕北京红色文化的社交可能性，助力精准智能分发。借助短视频平台、直播平台以及智能场景搭建等技术，满足用户"大屏＋短视频＋AI 直播＋机器人讲解＋场景细

---

① 和策文化.【庆祝建党100周年】数字多媒体实现智慧党建［EB/OL］.（2021-03-19）［2024-08-05］. http://www.gxhece.com/nd.jsp? id=41.

分应用"的不同需求,引发不同领域的关注,实现传播影响力多媒体传播"破圈"和内容生态的互联互通。

四、移动可供性视角下北京红色文化智能传播路径探析

移动可供性与可便携、可使用、可定位、可融合密切相关,它也与传播可供性高度相关,指媒介技术的使用与传播目的的相关性。可便携(portability)指媒介技术使得个体在不同场合都能实现其传播目的;可使用(availability)指媒介技术的多重性、不断增加的使用频率和使用直接性;可定位(locatability)指媒介技术的协同力、监控力、位置标识力;可融合(multimediality)指媒体技术可以实现多媒体共存,表现形式包括屏幕共享、图像生产、实时视频流。总体上,媒介技术的移动传播可能性与市场需求、前沿科技、消费者的反馈相关。①

北京红色文化多为红色建筑,具有一定的地理时空限制,为提升传播力和影响力,我们有必要借助新技术与新手段提供符合公众媒介接触偏好、优化公众媒介使用体验的信息表现方式,采用 VR、短视频等传播技术与形式进行创新,实现北京红色文化传播的在线化、数字化和智能化。例如,北京红色文化传播主体在增强对红色文化认知的基础上,借助 AI 主播辅助人工直播开展全流程 AI 驱动的北京红色文化视频直播,拓展北京红色传播时空。我们可以借助数字智能媒体技术具有的交互感、科技感、沉浸感和趣味性等特征,从深层次意义上呈现北京的红色文化,直击用户心灵深处。

(一)"数字化"北京红色文化传播

我们应全面系统梳理北京红色文化,分层分区域地进行数字化转换,将北京红色文化由线下展览借助数字多媒体技术进行数字化转化,综合运用交互、VR、AR、LBS 地图等技术,将北京红色文化中涉及的历史场景、历史事件、历史人物、历史器具等动画化或 3D 模型化,以突破物理局限,还原北京红色文化的经典场景,增强北京红色文化的可使用性和可融合性,使得全国网民"足不出户"即可体验和学

---

① SCHROCK A R. Communicative affordances of mobile media:portability, availability, locatability, and multimediality [J]. International journal of communication,2015(9):1229-1246.

习北京红色文化，领略北京红色精神，增强首都文化认同。

例如，2021年6月29日"光辉伟业 红色序章——北大红楼与中国共产党早期北京革命活动主题展"正式对外开放。以北大红楼为中心，北京东城区把区域内13处革命活动旧址及52家爱国主义教育基地中的重点点位"串珠成链"，同时借助最新的数字技术、网络技术和多媒体传播手段，将"伟大开篇——中国共产党早期北京组织专题展""《新青年》编辑部旧址（陈独秀旧居）专题展"以云端数字化技术呈现，将北京红色文化"送上门"。①

（二）"智能化"北京红色文化传播

我们可以立足数字智能媒体平台优势，集纳北京红色文化资源，借助最新智能媒体交互技术，采用文字、动图、短视频、图集、H5、VR、微信小程序等多种形式，打造随时随地"沉浸式""全息化"的北京红色文化数据库和云体验平台，打破北京红色文化传播的时空限制和圈层限制，调动用户感官，带来具有现场感、沉浸感的体验。我们也可以运用数字智能媒体技术赋能赋智，通过"数字展览/链接云端/虚拟现实＋北京红色文化"，增强北京红色文化的感染性、便携性和可获取性，从而使得北京红色文化云端传播更加多元。VR技术开启了全新的红色文化传播新模式，不仅实现了北京红色文化与数智媒体传播的"无缝衔接"，也增强了红色文化的吸引力、感染力、生命力和影响力。

北京东城区创新研发"党史e起学"微信小程序，设计推出"薪火相传——东城区党史游学地图"，按照内容、类别的不同，重点打造了"觉醒年代""光辉足迹""历史记忆""文人志士""日新月异"5条党史游学推荐线路，涵盖北大红楼等24处革命活动旧址和爱国主义教育基地，运用"线下"游学、"线上"打卡等新方式，开掘了北京红色文化内容的多媒体传播样态。与此同时，北京东城区还邀请热播剧《觉醒年代》剧中陈独秀扮演者于和伟，中国文物学会会长、故宫博物院原院长单霁翔，《新闻联播》主播严於信等人担任各条线路的代言人，提升了北京红色文化传播

---

① 北京东城区深入挖掘传承利用红色资源 赓续红色基因［EB/OL］．（2021-06-29）［2024-04-23］．http://bj.wenming.cn/dc/wmbb/202106/t20210629_6097440.shtml．

的品牌力和影响力。①

(三)"云端化"北京红色文化传播

云计算技术把人类带入云传播时代,云传播从信息传播节点、信息传播关系、信息传播网络、信息传播媒介4个层面重构人类信息传播的体系结构。② 在此背景下,北京红色文化传播需要借助云传播模式,实现北京红色文化的移动性、实时性、全信息、个性化、自动化、社交化、智慧化、平台化存续,从而使得用户可以在各类信息终端通过移动网络接入互联网,随时随地获取北京红色文化的云端内容(视频、音乐等)。

2022年9月举办的第二十届北京国际图书节,推出红色VR内容,选取中国人民抗日战争纪念馆、中国人民革命军事博物馆、北大红楼、香山革命纪念馆、中国人民大学5处北京红色文化地标,让现场参观者可以云游"红色北京"。基于云传播平台,北京红色文化相关服务机构可以在"云"中自动搭建其面向用户的内容门户,使得用户可以在北京红色文化云传播过程中,进行内容访问、实时群组协作、共享内容,进而增强北京红色文化的可便携性、可使用性、可定位性和可融合性。

五、结语

红色文化积淀着中华民族最深层次的精神追求,代表着中华民族独特的精神标识,是中国特色社会主义的重要组成部分,具有多重价值。在当今智能媒体技术快速发展、深度融合的时代背景下,贯彻落实好习近平总书记"把红色资源利用好、把红色传统发扬好、把红色基因传承好"的指示精神,充分利用智能媒体技术提供的生产可供性、社交可供性、移动可供性,加强北京红色文化传播,能够有效挖掘智能媒体技术的传播优势,拓宽北京红色文化的传播路径,提升北京红色文化的传播效率和传播效果。

概言之,借助智能媒体技术,丰富生产主体、分层破圈传播,探索智能传播技

---

① 北京东城区深入挖掘传承利用红色资源 赓续红色基因[EB/OL].(2021-06-29)[2024-04-23].http://bj.wenming.cn/dc/wmbb/202106/t20210629_6097440.shtml.
② 李卫东,张昆."云传播":人类信息传播的革命[J].图书情报工作网刊,2011(10):48-55.

术带来的多种可供性，不仅使北京红色文化以有深度、有温度、接地气的方式进行传播成为可能，也使北京红色文化数字化、智能化、云端化、虚拟化、沉浸化地传播成为可能，它们共同构成了北京红色文化智能传播的未来图景。

（刘娟，北京工商大学传媒与设计学院讲师）

新媒体时代的财经报道变革与创新实践*

王雪驹

摘 要：新媒体时代，在技术力量的推动下，财经报道在报道理念、报道流程、新技术应用方面发生着深刻变革。同时，为应对财经新媒体盈利模式单一等问题，财经新媒体在核心内容、产品形式、传播渠道等方面进行着创新实践，力求最终形成全媒体联动模式。

关键词：新媒体时代；财经报道；财经新媒体

近年来，移动互联网、物联网、大数据、云计算等新技术力量已经开始渗透到新闻业的各个环节。因此，当下财经媒体所面对的新闻传播业现实，是在层出不穷的新科技应用、极具个性的新用户需求、不断变革的新产业格局等引领下的日新月异的新媒体传播环境。在媒体融合的现实情境中，同其他媒体一样，财经媒体面临着机遇与挑战；在新媒体环境下财经报道的报道理念、报道流程、新技术应用也发生着明显变化。

一、媒介融合的新时代

2014年8月18日，中央全面深化改革领导小组第四次会议审议通过了《关于推动传统媒体和新兴媒体融合发展的指导意见》，媒体融合成为全面深化改革的重要内

---

* 本文系国家社科基金一般项目"世界历史理论视野下中国共产党百年新闻事业的实践逻辑研究"（编号：21BXW019）的阶段性成果。

容之一。2014年被业界称为"中国媒体融合元年"。此后，中央和地方主要新闻单位积极向纵深推动媒体融合发展实践，进行体制机制创新，依托技术驱动，拓展内容优势，把传统媒体的影响力向网络空间延伸，提升主流媒体的传播力、引导力、影响力和公信力，媒体融合成为当代中国传媒业的时代命题。

中国媒体报告数据显示，在新媒体的强烈冲击下，传统媒体市场规模持续减小。《2018中国财经新媒体行业洞察报告》指出，2017年互联网新闻资讯整体市场规模达到305亿元，移动端新闻资讯行业收入规模约233亿元，在互联网新闻资讯市场规模中占比约76.5%，其中财经新媒体的市场规模达到59.9亿元，预计到2020年财经新媒体的市场规模将达到百亿元。[1]

自2015年以来，伴随着中国各级媒体争先布局自媒体平台，财经媒体也开始建设与经营自媒体，主动进行媒体融合实践。作为财经新闻内容的重要来源，财经自媒体的数量持续增长。在新媒体环境下，财经媒体主动展开媒体融合，进行网络化建设，这被看作应对新兴媒体冲击的重要举措之一。

伴随着媒体融合的实践，财经媒体有了一些新的变化。在内容生产方面，兼具内容生产与渠道传播角色的财经媒体的内容生产在不断地向外扩展，关注的焦点也不断与时俱进，比如新兴的"海外投资"，尤其是近些年"中国企业走出去""讲好中国脱贫攻坚的故事""讲好中国经济增长的故事"逐渐成为财经媒体热议的话题。此外，在受众多元化的需求下，综合型财经媒体不断细分为小众化的、专业化的、精准的财经媒体。

在媒体形态层面，财经媒体逐渐改变单一的内容生产模式和输出平台，集文字、音频、视频、H5等于一体，逐渐成长为全媒体形态的媒体集团，从而具有了强大的表现力和综合性。财经媒体将新兴媒介技术与移动化、个性化的输出平台相结合，不断满足受众多元化的信息获取方式的需求，同时各平台对于内容付费的布局也为财经媒体市场留下了巨大的想象空间。

---

[1] 2018中国财经新媒体行业洞察报告[EB/OL]．(2018-03-23) [2024-08-05]．http://report.iresearch.cn/report/201803/3184.shtml．

二、媒体融合推动财经报道模式的变革

媒介融合突破了传统媒体反馈机制匮乏的局限性，改变了传统信息的制作过程与发布周期，使新闻信息的生产由传统的单一形态向多元互动的全媒体信息生产形态转变。这进而重构了新闻采编人员结构及工作流程，在采编主体及地位、信息流通机制、新闻生产方式等方面产生着深刻变化，形成了全新的新闻报道模式。在财经报道模式的变革方面，主要有机器人新闻与数据新闻两种模式。

（一）再造新闻生产流程："专业生产＋机器人生产"

1. 机器人新闻：再造新闻生产流程

在新媒体技术的推动下，以往由对财经报道熟悉的专业人士承担的新闻报道工作，开始部分向计算机，甚至是智能机器人转移，这方面的代表就是机器人新闻。机器人新闻是一种高度自动化的新闻活动，在没有记者参与的条件下，智能机器人自动进行信息检索、分析并生成新闻报道。

机器人新闻起初从新闻聚合类平台依托算法的新闻编辑活动兴起。2002 年谷歌公司为其产品"谷歌新闻"（Google News）开发了机器人编辑器，这种算法可在数千个新闻网站上获取数据并进行分析，自动筛选出网站的头条新闻和主页上显示的相关新闻链接。2007 年，东京大学的研究团队创造了 3D 机器人记者，它能够像记者一样在人群中活动，其算法可以实现自主探索、记录新闻、生成文章的功能。该机器人可以在现实世界中获取信息，将信息传给"新闻分类器"，根据信息的稀缺性和相关性来计算"新闻分值"，如果分值足够高，就会由"文章生成器"自动生成报道。这种机器人的出现让机器人新闻活动更加生动，更加具有取代人类新闻活动的优势。

2010 年，美国研究团队开始尝试机器新闻写作的商业化项目，通过数据分析和故事转换，可以把输入的体育赛事统计数据自动转化为可读性强的新闻故事。随着研究的深入，研究者逐步致力于创建更深入、更细致的分析工具，采用更具表现力、更细腻的修辞手法来提高报道质量。美联社每个季度都会发布上千篇由机器人撰写的新闻稿件。《纽约时报》面对新闻业转型的态度明确而简单："雇用更多的工程师。"

2011年，无人机记者专业协会（Professional Society of Drone Journalists）成立，无人机新闻也逐渐登上舞台。2014年7月，美联社开始使用Wordsmith撰写财经新闻，由Automated Insights公司研发的Wordsmith写作系统，可以让用户生成一些语法路径，最终生成标准模板，其中的信息可以下载和修改。

看得出，机器人新闻早期应用在体育新闻领域，后进入财经新闻领域，并且迅速在各个领域的新闻报道中得到应用。在国内，2015年9月，腾讯财经推出了自动化新闻写作机器人Dreamwriter，用时一分钟就写出了第一篇关于中国2015年8月消费者物价指数（CPI）的宏观经济数据报道。2015年7月，第一财经成立媒体实验室，目的同样是利用人工智能和大数据处理大量财经信息，生产相关性更强、实时性更好、覆盖面更广的财经内容产品。[①] 2015年11月，新华社写稿机器人"快笔小新"正式上岗，并撰写财经信息稿件。

机器人新闻与传统的财经报道相比，在新闻生产流程上有着巨大不同之处。机器人新闻生产流程由数据采集、数据加工、自动写稿和编辑签发四个部分构成。在数据采集上，机器人通过对经济数据的挖掘，抽取关键信息，形成结构化数据，再通过智能语义技术从而形成新闻写作的素材。在机器人进行信息收集时，信息抓取系统会利用算法技术在众多媒体、网站、数据库中迅速筛选出权威、可靠的消息来源，并对海量新闻内容交叉检索印证，判断出可靠、权威的信息源，最大限度地降低新闻的误差，从而实现生产内容的精确性。[②]

在新闻制作上，机器人利用算法将智能抓取的数据和资料，套用既定模板，从而生成符合新闻行业规范和语言规范且具有原创性的新闻稿件，整个过程不需要人工参与。[③] 机器人通过数据采集、数据加工、自动写稿之后，就形成了一篇具有文字、图表、视频等多种展现形式的新闻稿件。接下来，机器人生成的新闻稿件经一键发布，整个新闻生产的过程最终完成。

此外，依托人工智能技术的自动化、高效率、数据处理水平，机器人新闻能在特殊领域进行新闻报道，如战争新闻报道、恐怖事件新闻报道、极端环境新闻报道等。远程呈现机器人可以通过笔记本电脑或手机进行操作，采用四轮驱动，配置太

[①] 赵国华. 从"第一财经"看新时期财经媒体之变[J]. 青年记者, 2018 (21): 34.
[②] 王十. 智媒时代机器人新闻的生产模式和发展[J]. 传播力研究, 2020 (4): 42-43.
[③] 李杰琼, 王擎. 媒介融合时代的经济新闻报道[M]. 北京: 清华大学出版社, 2020: 51.

阳能和GPS导航，也可以进行现场采访。这克服了人类客观生理条件的限制，具有可以长时间工作、工作条件无限制等特点。

2. 财经记者：作为把关人，提供优质内容

机器人新闻虽然具有效率高、速度快、全天候不间断工作的特点，但在目前的新闻生产过程中，它无法取代记者的专业生产。因为机器人新闻大多是基于数据所生产的快速的、批量化的新闻稿件，决定了它只能应用于某些特定领域，不能适用于所有新闻报道领域；机器人新闻的内容格式过于模式化，语言易于生硬空洞，从而缺乏记者所写稿件的思想深度与人文关怀。因此，有学者指出，机器人目前只能是新闻传播领域的协作者，不能完全取代新闻工作者。①

机器人新闻重塑了包括财经报道在内的新闻生产的流程，但也存在着一些问题。胡钰指出，机器人新闻活动，有着"共情力不足""调查力不足""创造力不足""思想力不足"的缺陷，因此，机器人新闻无法彻底取代记者的专业报道。② 在新媒体时代，记者要利用人工智能技术，在财经报道中，新闻价值、新闻真实性、新闻深度、新闻语言的感染力、新闻内容的思想性和趣味性，都需要记者作为"把关人"来完成，从而提供优质的财经报道。

（二）大数据应用：财经报道的数据新闻

当下，人类已经进入大数据时代。大数据技术，是一种运用计算机语言进行多信息处理、加工、存储、传播，能够从烦冗的数据中快速获取有价值信息的技术。大数据技术的发展促进了财经报道中数据新闻、可视化新闻的兴起。

1. 利用数据，预测经济发展方向

在大数据时代，"人类第一次有机会和条件，在非常多的领域和非常深入的层次获得和使用全面数据、完整数据和系统数据"，"获取过去不可能获取的知识，得到过去无法企及的商机"③。在财经报道领域，我们需要对专业数据进行分析和报道，数据是不可或缺的重要组成部分，大数据技术为财经报道提供了庞大的信息支持。学者指出，经济新闻依赖于数据：例如，人口及其特征、国内生产总值（GDP）、

---

① 王十. 智媒时代机器人新闻的生产模式和发展［J］. 传播力研究，2020（4）：42-43.
② 胡钰. 正确面对人工智能新闻业的崛起［N］. 中国社会科学报，2020-08-06（3）.
③ 郭镇之，万婧. 大数据时代与经济新闻［J］. 中国广播，2014（7）：45-49.

国民生产总值（GNP）、消费者物价指数（CPI）、基尼系数等，都是一个经济社会必须监控的数据。大数据可以成为经济新闻的背景和线索，通过分析其实质，深化人们对社会的认识。[①]

在财经报道中，利用大数据技术对信息进行筛选和整合，可以为行业发展态势提供相应的依据，把握经济发展大势；通过挖掘事实，可以发现新的经济问题，产生新的经济视角，预测未来经济前景。

例如，财新网的报道《2016年全球股市：总的来说不错，除了A股》通过分析自2016年1月1日到2016年12月23日股市跌幅数据，分析美国大选、欧盟内部调节机制、人民币加入特别提款权（SDR）与美联储加息等事件对全球市场的影响，重点分析美国、亚太、欧洲股市的涨幅情况，对2017年全球股市可能出现的状况，以及对股市造成影响的事件进行预测。在经济市场处于混乱时期，该则报道有条理地将数据进行整理归类，给出详细的分析数据，在稳定股民情绪的同时，帮助股民更清晰地了解股市的动向，具有导向性和实用性。[②]

2. 利用数据，实现报道可视化

传统的财经报道以枯燥无味的经济数据为主，呈现的形式多为静态，读者阅读起来感到比较晦涩难懂，大篇幅的文字和数据的叙述，给用户带来强烈的压迫感。大数据时代的财经报道则不同，数据多以图片、表格、视频、动画等可视化方式呈现，简单的背景，配上简短的文字说明，通俗易懂，显得生动形象有趣味性，读者也无须像以前一样花费很多的时间阅读，这种异于传统的新闻形式可以吸引更多受众关注并参与其中。

财经报道的可视化，主要包括图表可视化、数据地图可视化和时间线可视化。利用大数据技术，财经报道通过立体化的信息图表来提高其可读性与可视化效果，凭借直观的数据呈现方式吸引受众的注意力。

由财新传媒创办的财新网于2010年1月11日正式上线。财新网于2013年8月开始尝试数据新闻的可视化报道，为了进一步将海量的数据信息合理有效运用，从中挖掘出更多有价值的信息为己所用，并将信息传播给受众，财新网于2013年10月正式成立了财新数据新闻与可视化实验室。

---

① 郭镇之，万婧. 大数据时代与经济新闻[J]. 中国广播，2014（7）：45-49.
② 李冰芷. 财经新闻报道中的大数据应用：以财新网为例[J]. 新闻与写作，2017（3）：99-101.

2016年财新网通过微信H5结合数据可视化等全新方式，为中国农业银行推出了一篇报道。在报道过程中，财新网通过数据梳理、案例分析，并结合当年的中国农业银行财报，推出了一篇《农行2016年全年业绩发布》。该报道结合数据可视化技术、SPSS数据分析技术和动态信息图，向受众展示了2016年中国农业银行的整体营收情况，并对2017年的业绩走势进行了预测。可以看出，数据新闻生动形象地向读者阐述了经济现象，并且开始尝试对未来趋势进行预测，这体现了其瞭望者的角色。①

三、财经新媒体的创新实践

广义而言，所有通过互联网向用户提供财经信息服务的网站、App等信息渠道均可称为财经新媒体平台。但具体细分的话，财经新媒体平台特指以互联网为媒介提供专业化财经信息服务，收入结构中包含广告和内容付费且拥有独立网站、App的财经媒体。与以线下纸媒或电视为主要服务载体的传统财经媒体不同，财经新媒体平台主要通过网站、App等渠道向用户提供财经信息服务，其覆盖范围更广，用户获取财经信息的门槛更低。

目前财经新媒体行业的发展经历了以下阶段：第一阶段，21世纪前的门户网站时期，国外主流财经网站及国内门户网站多集中上线；第二阶段，2000—2010年，第一财经、FT中文网、东方财富网、财经网等传统财经媒体纷纷设立网站；第三阶段，2010—2015年，财经网站顺应媒体融合的趋势，纷纷推出App，同时涌现了大量原生于互联网乃至移动互联网的财经媒体，行业不断向交易端进行探索；第四阶段是财经新媒体行业迅猛发展的阶段，即2015年至今，伴随着多种功能和多形态内容的不断推出，精细化运营成为财经新媒体行业的主要趋势。此外，自媒体的入局、各平台对于个性化推荐和内容付费的布局，也为行业带来了巨大的想象空间。

因此，除了在财经报道模式领域的变革外，近些年随着财经新媒体行业的快速发展，财经新媒体在行业领域内主动出击，寻求平台资源的优化组合及创新实践，准确预测了行业发展趋势并引领了行业发展。例如，第一财经在财经内容方面坚持原创15年，多个产品场景式触达受众、广泛的海外驻站报道与国际化推广和合作并

---

① 周文琦. 数据新闻在经济报道中的运用研究：以财新网为例[D]. 桂林：广西师范大学，2018：27.

行、稀缺性新闻牌照资质在握，集结多项资源优势组合出击。艾瑞数据显示，2017年第一财经 App 月使用时长为 475 万小时，日均 15 万小时，用户广泛、黏性领先，单机单日有效时长在财经资讯行业排名第一，用户覆盖在原创类财经媒体中排名第一。① 简而言之，第一财经能在财经新媒体中脱颖而出，在于其原创内容、场景式渗透、国际化发展等策略，均命中行业发展趋势，成为业内顺势而行的财经新媒体典型案例。

目前，财经新媒体平台的营收来源包括广告营销、内容付费及金融服务等，而广告是资讯类和门户类财经新媒体平台的主要收入来源。因此，目前财经新媒体盈利模式单一且规模化扩张受限；财经新媒体高端产品发展落后，并且在中低端产品领域仍有较大比例的产品依赖于进口渠道；财经新媒体平台行业企业缺乏创新研发能力以及仿制能力。这些问题均不利于财经新媒体平台行业的发展。

为应对以上局势，财经新媒体需要在以下方面展开创新实践。首先，在核心内容方面，财经新媒体不仅应对海量信息进行有效整合，还要进一步丰富报道内容、拓展报道深度，将内容价值最优化、最大化，打造具备竞争力的内容矩阵，应保持财经新媒体资讯领域的信息整合优势，同时汇集产学研等多方行业参与者资源，持续输出原创优质内容，覆盖热议话题，实现内容价值最优化、最大化。② 其次，在产品形式方面，应通过媒体影响力传播，辅以全媒体资源推广，实现精准触达，尤其是利用新媒体技术构建产品矩阵，打造多维度产品体系，满足用户差异化需求。最后，在传播渠道方面，通过媒体影响力传播，辅以全媒体资源推广，实现精准触达，最终形成全媒体联动模式。

（王雪驹，北京工商大学传媒与设计学院讲师）

---

① 中国财经新媒体行业洞察报告发布，第一财经领势而行［EB/OL］．（2021-06-29）［2024-04-23］.https://www.sohu.com/a/226470093_114986.
② 艾瑞咨询．2021年财经新媒体营销价值系列报告：ESG篇［EB/OL］．（2022-03-16）［2024-08-05］. https://www.idigital.com.cn/nfs/reports/4929db441ff30ab82239/619ffe095072f11ab3fe.pdf.

大众文化语境下内容生产的价值选择困境分析

——以综艺《一年一度喜剧大赛》为例

王文杰　吴一迪

摘　要：碎片化时代的大众文化生产正在生成新的文化景观，商业语境下的人们在大众文化生产和消费上获得了前所未有的自由，但回到理性思考时，仍存在被现代科技和市场经济反噬的隐忧。这究竟是一场解放还是新的束缚，大众文化生产者和消费者似乎站在天平的两端，却又处于相同的困境中——是向上追求艺术，还是向下对接世俗；是为了效率生产标准化的文化工业品，还是尊重文化多样性探索差异化的内容；是适应快节奏的社会生活将文化产品统一打造为"短平快"的样式，还是尽可能保留其完整的叙事。本文以喜剧综艺《一年一度喜剧大赛》为例，分析大众文化生产者在困境中的表现及行为逻辑，解释困境产生的原因，并为摆脱这一困境提供思路。

关键词：大众文化；大众文化生产；价值选择

一、引言

互联网时代的到来重构了流量的分配方式以及与此相关的商业模式与格局，加剧了市场细分，同时大大提升了受众选择和处理信息的能力，信息获取的便捷化匹配了内容获取的碎片化，碎片化无疑成为当今大众文化生产显著的特征。在与数字技术共舞的过程中，消费者正从要求"更多更丰富的信息"到呼唤"更精准更有效的信息"转变,而商业语境下的大众文化生产正不断重塑产品的形态,以期适应这种需求并从激烈的市场竞争中脱颖而出,生产者和消费者在如火如荼的信息竞速中彼此抬升,将文化市场上的商品推向极度丰富而混杂的状态。

爱奇艺自制网络综艺《一年一度喜剧大赛》成功实现"破圈",该节目既有简单直接的"爆梗"输出,又能在观众大笑之后引发深层思考和广泛讨论,似乎是一档在商业层面和艺术观赏层面找到平衡的"双赢"节目。在每一个作品中,都无一例外存在"上价值"的环节,原本的快餐喜剧已经无法满足大众对喜剧功能的期待,无论是嘉宾评委作出专业性评价,还是观众笑声停下后用审视的目光看待喜剧、用分数高低来评判喜剧的价值,必然有其固定的评价标准。喜剧制作人想要在短时间内创作出符合这一系列标准的作品,为了提高效率,难免落入叙事固化陷阱。

如果把《一年一度喜剧大赛》看作"快乐工厂",喜剧作品作为工厂生产的工业品被生产然后销售给观众,那么反映社会现实和进行价值输出也作为生产中的重要投入元素被机械地注入作品中。这说明也许新时代观众需要的不止"快乐",还有快乐之外的许多文化需求。大众文化生产者在同消费者的博弈中既迎合受众的文化需求,又塑造受众的文化需求,同时创造着新的文化需求。专业的大众文化生产机构掌握更多的文化资源,也承担着更多的文化责任——是做一名"笑声贩子"落地草根,还是举起意义的旗帜占领价值高地?是加速生产标准化的文化工业品,还是在差异中寻找认同?是不顾内涵的延续性把内容拆分开来"零售"给观众,还是打包整合出售?《一年一度喜剧大赛》节目组所代表的大众文化生产者正身处多重价值选择的困境中。

二、大众文化内容生产发生巨变

互联网时代的大众文化内容生产以新的传播媒介为基础,而新的传播媒介挑战传统媒介搭建起的文化秩序,改变着社会中的文化景观。

(一)大众文化内容生产权利发生转移

大众文化内容生产的重构表现在大众文化生产的权利发生转移。新媒介改变了文化产品传播的形式,提升了文化产品传播的效率,生产文化产品的权力不再集中于少数精英阶层手中，大众自身也跻身文化生产者的队伍，原先单一的专业机构生产内容（PGC）正在向用户生产内容（UGC）和专业用户生产内容（PUGC）模式转变。专业机构垄断的文化生产正经受着大量由用户生产的文化产品的冲击。同时，在专业机构生产内容和用户生产内容的相互作用下新的角力场又会形成。我们在新的商业体系下看待这个角力场，不难发现每个利益主体都可能成为利益中心，并随时预备掀起一场新的文化风暴。文化中心主义在这个过程中逐渐淡化，大众文化内容生产形成了多元化、去中心化的特征。从对着"抽象艺术"反复品析却仍感到混沌无力到网络上的鬼畜视频播放量居高不下，波普艺术弥合了精英文化和大众文化之间的鸿沟，互联网孵化出的内容产品也可能成为下一个由大众娱乐摇身变为艺术门类的"黑色电影"。

（二）大众文化内容生产模式出现革新

文化是意义的生产活动，而大众文化内容生产则融合了意义生产与将意义作为原料的产品生产两大过程。从传统的文化生产到现阶段的大众文化内容生产，文化生产经历了从"每个人既是文化的创造者又是文化的接受者"到"将文化生产拆分为具体环节并分配给不同的主体"再到"生产环节重新整合起来"的模式演变。

第一，现阶段的大众文化内容生产是商业逻辑下的一种经济活动，正如大众文化是商品经济时代的文化一样，其商品化属性格外明显，文化产品已经无法再单独以"艺术品"的形式出现，更多的是作为流水线上生产出的"工业品"，"人"的作用在这一阶段被大大弱化，甚至逐渐退出了生产的中心。这也造成文化产品的生产者需要在其文化属性和经济属性的平衡中付出更多努力。第二，大众文化内容生产实际上是由生产者和受众共同完成的。尽管大众文化的核心内容文本仍是由部分生产者创造的，然而一旦流入市场后进行独立传播时，大众便成了解释内容文本的主体，经由大众参与二次意义建构的文化生产链才得以构成其完整形态，大众文化产品的意义最终形成。因此，大众文化产品本质上是由大众创造的。

（三）碎片化的内容消费习惯重塑了大众文化产品

尽管碎片化时代的大众文化生产改变了生产的内容与受众文化消费习惯，但大众文化生产也绝非由生产者独立完成的单向过程。在"生产—流通—消费—再生产"

的循环结构中，大众所代表的文化消费者本身也在参与着意义的再生产。文化产品一旦被制造完成并流入市场后，就不再受制于生产者，而是成为开放多义的系统，受众既是文化产品的"消费者"，又是信息的"解码者"，受众对信息的解读和重新的意义建构又反向塑造着生产者的生产行为。传统媒体时代，人们需要通过逐行阅读获取完整信息，再由大脑对其进行整理和筛选，才能获得所需的文化体验，而数字时代下受众在识别和挑选文化商品方面的能动性得以更大程度发挥，受众可以径直走向需要的信息。为了迎合这一需求，文化商品理所当然地被生产者拆分为片段，并以精美的噱头包装，在最短的时间内吸引消费者。

从持续五个小时之久的超长纪录片到"五分钟带你看完中国近代史"，庞大的内容能够被不断精简、浓缩，再以绝对扁平的方式和盘托出，人们的观影习惯正在被重塑和引向一个新的极端。与此同时，生活中的任何事物都可以被解构、重塑和包装为文化产品，文化产品的形式正在从虚拟变为实体进而再度抽象为某种意义表达（甚至是无意义的表达），多元共生的包容感让泛文化产品无孔不入，在这一过程中，文化资源得到充分挖掘并释放出巨大的价值潜力。当回到精神产物的本质上，"泛文化"也挑战着传统的商业逻辑和文化伦理。

三、大众文化内容生产的"三重困境"

（一）"向下"还是"向上"：精英文化与草根文化

在这个识字率高达95%以上的时代，文字的普及大大提升了信息的传播范围和传播效率。同时，媒体自身的革新迭代使得更多传播渠道被打通，更多新的社会符号和信息媒介承担了单一的文字媒介传递信息的功能，人们可以通过广播、电视和新媒体，依靠更多感官和更加丰富的表现形式来进行娱乐活动。这一趋势打破了少数精英阶层封锁文化的藩篱，大众文化不像正统法理一般背负着过重的教化责任，此时文化的工具属性更加突出。娱乐是人的本能，而文化则是沉淀的结果，掀开文化光鲜的外衣，内部是人们娱乐的本能欲望。娱乐节目大行其道，说明人们不再以绝对仰视的姿态小心翼翼地触碰文化，高雅艺术和通俗艺术之间并没有无法逾越的鸿沟，逐渐实现了艺术祛魅的人们从平民化的世界迈进等级森严的世界，破除了两大世界间的厚重壁垒。同时，大众文化制造了一种逃遁仪式，盛大的庆典和休闲的度假搭建的群体性、短时性梦境帮助人们从原先那个秩序森严、常规的生活中逃离出来，使人们在颠覆秩序、打破常规中获得快感。如若从这一意义上探讨文化生产和消费行为，我们便很难站在评论家的角度去苛责大众文化内容的质量。

《一年一度喜剧大赛》中的作品往往是以冲突开始，又以冲突的化解收尾，希望能够在冲突中找到和解。如果以"给观众带来快乐"为目的，需要迎合观众的娱乐本能，这样看来喜剧效果本身比喜剧传达意义的片段更为重要，然而喜剧承载着娱乐和艺术的双重属性，一档节目又面临着经济效益和社会效益的双重任务，当快乐本身失去了附加内涵与衍生意义时，快乐就会变得轻浮而脆弱，甚至滑向低俗与虚无，此时的快乐除了快乐本身之外并无意义。《一年一度喜剧大赛》面临的第一重困境：在制造喜剧时，为了贴近受众需要让喜剧更加接地气，融入更多草根文化的内容，但在评判喜剧优劣时，评委和观众又以艺术性为标准，以艺术的目光和标准审视"快乐"的质量。

（二）"塑造"还是"顺从"："个性化"与"伪个性化"

霍克海默认为，工业时代促进了技术进步，把工业化流水线生产引入了大众文化生产中，通过简单的模式化复制生产出标准化的文化工业品，使文化产品得以大量复制并迅速传播，将受众的审美和需求拉平。后工业时代，人们对文化产品提出了更高要求，尤其体现在偏好消费彰显个性的文化产品上，由算法推荐的"猜你喜欢""专属频道""定制歌单"看似强化了文化的多样性，实则是一种"伪个性化"。生产者运用算法系统和大数据平台，根据消费者的消费习惯向其推荐定制化商品，消费者以为自己获得了自由选择的权利，实际上其偏好正在被个性化推荐所固化，从而进入搭建好的信息茧房中，失去了进一步探索不同种类文化产品的动力。

当我们将《一年一度喜剧大赛》的作品一一铺开进行对比时会发现，许多作品虽然精彩，但这种精彩是采用同一种套路实现的，就像是运用一套固定的模板——融入网络爆梗，中间反转情节，最后"上价值"。这种做法在高强度的竞赛制环境中不失为一种保障效率和质量的稳妥思路，但观众可能会对容易猜到的剧情走向感到审美疲劳，喜剧制作人又面临着如何进行自我创新和突破，以带给人们超出预期的作品的种种压力。尽管"类型化"和"模式化"的喜剧作品损害了艺术创作的创新性，但如果娱乐大众是喜剧的根本任务，人们的爽点和时代的痛点在一定阶段内也是固定的，循环利用"老梗"似乎也无可厚非。

（三）"碎片"还是"整合"："短视频"与"系列片"

在信息爆炸的时代，数字科技带来的"一定时间单位当中行动事件量和体验量的增加"逐渐遮蔽了文化主体通过社会交往开启文化创造的命运共同体视域，从而陷入了"文化创造"碎片化叙事的自我言说之中。短视频的快速发展适应了快节奏的现代社会生活，对短视频和碎片化信息的过度依赖弱化了人们独立进行系统性思考的能力，原本采用的渐进式、探索式思维更加符合人类获取信息的规律，然而为了在最短的时间内获得最想要的文化体验，当消费者向商家传递出对信息的高度垂直需求时，后者把核心内容用高度凝练的方式概括出来，将其中最能吸引眼球的部分"加粗""放大"，以最直白的方式呈现在消费者面前，省去了消费者主动筛选、整合、解读和吸收信息的中间过程。这种碎片化消解着人类宏大叙事的完整性，使人们陷入生活无序的混乱之中。

喜剧小品本质上就是一种碎片化的快娱乐，在最短的时间内把最多的信息量融入一个作品中并以人们最容易接受和理解的方式呈现出来，哪怕无法完整观看一整期节目，观众也可以随时点开被人工剪辑好的一段，就如同直接购买定向维生素来摄入营养而非通过优化饮食结构和改善饮食习惯来达到保持健康的目的。《一年一度喜剧大赛》中的喜剧小品就像一部部被精简的喜剧片，人们可以从喜剧小品中找到一部电影该有的剧情，从这一角度看，当今流行的喜剧综艺节目中的喜剧小品之所以能够击中大众的爽点，迎合大众的口味，是因为它们更像是微型喜剧片，在缩短喜剧片时长的前提下，保留喜剧的主线剧情，同时以"划重点"的方式突出故事中最能够使人发笑的环节，这样一种简单直接的快乐，和"五分钟带你看完一部电影"这类内容带来的快乐相差无几。

然而，第一季中的"皓史系列"和"刘关张系列"以及第二季中的"少爷宇宙"又将一部部短小的喜剧不断衍生、串联为新的剧集，甚至生成其独特的IP，这说明受众又对喜剧塑造的人物产生了黏性，不满足于短小的叙事，而是对人物的经历有了更多的幻想与期待。喜剧最合适的长度究竟是多长？大众文化生产是应该继续走内容拆分的路径以适应市场需求，还是主动整合以最大限度保留文化产品的完整性？

大众文化生产者需要在探索中寻找一个平衡点。

四、碎片化时代的大众文化生产方向：在开放的文化观与主动的责任坚守中寻找突破

碎片化时代的文化景观是由大众文化生产者和文化消费者共同塑造的。大众文化生产决定着文化消费的内容和形式，影响、塑造甚至创造着受众的文化需求，同时文化消费又反向影响着大众文化生产，大众文化的意义是由生产者和消费者共同建构的。

不可否认的是，碎片化时代中呈现出的种种文化现象是大众文化发展的自然结果。大众文化生产者之所以身处困境茫然无措，是因为大众面临着多重维度的需求，而需求之间相互关联无法拆分，一种需求的满足有时需要以牺牲另一种需求为条件。比如，人们需要喜剧来作为消遣以满足自身对休闲娱乐的需求，又需要通过喜剧反映的现实问题来获得共鸣，更需要在喜剧所谓"上价值"的部分娓娓道来的劝导声中找到一条可以与现实短暂和解的道路。《一年一度喜剧大赛》之所以能够大获成功，是因为节目组秉持着"以人为本"的制作理念，大胆讲述着当今社会中人们经历的种种问题，并将这些问题通过喜剧表现出来。节目既回应着人们的真实感受，又在一定程度上消解了痛感，因此能够引发观众内心深处的共鸣。

一方面，我们应当坚持开放包容的文化观，正视不同群体的文化表达，看到大众的真实文化需求。一个社会因什么而发笑本身也反映许多价值，观众在观看喜剧中给出的反馈——笑声和表演共同构成了喜剧的意义建构，同时，后现代主义的追随者正全力为所谓的"无意义"正名，快乐本身不能被追求所谓的意义颠覆，这样的行为是本末倒置的。我们不能将大众文化和高雅文化简单对立起来，更不能让大众文化在文化精英主义和艺术雅俗之别的纷争中沦为少数人才可享受的奢侈品。

另一方面，我们也要警惕过度的商业逐利使大众文化陷入混沌而沦为"群氓文化"。在相互塑造、相互建构的过程中，文化产品正在以一种极为矛盾的姿态流通在市场上：既以标准化的模式被统一生产出来，又在不同的圈层中分化为多种形态；既被艺术标准审视，又迎合着社会大众的审美取向。在流量为王的时代，部分大众文化内容生产者既想要迎合受众以获取庞大流量产生的商业利益，又想掌握资本控

制下的内容生产权，控制文化产品所裹挟的内容中的价值取向。为了迎合低俗化的审美趋向，部分大众文化内容生产者一味生产内容低俗、丑态尽显的文化商品，淡化了文化与历史的厚重感，威胁着文化生态、公共秩序与公民的德行塑造。文化生产者应仔细甄别、筛选，将真正有价值的内容加以改造，制作成文化产品展示给消费者，我们不能为了逐利而一味生产所谓"低质的热销品"，更不能凭借自身的资源优势来恶意制造低质的文化产品，进一步使受众的文化消费碎片化。

专业文化机构和大众文化生产者承担着提供给大众文化产品与文化服务的任务，同时掌握着更多的资源，通过控制大众文化生产直接或间接地引导着人们日常的文化消费。碎片化现象大大提升了文化产品的生产效率，压缩了生产成本，如果大众文化生产者凭借自身对话语权的掌握，在激烈的市场竞争中仅追求利润这一单一目标，最有可能造成的后果就是文化生态恶化。因此，文化机构在进行大众文化生产、追求利润的同时，应该保有最基本的责任坚守，守住文化的底线，在同大众的良性互动中创造和更新文化产品，作出符合人们根本利益的选择。

（王文杰，对外经济贸易大学政府管理学院副教授；吴一迪，对外经济贸易大学政府管理学院研究生）

意义经济视域下
国内泛娱乐直播的监管对策分析

秦 勇

摘 要：在协同娱乐生态形势下，泛娱乐直播日渐成为体量庞大的新兴媒介产业形态。泛娱乐直播的意义机理是构建资本转化中的暧昧情感，这一机理在"打赏"模式的配合下，容易滋生为获取注意力而取悦受众的"三俗"等问题。从意义经济的视域看，对国内泛娱乐直播的监管，应该在加强法制底线约束的同时，加强对其所构建的情感意义的引导，通过社会主义核心价值观的确立与行业典型的垂范，树立健康娱乐的风气。

关键词：泛娱乐直播；情感制造；打赏；意义引导

当下时代是图像时代、互联网时代、信息时代，大众的消费娱乐形式发生了重大变化。据统计，截至2024年6月，我国网民规模近11亿，互联网普及率达78.0%，网民使用手机上网的比例达99.7%，97.1%的网民观看网络视频，用户数达10.68亿。[①] 互联网"通过整合平台内外资源实现联动，形成视频内容与音乐、文学、游戏、电商等领域协同的娱乐内容生态"[②]。泛娱乐直播正是在这一形势下，日渐成为体量庞大的新兴媒介产业形态。

泛娱乐直播包括才艺直播、搞笑类直播、美食制作直播、明星直播、游戏相关

---

① 中国互联网络信息中心．第54次《中国互联网发展状况统计报告》［EB/OL］．（2024-08-29）［2024-10-05］．https://www.cnnic.net.cn/n4/2024/0829/c88-11065.html．

② 中国互联网络信息中心．第44次《中国互联网发展状况统计报告》［EB/OL］．（2019-08-30）［2024-08-05］．https://www.cnnic.net.cn/n4/2022/0401/c88-1116.html．

直播、聊天互动直播、运动健身直播、户外直播、吃播等形式，入门的门槛低，全民参与度高，互动性强，深受青少年喜爱，但其在发展过程中也确实滋生出各类"三俗"问题，甚至违法犯罪问题。这些问题的存在具有长期性。意义经济是从意义向度上思考经济管理对人的意义的作用的视域，它尤其关注在生产与消费过程中，富有内涵与价值的"文化意义的流转"①。从意义经济的视域看，产生这些问题的根本原因在于泛娱乐直播的意义机理及其"打赏"的盈利模式。基于此分析，笔者认为，应该长期加强对泛娱乐直播意义构建的底线制约与意义引导。

一、泛娱乐直播的意义构建：资本转化中的情感制造

随着媒介发展，媒介成了信息，信息也成为媒介，无处不在的信息充斥在社会的各个层面，也充斥在人的各种感官与意识之中。信息像水一样到处都是，而喝哪一口是个问题。因为每个受众的时间是最为有限的资源。除了吃、穿、住、行以及工作、交友等必需的消费时间外，人们能用于信息或媒介消费的时间非常有限，并且媒介之间具有替代性，消费这种媒介就要减少消费那种媒介的时间。媒介经济化，要通过媒介牟利，就需要通过媒介竞争，获取受众的注意力。麦克卢汉在《理解媒介：论人的延伸》一书中把媒介时代称之为"失去根基，信息泛滥，无穷无尽的新信息模式的泛滥"②时代，也有学者认为，麦克卢汉在20世纪60年代提出的传媒受众的注意力资源问题，在某种意义上归纳了传媒经济的本质——注意力经济。③当然，也有学者认为，美国学者迈克尔·高尔德哈伯（Michael Goldhaber）在1997年发表的《注意力购买者》一文中最早提出注意力经济的概念。正是基于稀缺性，注意力才成为经济资源配给的重要内容。美国学者菲利普·南波利于2003年出版了《受众经济学：传媒机构与受众市场》，强化了这一重要观点。④

信息时代，信息媒介需要攫取稀缺的注意力。直播是信息时代重要的媒介形式。在产业化力量的驱动下，直播要想转化为资本平台，就需要最大限度地吸引受众的

---

① 秦勇. 意义的生产与消费：文化经济学新论 [M]. 北京：首都师范大学出版社，2017：125.
② 麦克卢汉. 理解媒介：论人的延伸 [M]. 何道宽，译. 南京：译林出版社，2019：28.
③ 喻国明，丁汉青，支庭荣，等. 传媒经济学教程 [M]. 北京：中国人民大学出版社，2009：32.
④ 谭天. 传媒经济的本质是意义经济 [J]. 国际新闻界，2010（7）：72-76.

注意力。当下的泛娱乐直播以主播的"秀场"为主,主播可以通过才艺表演、户内外活动、颜值吸引、游戏互动、搞笑聊天或者吃播等娱乐形式来吸引受众的注意力。此外,直播尤其是这种泛娱乐直播之所以受资本青睐,在某种意义上,是因为其普遍的可参与性。只要能掌握观众注意力的兴奋点,你就可以成为娱乐主播。当然,即使部分主播不掌握观众注意力的兴奋点,尬聊也未尝不可。全民参与的性质,在某种程度上可以保证泛娱乐直播平台最大限度地占有注意力资源。

同时,由于社会发展节奏的加快、生活压力的加大、人与人之间物欲关系的充斥,大众的精神压力越来越大。貌似热闹繁华的大都市更是如此,"纷乱人群越是闪亮,越是嘈杂,越是迷狂,疲倦与耗竭,就会越悲惨,失去自身存在的困扰也会更折磨人。"① 国内一份早年的公众精神健康状况的调查报告显示,20—30 岁的人群压力最大,其次为 31—40 岁人群,再次为 41—50 岁人群,最后为 51—60 岁人群。②这些群体不仅是社会的主体,也是网民的主体。

当下的国内网民中,保守估计每月有 1.5 亿台移动设备消费泛娱乐直播内容。从用户的消费偏好看,24 岁以下的网民的消费动机主要是与主播互动、追星/追网红;25—30 岁的网民的消费动机主要是互动、凑热闹;31—35 岁网民的消费动机主要是解压、交友;36—40 岁网民的消费动机比较佛系;41 岁以上网民的消费动机则是消遣。③ 这一调查统计结果也显示出泛娱乐直播受众的主要消费动机是愉悦情绪、解除精神压力。不充分的社会交际生活注定了受众会将注意力向直播等娱乐平台转移。

直播平台要吸引注意力资源,受众要通过直播互动转移精神压力、愉悦情绪。二者之间的供需契合,使泛娱乐直播成为近年来市场规模增长最快的媒介产业之一。泛娱乐直播对于受众的意义在于情感的寄托;对于主播与平台来说,其意义在于通过情感注意力转化为资本利润。正如有研究者通过对女主播"情感制造"过程进行研究后指出的:"一方面,同服务业中其他的情感劳动类似,女主播必须利用其性别角色对其身体形象和情感进行双重投入以维系和顾客的稳定关系;但另一方面,由

---

① 西美尔. 时尚的哲学[M]. 费勇,等译. 北京:文化艺术出版社,2001:119-120.
② 戴月霞. 国人精神压力调查[J]. 安全与健康,2005(2):53.
③ 2018 年中国泛娱乐直播营销趋势解读[EB/OL].(2018-07-16)[2024-08-05]. https://www.163.com/dy/article/DMRVC4IJ0511B3FV.html.

于直播平台的特殊性，女主播为观众和粉丝提供的服务是一种体验。除此之外，互联网直播平台的出现，使一个劳动者可以基于平台的同时面向平台上所有活跃的观众，仅由劳动者一方的情感经营变得不足以撬动庞大的市场。劳—客关系中作为顾客的一方不再处于被动的地位，在劳动过程中，女主播需要激发观众的情感生产。"[1] 也就是说，直播主播不仅要进行情感投入，也要激发受众的情感生产，以此产生情感的黏性关系。

这种情感的黏性关系，不是现实生活中真正的情感黏性，而是暂时的、消费性的，甚至一次性的。这种基于资本转化的情感关系，是资本市场不断扩张资本对象的结果。马克思在《资本论》中对此有着深刻的分析。资本的发展其实也就是将资源资本化的扩张过程，这种扩张不仅是空间性的，从一个地区到另一个地区，从一个国家到另一个国家，乃至形成世界的资本市场；它也是异化性的，不但将物质资源，而且将精神资源，甚至是传统的伦理禁区（情感、信仰等）进行资本化。"资产阶级撕下了罩在家庭关系上的温情脉脉的面纱，把这种关系变成了纯粹的金钱关系。"[2] 在利益至上的追求中，"一切情欲和一切活动都必然湮没在贪财欲之中"[3]。批判归批判，在当下资本市场全球化的时代，任何人都无法跨越时代发展的限制，都不得不面对情感的资本化问题。

泛娱乐直播所制造出的情感的资本化形式不外乎几种情形：第一，偶像的吸引——通过虚拟人设、化妆和美颜，促使受众将主播视为偶像，转移受众的理想需求；第二，暧昧吸引——通过美颜、着装、撩拨，诱使受众将主播视为"虚拟伴侣"，转移受众的"性"需求；第三，消闲吸引——通过歌舞、段子等形式，帮助受众打发时间、转移情绪，转移或释放受众的精神压力。在这一系列情感黏性的生产与消费过程中，受众的精神压力会得到一定的释放，压抑的情绪会得到一定的转移，对受众的精神或情感满足有一定的虚拟意义。这种情感意义的满足是资本化的，是建立在资本盈利的运作模式之上的，无论作为生产者的平台、主播，还是作为消费者的受众，都应该深刻明白这一点。

---

[1] 涂永前，熊赟. 情感制造：泛娱乐直播中女主播的劳动过程研究 [J]. 青年研究, 2019 (4): 1-12.
[2] 马克思恩格斯选集第1卷 [M]. 中共中央编译局, 译. 北京: 人民出版社, 1995: 275.
[3] 马克思. 1844年经济学哲学手稿 [M]. 中共中央编译局, 译. 北京: 人民出版社, 2000: 124.

二、"打赏"模式促生"暧昧"问题

直播媒体出现伊始就受到资本力量的推崇，资本的扩张成为泛娱乐直播的主要推动力量。起源于"秀场社区"的国内泛娱乐直播，2008年开始在电脑端上发展。随着App技术的成熟与网络流量资费下降，2016年从映客直播开始，泛娱乐直播以移动直播为主要平台获得了更为迅速的发展。中国当下泛娱乐直播的平台至少有300家，日活跃用户量超过30万的平台更多。根据2019年《互联网周刊》发布的直播平台热度排名，位列前50位的平台中有一半平台属于泛娱乐直播性质。①

我国泛娱乐直播平台出现时间短，发展不成熟、不规范，其盈利模式制约了其发展空间，也正因为盈利模式的单一，滋生了诸多问题。当下的泛娱乐直播盈利模式主要是基于受众的情感打赏。这注定了泛娱乐主播不得不采取各种手段来尽可能地吸引与留住受众的注意力。无论是依靠颜值（明星、网红、帅哥、靓女），还是依靠互动（才艺表演、游戏互动），或者依靠猎奇（户内外活动、吃播），都是在依靠"情感"的吸引或互动来增加用户的黏性。否则，在几百家平台并存的情况下，受众何以持续给固定平台、固定的主播"打赏"？相比欧美国家泛娱乐直播的内容付费模式、韩国的广告引流模式等，国内的泛娱乐直播盈利模式过度依赖受众"打赏"。有研究者将其归纳为区别于欧美国家、韩国的中国独创的商业盈利模式，将其等同于知识付费。YY直播平台联合创始人董荣杰更认为："打赏是没法舍弃的，它是最成熟的商业模式。"② 国内的泛娱乐直播发展得过快，缺乏相关市场的支撑，这造成利用广告等C端盈利的模式不成熟；内容供给不足、主播门槛偏低，导致难以生成娱乐内容付费模式。因此，应该说，中国泛娱乐直播以"打赏"为主要盈利模式，是其原生态发育不良的结果，不能称之为成熟的商业模式。未来的发展证明，成熟的文化娱乐商业模式应该是"免费"，而不是"付费"，"通过对知识产权权利范围的限

---

① 问春.2019中国直播企业排行榜［J］.互联网周刊，2019（5）：62-63.
② 张瑶.中国独创商业模式，网络"打赏"该如何定性？［EB/OL］.（2017-07-06）［2024-08-05］.https://36kr.com/p/5082580.

制，自由文化也间接地保证了后来的创造者能够借鉴前人文化和摆脱前人控制的自由"。①

正因为泛娱乐直播过度注重"打赏"模式，平台、公会、主播作为直播的生产方与传播方，想尽办法在吸引受众的情感注意力上做文章，受众每一次打赏，都会被三方分成。在泛娱乐粗放发展的初期，直播运营管理相对混乱。直播平台属于主要监管者，但它对主播的诸多出格行为往往视若无睹；公会直接联系各个主播，但往往教唆主播进行出格的情感互动；低门槛进入直播平台的主播往往缺乏内容生产能力，与受众的情感互动往往打低俗的"暧昧牌"。斗鱼直播的"造人"直播，就是这种疏于管理的极端表现。② 类似的事件频发后，为规避法律处罚，直播平台采取了一系列隔离责任的措施："首先，将主播和直播间隔离，直播内容出现问题主播个人承担责任；其次，将直播间负责人与虚拟货币分销商和网络视频直播平台隔离，主播个人承担责任有限时，直播间负责人应当承担相应责任；最后，将虚拟货币分销商与网络视频直播平台隔离，对虚拟货币的价格问题和直播内容均不负责。这种高安全性的隔离性组织架构的目的在于保全直播平台自身顺利洗白上市，将秩序维护者的责任安置到直播间负责人身上。其核心目的在于隔离风险，而不是杜绝不良直播内容的产生。说到底是一种推卸责任、只顾眼前短期利益的消极监管态度。"③

由于直播内容大多是主播与受众互动时即时生成的，海量用户可以对直播视频进行瞬间传播，加之平台、公会的即时监管疏忽，检测视频内容的监管技术滞后，相关管理部门对直播行业的宏观监管难度非常大。整体上看，相关部门的监管以事后监管为主。2008 年 PC 端的泛娱乐直播发展起来后，监管很长时间处于滞后状态，直到 2016 年，直播平台大量出现、各类问题层出不穷时，相关管理部门才不得不出台了针对性的管理法规——文化部出台了《文化部关于加强网络表演管理工作的通知》（2016 年 7 月），并公布《网络表演经营活动管理办法》（2016 年 12 月），国家新闻出版广电总局下发《关于加强网络视听节目直播服务管理有关问题的通知》（2016 年 9 月），国家互联网信息办公室发布了《互联网直播服务管理规定》（2016

---

① 莱斯格. 免费文化：创意产业的未来 [M]. 王师, 译. 北京：中信出版社, 2009：229.
② 武汉斗鱼 TV "直播造娃娃"涉黄被举报 [EB/OL]. （2016-01-11） [2024-08-05]. http://news.youth.cn/sh/201601/t20160111_7514265.htm.
③ 杨书培. 我国网络视频直播中存在的问题与监管现状研究 [D]. 北京：首都师范大学, 2017：17.

年11月）等。有研究者称2016年为"网络视频直播元年"，不仅因为这一年网络直播大量出现，更因为相关直播管理法规的跟进。

即使这样，由于泛娱乐直播缺乏完善的盈利模式，各个主播仍旧在挖掘"暧昧经济"的潜力，各类低俗直播仍屡禁不绝。当下的网络直播监管模式仍旧比较单一，对网络平台、公会、直播间、主播、受众等各个层次的系统监督缺乏，相应的法律法规的出台仍显滞后，监管的技术手段也相对落后。总体上，泛娱乐直播圈缺乏良性的运营机制，尚需进一步建构积极向上的网络文化氛围。

三、监管：底线制约与意义引导

泛娱乐直播作为一种新型的娱乐媒介，结合了技术与图像，融合了文化与娱乐，在某种意义上引领了大众文化消费的时尚，因而也获得了海量的受众支持。越是令人沉迷的娱乐，越需要慎重把握娱乐的陷入程度，正如尼尔·波兹曼引用赫胥黎的话所警告的："在一个科技发达的时代里，造成精神毁灭的敌人更可能是一个满面笑容的人。"① 对于泛娱乐直播而言，娱乐至死也是一个时刻值得警醒的问题。对于泛娱乐直播的管理，既不能反对其合理的产业化、娱乐化发展，又要时刻以法治底线来约束、以社会主义核心价值观来引导其发展，使其成为健康有益的社会娱乐文化。

（一）法治底线：健全立法、强化执法

泛娱乐直播以暧昧情感转化为资本的"打赏"模式作为运营核心，注定其会不经意间游走在合法与非法的灰色地带。如果没有法律制约，泛娱乐直播必然会泛滥出"情色"等非法问题。

泛娱乐直播作为不断融入新的技术与互动模式的娱乐形式，相对于传统娱乐模式有一定的超前性。一方面，其受众的主体是青少年人群，法律工作者相对较少接触泛娱乐直播内容，同时存在一定的技术陌生感，因而立法要跟上新技术支持的泛娱乐直播发展有相当的难度。从娱乐直播出现到针对性的基本立法出台，一般要间隔相当长的时间。另一方面，由于泛娱乐直播不断出现各种游走于法律边缘的新情况，需要及时跟进立法，才可能使泛娱乐直播管理有法可依。2007年12月20日

---

① 波兹曼. 娱乐至死[M]. 章艳, 译. 桂林：广西师范大学出版社, 2004：202.

《互联网视听节目服务管理规定》的颁布，为有法可依提供了法治保障，但随着泛娱乐直播融入的新元素的不断增多，未来我们必然需要不断完善法律体系，才能保障有法可依的持续性。

有了法律依据，还需要严于执法、及时准确地进行执法，做到违法必究，才能保证泛娱乐直播的法律底线不失。泛娱乐直播内容多种多样，传播具有实时性，监管则相对滞后，面对一些涉嫌违法的直播，监管者有时要在很长时间后，才会后知后觉。例如，近年来的网络直播中的"造人"事件、"打野"事件、直播民航飞行事件等，①都是被网络传播一段时间后，被网民举报、被新闻报道出来，才得到相应的法律处理。

泛娱乐直播涉及的相关方很多，有平台、公会、直播间、主播、相关播出内容制作方、受众等，一旦出现非法直播，相关方往往会互相推卸责任，造成难以追究的结果。因此，有研究者提出："在网络视频直播恶性事件发生后，不光要追究主播责任，还要追究网络视频直播平台、直播经纪机构甚至是用户的一定责任。"② 这种相互关系、复杂关系，需要法律的明确规定，也需要法律明确相关方的连带责任，同时，相关管理机构也要利用好前沿技术手段，及时发现违法事件、追究法律责任。

（二）健康向上的意义引导

泛娱乐直播毕竟属于一种文化娱乐活动，并且是活跃在青年亚文化网民群落中的文娱活动，存在一定的隐秘性。泛娱乐直播管理依靠相关管理机构从外部进行的监管，仅仅是在进行被动的监管。要真正地将一种文化意义引导到积极健康的方向，需要在这种文化内部注入积极健康的价值理念。

1. 社会主义核心价值观的引导

当下，社会仍处在调整、转型时期，社会文化风尚会随着价值体系的转化而发生变化。党的十八大确立的社会主义核心价值观——"富强、民主、文明、和谐，自由、平等、公正、法治，爱国、敬业、诚信、友善"，既是当下的社会核心价值，也是当下的文化伦理规范。

行业是社会的一面镜子。泛娱乐直播也被称为全民直播，与社会现实存在一定

---

① 杨书培. 我国网络视频直播中存在的问题与监管现状研究 [D]. 北京：首都师范大学，2017：18.
② 杨书培. 我国网络视频直播中存在的问题与监管现状研究 [D]. 北京：首都师范大学，2017：27.

的同步关系，社会大环境崇尚社会主义核心价值观，全民直播也自然会随之而动。全民直播既能宣扬社会主义核心价值观，又会在一定程度上推进社会主义核心价值观的全面培育和践行。泛娱乐直播的相关管理部门不仅需要加强对处于内容生产与传播主体地位的平台、工会、直播间、主播、相关播出内容制作方进行严格的规范与管理，也需要对受众进行积极的宣传、教育，确立健康的意义导向。只要受众崇尚健康、积极的社会风尚，大环境也自然会引导泛娱乐直播的生产与传播的方向。

2. 行业垂范

近年来，泛娱乐直播之所以屡次出现违法、违规的直播事件，很大原因在于直播行业没有生成自律的行业规范，"一切向钱看"，忽视了社会主义核心价值观的建设，无视直播行业在社会主义道德风气中的宣传引导作用，相关管理部门也忽略了对直播行业健康积极的社会意义引导。在直播行业中，各种违规违法行为屡次获益，各种歪风邪气在直播行业中盛行，时间一长必然会导致负面的示范效应。鉴于此，对于泛娱乐直播行业的意义引导，必须从组织和个体两方面进行引导。

泛娱乐直播平台数百家，直播间、主播数以万计，每天不间断直播，以现有管理机构的人力与物力进行实时监督并不现实。除了依靠技术监控与网民监督，直播行业的行业自律也至关重要。行业的自律规范、主播黑名单制度、行业的自检等，都需要行业自行约束，才能行之有效地保证泛娱乐直播的意义导向的积极健康。长期以来，泛娱乐直播缺乏行业自律，一些色情、赌博、暴力违法的直播反而成为噱头，甚至成为某些企业的上市噱头，极大地败坏了行业风气、社会风气。

鉴于此，2016年4月，百度、新浪、搜狐、爱奇艺等20余家从事网络表演（直播）的主要企业成立了北京市网络表演（直播）行业工会，并发布了《北京网络表演（直播）行业自律行动公约》（以下简称《公约》）。《公约》规定了实行主播实名制，禁止18岁以下未成年人注册成为主播；确立了主播"黑名单"制度，对播出严重不良内容，或涉及淫秽毒品暴力恐怖等内容，情节特别严重的主播终身封号等规定。① 2017年5月4日，中国演出行业协会网络表演（直播）分会正式成立，并在成立大会上发布了全国第一份网络表演（直播）行业白皮书。自我管理机制的迅速、有效，从对"乔碧萝事件"的处理就可以看出来。2019年7月25日网络娱乐

---

① 六间房发起并签署《北京网络表演（直播）行业自律行动公约》[EB/OL]．[2024-08-05]．https://www.6.cn/bbs/list.php? act＝scan&mid＝388．

主播"乔碧萝殿下"涉嫌在直播期间策划恶意炒作,违背了网络诚信的自律原则,2019年8月6日,中国演出行业协会网络表演(网络直播)分会依照自律公约将其纳入第三批主播黑名单。至此,主播"乔碧萝殿下"被各个直播平台屏蔽在网络直播之外。①

与其他网络直播或文化产业较发达国家相比,我国的直播行业自律程度还不够。例如,对主播的收入还缺乏限制与引导,对虚拟礼物、打赏等还缺乏法律规范。泛娱乐直播行业缺乏一种以彰显文化风范为主流的意义引导,并缺乏德艺双馨的"网红"主播的示范作用。

对网络直播的意义引导,需要强化网络主播德艺双馨的示范效应。网络主播,尤其是"网红"主播、"明星"主播,拥有众多的受众,甚至有的主播有上千万"粉丝",其一言一行,尤其是直播内容所传达的意义导向,会产生示范效应。越是粉丝量众多的主播,越要承担更多的社会责任。相关管理机构应大力扶持能自觉维护国家利益、传播社会主义先进文化、弘扬中华民族美德、倡导法治和道德、倡导社会诚信、积极宣扬正能量的网络主播,大力宣传与凸显德艺双馨的示范意义。

(秦勇,首都师范大学文学院教授)

---

① 雪球.乔碧萝被正式纳入全网黑名单 她的真实姓名亮了[EB/OL].(2019-08-07)[2024-08-05]. https://finance.sina.com.cn/stock/relnews/us/2019-08-07/doc-ihytcerm9121220.shtml.

媒体发展的逻辑

——从媒介学角度研究

汪 洋　刘敬贺

摘　要：作为人类沟通的工具，媒体的客体身份一直没有发生变化，它呈现为技术形式、社会符码以及组织机构。在历史演进的过程中，因为技术的发展和组织形式的变化，客体的展现形式不断地演进，进而产生了不同类型的媒体，媒介逐渐从多元回归到一元，即人类在现实世界中的映射。在当今话语体系下，媒介在传播的同时潜移默化地改造着传承的规则以及相应的组织形式。甚至可以说，在通过媒介手段去推广观念、凝聚人群并改变现状的历史进程中，媒介技术与社会秩序的互动是通过媒介的组织功能来重新制造一个新的社会主体。本文尝试从媒介学角度梳理不同历史条件下媒介表现形式的发展形态，从而解释媒体发展的内在逻辑以及演进方向。

关键词：媒体；媒介传播；媒介演变

古人讲："太上有立德，其次有立功，其次有立言。虽久不废，此之谓不朽。"这些立下的德、功、言，必须以媒介为载体，才能流芳百世、经久不衰。从远古到当下，不管媒介是作为人的延伸还是连通人与人、人与事物的节点和中介，作为人类沟通的工具，其作为客体的身份一直没有变化，呈现为技术形式、社会符码以及组织机构。在历史演进的过程中，因为技术的发展和组织形式的变化，客体的展现形式不断地演进，进而产生了不同类型的媒体，如报纸、广播、电视等，而媒体可以说是大众传播媒介的集合体。随着技术的进一步突破，媒介逐渐从多元回归到一元,即人类在现实世界中的映射。本文尝试从不同历史条件下媒介表现形式的发展形态,解释融媒体发展的内在逻辑以及演进方向。

一、媒介的本质

以麦克卢汉为代表的媒介环境学派强调"媒介是人的延伸",而德布雷创立的媒介学"将媒介视作文化传递轨迹中的一个环节和一个功能"①。二者在描述媒介与人的关系上都有精彩的论述。一方面,麦克卢汉认为,媒介是人体外的技术器官,是人体为抗击超强刺激的压力而截除或关闭受影响的感官或机能,继而需要技术发明以延伸被关闭区域,强化或放大其承担功能,这也构成媒介发展的直接原因。② 另一方面,德布雷强调媒介具有双重身份,技术负责物理空间上的联结,组织则保证心理时间上的联结。

英国演化理论学者道金斯在其著作《自私的基因》中提出:生物的个体和群体只是基因的临时承载体,只有基因才是永恒的,基因既是遗传的基本单位,又是自然选择的基本单位。③ 我们也可以从这个角度去理解媒介,即媒介只是基因在精神层面的临时承载体,只有精神才是永恒的。

从古埃及的"木乃伊"到古代中国的"金缕玉衣",人类从未停止对生命永续的追求,并将这一追求投射在繁衍上以变相实现,进而在血缘、家族等方面具现出不同的表象,而其中的一个表象就是以不同媒介承载的精神(思想)延续,如家训、族谱、宗祠等。随着技术的进步,媒介越来越接近人类本身,或者说虚拟的自我。以视觉为例,从远古的岩画到古代的绘画、壁画,再到近现代的摄影摄像,直至当下的全息影像,可以说,随着人类对客观世界的改造能力提升,精神的复制越来越接近身体的复制(繁衍)。换句话说,似乎可以这样认为,媒介是将人体解构后形成的外在载体以及相关组织形式。

---

①② 唐海江,曾君洁.作为方法论的"媒介":比较视野中麦克卢汉和德布雷的媒介研究[J].现代传播(中国传媒大学学报),2019(1):16-23.
③ 道金斯.自私的基因[M].卢允中,张岱云,陈复加,等译.北京:中信出版社,2012:17.

二、媒介的产生以及演变

道金斯在书中将人类文化的传播单位称为"觅母"（meme），觅母源自基因指导形成的人体，并与基因互相支持。他认为，我们的文化觅母以多种不同的形式存在，如语音、书面文本、视频、时装、曲调……但觅母无法如基因一样通过繁衍得以扩张。为此人类想出了多种保存和传播方式，追求其可复制性、高效传播力和覆盖面，由此也产生了媒介并且人类对媒介不断地进行改造。

人类的繁衍体现为生命的延续和族群的扩张，对应的是时间传承和空间传播。同样，对于媒介的使用，也主要体现在时间维度和空间维度，即传播的时间轴线和空间轴面。媒介从最初倾向于时间轴线（即传承），演变为同时注重时间轴线和空间轴面（即传播）。如果将媒介视为人的延伸，并与人体器官或者功能相对应，媒介大概可以分为意域、视域、音域三类主要的类别。

（一）手工时代

结绳记事、陶器、岩画是这一时代媒介的典型代表。古人受制于客观工具及技术条件，更加强调媒介的时间轴线，客观上空间轴面的媒介也很难找到合适的载体。这一时期的人类以象形文字等符号形式在莎草纸、陶器、岩壁等载体上传播信息，初步实现了意域重现的突破。原始绘画如岩画则是人类在视域上初步的展现。在音域上，人类仍只能依靠吟游诗人以口口相传的模式传承。在这些媒介上，载体能承载的信息量较少，信息编码的可读性和准确性较差，往往只能说明某事的存在，很难同时表达时间。

（二）机械时代

手抄卷、印刷术、油画、乐谱等是这一时代媒介的典型代表。以抽象文字（如字母）为代表的符号在信息编码的准确性上取得了突破，而以古典油画为代表的符号则在可读性上进一步发展。同时，表达时间的抽象符号出现，在时间的表达上实现了初步的突破。书籍、报刊等媒介的出现在空间轴面的传播上得到了初步的发展。油画等古典绘画的出现在视域重现上实现了从简单勾勒到模仿还原的进步。五线谱的出现实现了音域传承准确性的突破。在这一时代里，印刷对于手抄卷的模仿初步体现了媒介的进化。

(三) 电力时代

电报、传统电话、广播（无线）、胶片照相、模拟电视、电影（胶片）、留声机（黑胶唱片）是这一时代媒介的典型代表。正如印刷模仿手抄本一样，电报对印刷的模仿以及电话对电报的模仿是这一时期媒介演变的代表。银版照相技术等则实现了从油画模拟到底片还原的突破，从此开始了视域重现从模仿到复制的演进，随后出现的胶片摄影、胶片电影以及模拟电视，都是这一分支的演进成果。留声机则实现了音域重现质的发展。媒介在这一时期基本实现了时间的即时性。

(四) 数字时代

智能手机、数字广播、数字电视、数字电影、光碟等是这一时代媒介的典型代表。数字技术让媒介的要素从字符（如字幕）、颗粒（如胶片）转化为二进制的代码，并伴随光电技术的进步，带来意域、视域、音域的精确复制传承以及远距离传播。

媒介在进化中也是有固有趋势的，即新的媒介总是从旧的媒介中模仿而来。"每个新一代的技术都是尾巴主义者，新生代并非拒绝进化，而是本能地向祖先靠拢。"[1]

三、决定媒介演变的因素

从媒介的演变形式可以看出，人类本身决定媒介的形式，如文字对应记忆的准确性、印刷对应时间维度的延续性、图文和音视频对应客体的真实性等。如果说媒介是一种与当时的物质环境、物理载体本身有共生性的复合性质的对象，那么，人的主体性价值和立场，是通过媒介技术的把控及其操作流程来完成的，在本质上和大的社会生产力演进的趋势相一致。[2] 把时间轴放大，我们可以这样解释媒介的演

---

[1] 德布雷. 普通媒介学教程 [M]. 陈卫星, 王杨, 译. 北京: 清华大学出版社, 2014: 231-232.
[2] 陈卫星. 新媒体的媒介学问题 [J]. 南京社会科学, 2016 (2): 114-123.

变:当某个技术被成功发明或创造后,人类就会尝试将此类技术用于媒介。

(一)媒介演变的方向

保罗·莱文森在其多本著作中,反复谈到媒介演化的"人性化趋势"和"补偿性媒介"理论,用以解释媒介发展的规律。"人性化趋势"理论表述了这样一个理念:人类技术开发的历史说明,技术发展的趋势越来越人性化,技术在模仿甚至是复制人体的某些功能、感知模式和认知模式。他说:"我们选择的工具是:媒介如何延伸我们交流的范围和能力,却又不扰乱我们从生物学角度的企盼。"[①] 正如道金斯所说:"我们找到了高效复制、高效传播的方法,甚至加快了觅母的竞争,每个觅母的生命周期变得极短,快速产生,快速扩张,在竞争中快速淘汰。自然选择倾向于能够在文化环境中维持稳定性和渗透性的觅母。"

1. 准确性

正如基因在延续中几乎是完全准确地复制了人体一样,人类在追寻媒介以及使用和改进媒介的过程中,也把媒介对于精神的准确复制放在了首要位置,即在复制一个物质的我(身体)之外再复制一个虚拟的我(精神)。虚拟的我,既可以视为单数的个人也可以看作复数的人群,分别对应思想和文化。

正如人体复制要通过对基因的解旋和聚合最终成型的机制,媒介在复制时也要通过对承载符号解码后的内容来延续精神传播和传承。

从生物学角度看,从无性繁殖到有性繁殖,从裸子植物到被子植物,动植物的繁衍一直在更精确地复制自我以及更广泛地传播自我上前行。同样,媒介演变的方向也始终在更准确地传承和更广泛地传播上进行。以视域媒介为例,从岩画到绘画,从影像到全息影像,媒介变得越来越能准确地描绘人类本身。

2. 适用性

为适应非洲草原气候,当地土著通常皮肤黝黑、胡子和体毛较少,而北欧地区生活的土著则皮肤较白、体毛较重。为适应不同的生存场景,人类基因做了不同的改进。同样,为适应不同的传承和传播场景,媒介也演变出不同的类型。例如,人们在远距离的大洋航行中采用卫星电话,在人群聚集地采用电子屏等。

---

① 杨航. 传播范畴内的手机媒体研究 [D]. 上海:上海社会科学院,2008:7.

3. 即时性

正如祖辈在教导下一代时要耳提面命，族群斗争中要让更多同族的人上场争斗一样，在传承和传播中即时性显得无比重要。为让媒介更加具有时效性，机械时代人类发明印刷术，电力时代人类发明广播电视，数字时代人类发明智能终端。

(二) 媒介演变的速率

1. 技术发展

毫无疑问，技术的进步是一切媒介发展的前提，也是主要前提。从媒介史的观点看，麦克卢汉认为，媒介的进化不是彼此间的替换取代，而是不断叠加、越发复杂的渐进提升。这与他提出的"技术转换具有有机体进化的性质，这是因为一切技术都是人体的延伸"[1]也密切相关。按照马克思主义方法论，人通过改造客观世界来改造自身，如果按照这个逻辑，改造自身后也必然带来媒介的改变。习近平总书记在2019年1月25日主持中共中央政治局第十二次集体学习时发表重要讲话。他提出："传统媒体和新兴媒体不是取代关系，而是迭代关系；不是谁主谁次，而是此长彼长；不是谁强谁弱，而是优势互补。"这也是符合以上逻辑的判断。

2. 组织形式

从组织层面看，技术是制度化的、组织化的，受社会机构的制约和调控，所有技术变革都包含了来自政治和经济的各方力量的影响。[2]德布雷认为，媒介应当包括社会性的集团机构。这在当下主要体现为出版集团、电视电影机构、互联网信息服务提供商等。在不同的历史时期，这些集团机构此起彼伏，但并未完全相互取代，这或许说明这样一种可能：组织形式下的媒介并没有完全被人所放弃，或者说，作为人的延伸，这些媒介的功能还不能被其他媒介取代。

四、媒介的传承性和传播性

如果说狭义的传承和传播是时间维度和空间维度的内涵，那么德布雷对传承和

---

[1] 麦克卢汉. 理解媒介 [M]. 何道宽, 译. 南京：译林出版社，2011：211.
[2] 唐海江, 曾君洁. 作为方法论的"媒介"：比较视野中麦克卢汉和德布雷的媒介研究 [J]. 现代传播（中国传媒大学学报），2019（1）：16-23.

传播的定义则是广义的，他更加关注人与人、人与社会之间的交流互动。他认为："传播是长期过程中的瞬间（moment）和广泛集合体中的片段（fragment）。而这个广泛的集合体，我们将称之为传承（transmission）。"① 他同时认为，传播是安宁的人际交往，而传承是一个充满暴力的集体过程。传播既是一个瞬间的过程，又是这个历史过程中的若干个片段。传播可能更注重心理学的效应，即信息流动的不可回溯。②

社会学家认为，那个有最大棍棒的人拥有将观点强加给他人的最佳机会，但把什么当作棍棒则因社会而异。③媒介的传承是一个充满暴力的集体过程，换言之，传承不再是个人同个人之间的线性传播，而是被赋予具体的、独特的政治范畴和组织框架的集体中个人的符号运动，是一种组织行为。

在当今话语体系下，媒介在传播的同时潜移默化地改造传承的规则以及相应的组织形式。甚至可以说，在通过媒介手段去推广观念、凝聚人群并改变现状的历史进程中，媒介技术与社会秩序的互动是通过媒介的组织功能来重新制造一个新的社会主体。

五、媒体的未来

在保持准确性的前提下，人类根据需要在不同的环境中使用不同的媒介，进而形成不同的媒体偏好，最终体现为不同媒介载体的呈现，如在车内听广播、在影院看电影、在图书馆阅读。但人们对媒介的要求是不变的，即准确性、适用性和即时性。

（一）传统媒体的未来

准确性方面。在目前出现过的媒体中，图书以极高的准确性延续至今，这种准确性除了编码的唯一性带来的可解读性强之外，还有就是图书的容错度高，即使第一次阅读没有理解，读者也可以反复阅读，在这一点上，即时性更强的广播、电影、电视都因为线性传播特质，未能取代图书。

---

① 德布雷. 媒介学引论 [M]. 刘文玲，陈卫星，译. 北京：中国传媒大学出版社，2014：5.
② 陈卫星. 新媒体的媒介学问题 [J]. 南京社会科学，2016（2）：114-123.
③ 布鲁斯. 社会学的意识 [M]. 蒋虹，译. 南京：译林出版社，2013：27.

适用性方面。随着技术的变革，环境的变化带来使用场景的变化，场景本身也呈现出多样性。图书作为适用性较强的媒介在遇到数字媒介后，也显示出一些不足。数字媒体受制于技术（电源、信号、视听效果），并不适用于所有场景，在这一点上，图书、电影和广播被替代的可能性更小，反而像电视这种对电源、信号、视听效果要求较高的媒介处于边缘地位。

即时性方面。广播、电视和数字媒介在技术上的先天优势毋庸置疑，但是个性化印刷（定制出版）等技术的出现，在一定程度上缩短了纸质出版物的生产周期。

以书报刊为代表的传统纸质媒体，因其实体的象征意义且无须依赖于技术载体的特性，在私域交往中发挥重要的媒体作用，特别是人工智能技术被引进出版后，智能化定制出版个性化书籍、小群体定制报刊或将成为未来纸质出版方向之一。电影、广播、电视等受制于终端载体和传播形式的传统媒体，除了可以进行数字化智能化融合之外，其在小众领域的传播也将继续在一定时间内占有相当地位，如乡镇地区的点播影院。而 AI 和大数据技术可能对电视内容输出带来革命性变化，去频道化概念或将实现，为内容而定制的家庭频道也许会成为新业态。

（二）融媒体的未来

1. 还原"真我"

随手打开手机任意一个应用商店，排在前列的必然有读书、音乐、短视频等各种应用。正如这些 App 的名称一样，它们实际上就是精神在意域、音域、视域上的数字化外壳而已。用户在使用这些应用软件与他人互动交流时，实际上是一个"数字化的我"和无数个"数字化的 ta"，在同一个字符体系、同一个场景（如电影弹幕）中即时传播。这也是融媒体下一步的趋势，即逼真地模仿一个"数字化的人"，以满足不同场景下的传播需求。借助于大数据、云计算等技术，及时共享、实时互动的社交型媒体或将成为未来媒体的主流，某些垂类领域的小众社交媒体形式可能成为社会新宠，如聚焦于竞技体育类的 VR 媒体，将不同环境下的人数字化为某平台的数字人，进而传播相关内容。

2. 碎片化"自我"

传统媒介具有严肃性、专业性，人们往往需要一年才能出版一本书，半年才能拍完一部电影。融媒体的入门程度更低，数字化后门槛降低，使得碎片化的时间更多（或者说把时间更加碎片化）。正如自媒体不断涌现，信息从传统的集中式供给变为分散式迸发。但正如前文所说，传统媒介先天的准确性较差，在传承方面便带来了较大的误差和困难。接下来，新型融媒体必将更加在意信息准确性，这已经在人民日报社内容审查平台的迅速发展中得到了初步的体现。

（三）未来的媒体组织形式

1. 传统媒体的扁平化

传统媒体往往围绕主营业务设置部门，通过整合组织部门关系，形成线性传播的生产流程。这种公司制设计的媒体形态，存在周期长、回应慢、成本高等缺点，制约了传统媒体的进一步发展。未来媒体将更加回归媒介的本质，依照传播规律设计生产传播全流程，基于统一技术"底座"，项目化、模块化的工作室形式的媒体内容生产模式将让传统媒体更加扁平化运行，从而进一步提高传播效率、降低运营成本。

2. 融媒体的平台化

以学习强国平台等为代表的平台化终端，在一定程度上成为未来融媒体发展的方向之一，互相引流、共同支撑、协同发展的平台，在很大程度上，同时满足了内容供给方和需求方的需求。将来各个独立的媒体，要么成为平台，要么成为平台的参与者。新技术注入的"智慧基因"有助于媒体组织以平台化为驱动力，实现平台化战略升级转型，构建智慧媒体平台生态圈[1]，如人民日报社既建设自身的网络平台，又积极参与抖音等社交媒体的平台。

3. 自媒体的机构化

自媒体初期大部分是以个体方式运营、生产制作内容，对平台的依赖性较大。目前自媒体的发展已经呈现出机构化运作趋势，以 Papi 酱为代表的自媒体，背后拥有一个完整而强大的团队，而采取团队化运营的方式，也能为后期的商业化提供各种组织接口。在经历一段时间传统媒体人向自媒体人流转后，部分机构化后的自媒体，也可能被传统媒体收购、整合，也许不久以后我们就能够在一些传统媒体平台上看到自媒体机构的身影。

（汪洋，科尔沁右翼中旗副旗长；刘敬贺，兴安职业技术学院讲师）

---

[1] 严威，张明华. 智慧媒体的组织变革[J]. 电视研究，2018（10）：18-20.

文化市场和文化消费

高质量构建现代文化产业体系和市场体系*

杨传张

摘　要：现代文化产业体系和市场体系建设必须以科技创新为驱动力，以文化创意为核心，以完善的要素市场为支撑，提高供给能力，优化供给结构，创新供给方式，提升产业链现代化水平。同时，健全现代文化产业体系和市场体系，必须全面发挥其价值引领、开放协同、融合赋能等作用。党的十八大以来，我国现代文化产业体系和市场体系建设取得突破性进展：产业结构不断优化、区域布局更加协同、市场环境加速完善，文化产业对国民经济和社会发展的带动作用更加显著。以现代科技为驱动，以完善的文化市场为支撑，以满足人民美好生活需要为根本目的的现代文化产业体系和市场体系加速形成。

关键词：党的十八大；现代文化产业体系；现代文化市场体系

建设现代文化产业体系和市场体系是党的十八大以来推动文化产业发展的重要目标。自党的十八大、十八届三中全会分别提出"基本建立现代文化市场体系""建立健全现代文化市场体系"之后，党的十九大正式提出"健全现代文化产业体系和市场体系"。此后，党的十九届四中全会和党的二十大都将"健全现代文化产业体系和市场体系"作为文化产业的工作重点。在此期间，文化的功能与价值在新时代新征程中得到全面拓展；科技创新催生的新业态新模式成为产业转型升级新动力；产

---

* 本文系北京市社会科学院2024年院课题"数字技术赋能北京市传统文旅空间转型路径研究"（编号：KY2024D0196）的阶段性成果。

业带联动、城市群协同、城乡统筹发展的产业空间格局更加完善；各类文化市场主体不断发展壮大，文化要素市场更加健全的现代文化市场体系加快形成；文化产业在促进国民经济转型升级和提质增效、赋能经济社会发展方面的作用更加突出。

一、对文化功能与价值的认识全面深化

我国文化领域创新发展的过程，也是党对文化功能与价值认识逐步深化的过程。从新中国成立初期党对文化领域政治属性的高度重视，到改革开放以来通过深化文化体制改革凸显文化的经济价值，这体现了党对文化功能与价值的认识进一步拓展。党的十八大以来，党和国家又把文化建设摆在更加突出的位置，文化建设被赋予更具现代性的多维功能与价值。我国文化领域的改革发展过程，也是党对文化功能与价值认识逐步深化的过程。

从在经济社会发展中的作用来看，文化产业的功能与价值体现为赋予经济发展深厚的人文价值，是推动高质量发展的重要支点。在文化产业发展过程中，我们要正确把握文化和经济的内在联系，充分挖掘创意要素、文化元素和人文因素的潜能，将其转化为推动经济转型升级的重要驱动力。要发挥文化支点在高质量发展中的撬动作用，以文化价值创造新的产品供给，激发新的消费需求，拓展新的增长空间。同时，要实现传统与现代的有机衔接，把中华文化的精神标识，具有当代价值、世界意义的文化精髓通过新的话语机制、新的内容形式传播出来。创造出既反映传统文化内涵，又与现代文化理念相融相通，与当代社会发展协调的文化产品和服务，以中华文明赋予中国式现代化深厚底蕴，巩固中华民族的文化主体性。

从满足人民精神文化生活需求来看，文化产业的功能与价值体现为满足人民文化需求和增强人民精神力量相统一。习近平总书记强调，衡量文化产业发展质量和水平，最重要的不是看经济效益，而是看能不能提供更多既能满足人民文化需求、又能增强人民精神力量的文化产品。[①] 这要求文化产业在发展过程中必须明确"以人民为中心的价值导向"：既要坚持以满足人民的美好生活需要为根本目的，充分发挥市场在文化资源配置中的积极作用，引导市场主体和文化工作者创作、生产、传播更多优秀文化产品，以高质量文化供给增强人民的文化获得感、幸福感，又要把

---

① 习近平在教育文化卫生体育领域专家代表座谈会上的讲话[N].人民日报，2020-09-23（2）．

握文化产业的意识形态本质属性，坚持守正创新，将文化产业发展与中华优秀传统文化创造性转化、创新性发展相结合，创作、生产、传播更多承载正确价值观念、丰富思想内涵的精神文化产品，发挥其对人民潜移默化的作用，形成适应新时代要求的思想观念、精神面貌、文明风尚、行为规范。

从提升国家文化软实力来看，文化产业的功能与价值体现为增强文化自信，在推进世界文明交流互鉴中提升中华文明的传播力和影响力。党的十八大以来，我国准确把握世界范围内多元思想和文化相互冲突与碰撞，以及改革开放和市场经济条件下我国社会思想观念深刻变化的趋势，提出"文化自信，是更基础、更广泛、更深厚的自信，是更基本、更深沉、更持久的力量，坚定文化自信，是事关国运兴衰、事关文化安全、事关民族精神独立性的大问题"。[①] 文化产业必须将中国精神、中国价值、中国力量内化于文化内容创作与生产，外化于文化传播与消费。对外提高"卖"产品的能力，以符合国际传播规律和国际市场需求的文化产品，让具有中国特色、体现中国精神、蕴藏中国智慧的优秀文化在对外传播中融入当地、进入生活，讲好中国故事、传播好中国声音，展现出与世界第二大经济体相称的对外文化感召力。

二、文化产业结构体系优化升级

习近平总书记强调："要顺应数字产业化和产业数字化发展趋势，加快发展新型文化业态，改造提升传统文化业态，提高质量效益和核心竞争力。"[②] 党的十八大以来，我国文化产业政策的鲜明特征体现在推动文化和科技深度融合，实施文化产业数字化战略，促进文化产业结构调整和优化升级。从文化科技创新工程的正式启动，到"十四五"时期确立"文化产业数字化战略"目标，再到国家文化数字化战略的正式提出，数字时代下文化产业的产业格局、生态体系、发展模式等多方面迎来了显著的变革。

一方面，文化产业数字化发展基础不断夯实。从业态格局来看，数字技术催生了新的文化业态，文化产业的格局发生了显著变化。2024年第一季度，文化新业态

---

① 习近平在中国文联十大、中国作协九大开幕式上的讲话[N].人民日报，2016-12-01（2）.
② 习近平.习近平在教育文化卫生体育领域专家代表座谈会上的讲话[N].人民日报，2020-09-23（2）.

特征较为明显的 16 个行业小类实现营业收入 12,633 亿元，比上年同期增长 11.9%，文化新业态行业对全部规模以上文化企业营业收入增长的贡献率为 55.5%，① 已经成为促进文化产业结构体系优化升级的主要驱动力。从技术支撑来看，文化领域数字化共性关键技术的创新、应用和标准体系建设加速推进，文化技术装备水平不断提升，新型文化基础设施不断完善。以国家文化大数据体系为代表的"云、网、端"数字化文化服务平台快速发展，文化资源的数字化保护、管理工作成效显著。从业态创新来看，传统文化产业创作、生产和传播加速向云端拓展，文化大数据、媒体融合、智慧文旅、人工智能、数字文博等领域成为产业融合新热点，催生出虚拟景区、沉浸体验、数字出版、在线演艺、数字剧场、"云展览"、"云旅游"等新模式、新业态。文博数字交互体验创新、人工智能生成文化内容、数字 IP 打造与应用、科技赋能文化保护利用等数字化应用场景更加丰富。

另一方面，科技发展推动文化产业结构优化升级，不仅体现在数字技术的创新和应用上，更加强调深层次的创新链、产业链的培育，技术、产业、创新的相互赋能，文化产业发展模式的创新，以及创新发展生态体系的构建。从供给侧来看，文化生产呈现柔性供给、产消共创、虚实相生的发展态势，尤其是平台经济、共享经济等新的商业模式层出不穷。从需求侧来看，文化消费呈现参与性、交互性、沉浸式、共情式的新趋势。随着数字技术的创新应用，传统文旅资源和文旅项目得以向数字文旅消费新场景转变拓展，在沉浸立体、丰富生动的呈现方式中获得新发展。

三、文化产业区域布局体系更加协同

习近平总书记强调："要围绕国家重大区域发展战略，把握文化产业发展特点规律和资源要素条件，促进形成文化产业发展新格局。"② 党的十八大以来，"一带一路"建设、京津冀协同发展、长江经济带发展、长三角经济一体化、粤港澳大湾区建设、黄河流域生态保护和高质量发展等一系列重大区域发展战略相继提出并实施，促进各类要素合理流动和高效集聚，层次分明、有机联系的高质量区域发展新格局

---

① 张鹏. 2024 年一季度文化企业发展稳中有进 [EB/OL]. (2024-04-29) [2024-08-05]. https://www.163.com/dy/article/J0UJI6EV05505AV6.html.
② 习近平在教育文化卫生体育领域专家代表座谈会上的讲话 [N]. 人民日报, 2020-09-23 (2).

正在加快形成。积极对接、深入实施区域协调发展战略，建设文化特色突出、多元业态融合、要素有效配置、城乡统筹发展的区域文化产业群、产业带，形成区域文化产业发展新格局，是党的十八大以来文化产业发展的重要任务。

我国文化产业以产业带、城市群和城乡统筹建设为重点，呈现出点线面结合、东中西呼应、城乡均衡协调的空间发展趋势格局。一是立足不同区域内历史沿革、文化亲缘和地理空间条件，将文化资源要素集聚优势转化为产业协同发展优势，文化特色突出、多元业态融合、城乡统筹发展的区域文化产业带布局更加密集，如藏羌彝文化产业走廊、西北丝绸之路文化产业带、东北冰雪特色文化产业带、巴蜀文化旅游走廊等各具特色的文化产业带落地实施。二是以空间距离较近、经济联系密切、功能互补、等级有序的城市群为基础，围绕文化创作生产而形成的文化产业分工合作紧密、文化产业要素集聚互补，具有一定集聚和扩散效应的区域文化产业城市群建设加速推进，如京津冀文化产业群、粤港澳大湾区文化产业群、长三角文化产业群等各具竞争优势的文化产业城市群引领作用显著。三是以城市创意、人才、科技、资金等要素激活乡村文化资源，以文兴业、以城带乡、城乡互促的城乡协调发展成效显著，如全国乡村旅游重点村镇建设、乡村旅游集聚区建设等有力举措强力推进。

各地区将分散的城乡聚合成为优势互补的文化产业协同共同体，不但有共识，而且有行动，具备了一定的基础。各区域从体制机制、产业联动和要素融通等方面，实施了促进文化产业协调发展的一系列举措。一是区域文化产业合作体制机制不断完善。通过建立产业联盟、签署框架协议、制订行动计划等方式，建立相对灵活的区域协作发展机制。同时，围绕演艺、旅游、文化产业园区、文物保护、公共服务、文化惠民等重点领域实施区域合作举措，推动先试先行。二是加快打破区域壁垒，通过文化市场整合、文化市场联合执法、统一文化市场奖惩联动等机制，以及建立区域文化产业展示交流平台、投资合作平台、公共服务平台等方式，有序引导区域文化产业协同发展。三是各地区积极探索文化产业合作路径，共同打造区域文化领域合作项目，集中优势资源共建文化产业集群，合作布局区域精品文化旅游带，串点成线，连线成廊，努力打造点线面相结合的产业布局，城乡统筹的产业分工协作体系，形成多元融合的文化业态。四是区域文化要素一体化建设不断完善。在经济发展水平相近、资源要素互补性强、市场化水平较高的区域（城市群、都市圈）内文化要素一体化建设举措逐步丰富。在市场准入门槛、市场交易规则、要素跨区域流动等方面加强合作、打破藩篱、促进公平竞争，进一步降低制度性交易成本。以一体化思路和举措深化区域文化消费市场、生产要素市场、资本市场及人才市场建设，逐步消弭市场区域分割和市场碎片化带来的诸多弊端。

四、现代文化市场体系不断健全

现代文化市场体系的不断健全，其核心问题就是处理好政府和市场的关系。通过培育合格的文化市场主体，完善文化要素市场，以及创新优化文化市场制度环境等方式，在更好发挥政府作用的基础上，不断扩大市场配置资源的范围。

党的十八大以来，文化体制改革进入"深水区"。国家出台一系列政策提升文化市场主体竞争力，不断完善文化要素市场，推动文化产业提质增效和高质量发展。在提升文化市场主体竞争力方面，一是进一步培育产权清晰、权责明确、政企分开、管理科学的文化市场主体。2014年至2018年，国家出台一系列关于经营性文化事业单位转制为企业的相关政策，涉及"双效统一"的要求，国有文化企业分类改革，法人治理结构建设，以及收入分配、财税优惠、社会保障等政策保障，有效重塑了一批既能坚守社会责任、体现文化企业特点，又能完善现代企业制度的文化市场主体，打造了一批国有骨干文化企业。二是大力扶持民营文化企业发展，特别是注重加强对中小微文化企业的扶持。通过扩大市场准入、深化"放管服"改革，拓展民营文化企业发展空间。以项目支持、财税扶持、资金补贴，以及引导金融机构加大支持力度等方式，激发民营文化企业发展活力。民营文化企业已经成为推动文化传承与科技创新、丰富文化产品市场、促进文化"走出去"的重要生力军。

与此同时，文化要素市场是现代文化市场体系发展的基础性条件。党的十八大以来，国家运用一系列文化经济政策推动文化要素市场建设，激发文化市场的活力。在金融方面，以设立文化产业投资基金撬动社会资本投资文化产业，并引导金融机构支持文化产业发展。包括银行信贷、债券、资本市场、社会融资等在内的多层次、多渠道的投融资体系加速形成，与之相适应的文化企业信用评价体系、融资风险补偿机制与融资担保体系、无形资产评估体系等融资服务体系不断完善。在财税方面，以减税降费扶持文化企业发展，对转企改制、先进创意技术服务、提供境外文化服务、中小微等重点文化企业，免征或少征所得税或增值税。在完善文化要素市场的同时，积极促进文化要素资源的市场化配置。通过健全文化市场法规体系，简政放权，放宽准入，建设文化企业信用体系，推动文化市场综合执法改革等举措，优化文化市场的制度环境，积极培育统一开放、竞争有序的现代文化市场体系。

五、文化产业赋能经济社会发展

党的十八大以来，健全现代文化产业体系和市场体系，不仅体现为文化产业自身的高质量发展，也体现为文化产业全面融入经济社会发展，实现从"产业内循环"向"社会大循环"的拓展。当前，文化产业以赋能融合为手段，推动经济结构调整、产业转型升级和满足人民美好生活需要的发展趋势显著。

随着文化产业整体规模的不断扩大，文化产业的关联带动作用日益彰显，与相关产业的融合发展趋势日益明显。一是表现在文化创意和设计产业与实体经济的融合。2014年，国务院印发《关于推进文化创意和设计服务与相关产业融合发展的若干意见》，着力推动文化创意和设计服务与装备制造业、消费品工业、建筑业、信息业、旅游业、农业和体育产业等重点行业实现全方位、深层次、宽领域融合发展。特别是在社会主要矛盾变化和全面建成小康社会目标如期实现的新时代背景下，居民消费从生存型、物质型向发展型、幸福型转变，消费需求呈现出基础功能需求和精神价值需求相融合的特征。文化产业以服务于人的价值需求来持续改善与提升国民经济各行业。二是表现为文化产业全面赋能城市和乡村经济社会转型发展。例如，多地以文化助力城市更新，通过引入文化创意业态为城市注入更多活力，以文创园区改造城市老旧工业厂房和闲置空间，以城市独特文化和符号提升城市文化吸引力。再如，文化和旅游部联合多部门推动文化产业赋能乡村振兴，就是利用乡村文化资源发展特色文化产业，助力乡村产业兴旺、促进生态宜居、增进乡风文明、推动治理有效、致力共同富裕。

总之，随着我国经济已由高速增长阶段转向高质量发展阶段，文化产业发展也进入了新的历史时期。特别是在实现第一个百年奋斗目标，迈上全面建设社会主义现代化国家新征程之际，文化产业必须把握科技创新的新趋势、文化需求的新特点，高质量健全现代文化产业体系和市场体系，有效解决文化产业提质增效和高质量发展面临的创新创意能力提升、产业结构升级、城乡区域协调发展、市场体系健全等核心问题，全面发挥文化产业在新时代服务于国家经济社会转型的新功能。

（杨传张，北京市社会科学院传媒与舆情研究所助理研究员，北京观恒文化发展研究院副院长）

守正创新，
推进文化消费繁荣发展的"北京实践"

霍 雯

摘　要：文化消费作为消费市场的重要组成部分，既是满足人民精神文化需求的重要承载，又是彰显文化自信、增强人民精神力量的重要内容。北京作为全国文化中心，其文化建设具有代表性和指向性，更有责任和义务打造文化消费赋能城市发展的"北京样本"。2023年以来，北京文化消费市场加快提振，呈现全面回暖的良好态势，并紧抓全国文化中心建设和国际消费中心建设的重要契机，形成了"场景全覆盖、举措全方位、服务全触达、供给全时段、内容全链路"的"五全"模式。

关键词：北京文化消费；重点领域；北京经验

扩大和引导文化消费是学习贯彻习近平文化思想、全面落实党的二十大精神的重要举措。在"扩大内需""提振消费"等利好政策的驱动下，北京文化消费市场迎来恢复性增长，新业态、新场景、新模式不断涌现，在更好满足人民群众精神文化需求和增强人民精神力量方面取得积极成效，成为推进全国文化中心建设和国际消费中心城市建设的新动力、新引擎。

一、立柱架梁：北京文化消费领域的创新举措

北京深入贯彻落实关于恢复和扩大消费的系列决策部署，坚持改革创新，突出"四个强化"，从"政策、平台、空间、品牌"等方面形成促进文化消费的"组合

拳"，助力北京文化消费市场行稳致远。同时，依托北京惠民文化消费季平台，北京构建了"文化消费季、文化促进行动、文化品牌榜、文化消费监测"四位一体的文化消费促进体系，以高质量供给创造和引领需求，形成推动文化消费高质量发展的"北京示范"。

（一）强化政策扶持，助力消费市场回暖

北京坚持把恢复和扩大消费摆在优先位置，密集出台了《北京培育建设国际消费中心城市实施方案（2021—2025年）》《北京市扩大文化和旅游新消费奖励办法》《北京市演艺服务平台项目资助管理办法》等一系列政策措施，聚焦精准发力，从政策引导、资金扶持、专业服务等方面，进一步增强消费能力，改善消费条件，创新消费场景，提振发展信心。此外，《北京文化消费促进行动管理办法》在第十届北京惠民文化消费季上发布，该办法围绕文艺表演、出版发行、广播影视、文创产品、互联网文娱消费平台、文化消费新业态等重点领域，建立直补市场主体的激励机制，通过5,000万政府财政惠民补助资金的撬动作用，充分激发市场主体的参与性和创造性，助力北京文化消费高质量发展。

（二）强化平台功能，激发文化消费活力

北京惠民文化消费季作为促进文化消费的重要平台，自2013年创办以来，截至2023年已连续举办了十一届，在推动北京全国文化中心和国际消费中心城市建设、深化文化领域供给侧结构性改革、推进文化事业和文化产业繁荣发展方面起到了重要作用。第十一届北京惠民文化消费季深刻把握群众性、精准性、普惠性，积极整合各类资源，精心策划，不断优化升级活动内容，推出书香京城、演艺京城、酷玩京城、文创京城、艺术京城、娱游京城六个板块，搭建了"自主品牌活动引领、大型主体活动贯穿、市场协同活动支撑、重点领域区域驱动"的活动格局，共吸引488家企业参与，举办36.87万场活动，带动消费金额151.79亿元，惠民让利达到12.56亿元，以文惠民，不断提升人民群众的文化获得感、幸福感。

（三）强化载体支撑，培育多元消费空间

北京坚定不移推进非首都功能疏解，以城市更新为抓手，持续推动园区、街区、会馆等存量空间"腾笼换鸟"与功能优化提升,引导文商旅融合发展,打通"消费+事业+产业"融合路径,培育一批特色新载体、新场景、新空间,聚力打造新时代文化消费新场景。注重文化消费与空间的融合,联动产业园区、精品商圈、剧院剧场、实体书店等,促进各类文化要素合理流动和高效集聚,打造"文化消费一刻钟"生态圈。突出多业态融合,首批培育认定了15家演艺服务平台和演艺空间,积极打造"大戏看北京"文化名片,大力推进"演艺之都"建设。北京拥有东城区前门大街、西城区天桥演艺区等14家国家级夜间文化和旅游消费集聚区[①],共推出300个"北京网红打卡地",北京环球度假区、亮马河国际风情水岸、郎园Station等成为北京文化消费新地标。

(四)强化品牌建设,打造品质消费标杆

北京致力于以品质铸品牌、以品牌立标杆,紧抓国际消费中心城市建设机遇,培育打造了以"北京礼物"为代表的文创品牌,以《五星出东方》等为代表的演艺品牌,以亮马河国际风情水岸、798-751艺术街区等为代表的"夜京城"消费品牌,以遇见博物馆"遇见"系列展览、"BOM嘻番里"元宇宙主题商业等为代表的北京文化消费品牌榜特色品牌,全面构建了展现中国文化自信和首都文化魅力的文化品牌矩阵。立足"打造特色品牌、带动品质消费",北京文化消费品牌榜自2016年设立,已连续8年开展相关征集、评选、发布活动,共评选发布了400余项具有代表性的文化消费品牌,显著提升了文化消费品牌的市场影响力和价值影响力。尤其近两年,主办方与时俱进地重塑了品牌榜的榜单体系和评价机制,设立了年度文化消费影响力金榜、年度文化消费创新力金榜、年度文化消费发展力金榜、年度文化消费示范力金榜、年度文化消费贡献力金榜及年度文化消费特别榜六大榜单,不断培育文化企业品牌意识,提升文化消费品牌价值,引导促进品牌消费,打造引领北京乃至全国文化消费的潮流"风向标"。

---

① 根据文化和旅游部公布名单整理而来,北京在第一批名单中占6个,分别为东城区前门大街、西城区天桥演艺区、朝阳区798-751艺术街区、朝阳区亮马河风情水岸、海淀区华熙live·五棵松、密云区古北水镇;北京在第二批名单中占5个,分别为东城区王府井、朝阳区北京欢乐谷、朝阳区大悦城、通州区北京环球城市大道、昌平区乐多港假日广场;北京在第三批名单中占3个,分别为东城区隆福寺文化街区、石景山区首钢园、通州区北京(通州)大运河文化旅游景区中区。

二、市场洞察：北京文化消费市场整体表现

（一）消费规模不断扩大，文化消费拉动作用凸显

从消费规模看，2023年前三季度，北京居民人均教育文化娱乐支出2,619元，高出同期全国平均水平（2,084元）25.7个百分点，消费规模恢复到疫情前80%以上水平。根据零点调查，54.7%的公众表示2023年整体的文化消费支出有所增加。从消费增速看，人均教育文化娱乐支出同比增长15.9%，高于同期人均消费支出增速（8.7%），文化消费对消费市场的拉动作用凸显。

（二）消费能级稳步提升，交易中心地位越发稳固

从更贴近人民群众生活的重点领域看，2023年前三季度，电影、演出、图书、艺术品拍卖和文化旅游五大领域累计消费达到321.25亿元，同比增长54.4%。其中，演出市场呈现井喷式增长，同比增长280.9%；艺术品拍卖领域消费规模最大，达到238.99亿元，远超香港、上海等重点城市，展现出了强大的市场优势，为北京建设重要艺术品交易中心夯实基础。

（三）数字消费蓬勃发展，创新驱动活力持续迸发

文化消费新兴领域表现活跃，2023年前三季度，文化新业态特征较为明显的16个行业小类营业收入同比增长近20%，快于全部规模以上文化企业，文化新业态总收入占比接近70%。根据消费者调研数据，数字文化消费参与度达到90%以上，大众对沉浸式体验、线上优质内容的消费热情持续升温。

（四）文化活动精彩纷呈，参与度和满意度再创新高

依托第十一届北京惠民文化消费季，北京精心举办"拾城记"胡同生活节、"艺"起来艺术节等各类活动36.87万场，带动消费金额151.79亿元，惠民让利达到12.56亿元，以文惠民，不断提升人民群众的文化获得感、幸福感。据统计，消费者总体满意度达到87.69分，88.45%的消费者表示下一年将继续参与相关活动，

两项指标较2022年均有明显提升，消费季影响力持续扩大。

(五) 城市品质全面提升，首都文化名片熠熠生辉

聚焦全国文化中心建设，北京围绕举旗帜、聚民心、育新人、兴文化、展形象的使命任务，推出了《五星出东方》《正红旗下》等一批精品力作，助力打造"大戏看北京""演艺之都"等城市文化名片，促进城市文化生活风貌、城市文明实现提升。坚持大城市带动大京郊、大京郊服务大城市，以文化消费赋能乡村振兴。2023年前三季度，北京休闲农业和乡村旅游接待游客1,663.7万人次、实现收入27.2亿元，分别同比增长25.2%和16.1%，促进城乡区域协调发展，加快构建更高水平的城乡融合发展格局。

三、赛道驱动：北京文化消费重点领域发展情况

基于北京文化消费市场发展实际，笔者坚持可获取性、可操作性原则，从物质形式消费和精神服务消费中，选择贴近百姓生活，更能助力提升人民群众获得感、幸福感的重点领域进行分析。

(一) 电影领域

1. 电影市场加快回暖，发展势头强劲

2023年前三季度，北京电影市场回暖趋势明显，票房收入、观影人次和放映场次均有显著回升。其中，票房收入[①] 22.76亿元，同比增长91.26%；观影人次4,089.44万人次，同比增长88.43%；放映场次257.41万次，同比增长25.1%。从历史数据对比来看，2023年前三季度，北京电影票房收入恢复至疫情前同期水平（26.66亿元）的85.37%。如图1所示。

---

① 票房收入包含服务费，下同。

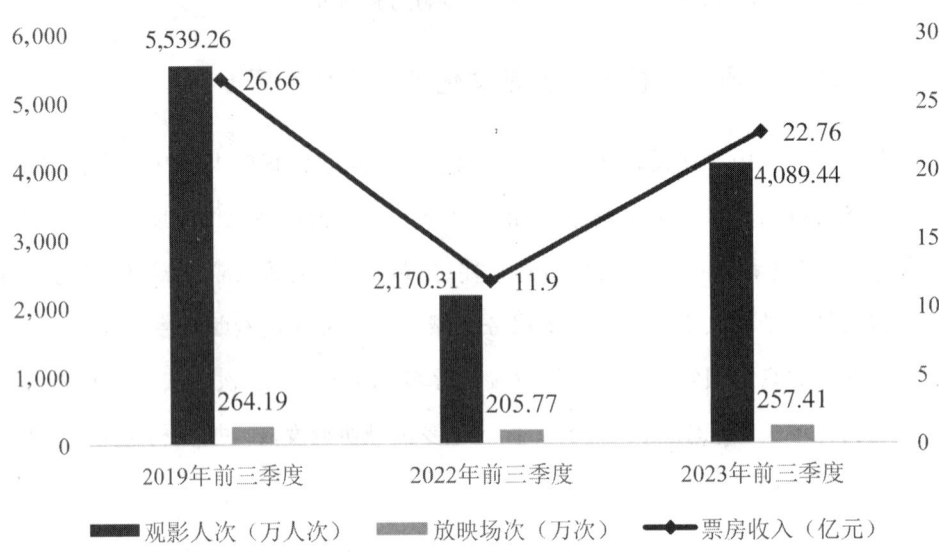

图 1 北京电影市场票房收入、观影人次和放映场次情况

2. 北京票房表现亮眼,市场韧性更足

2023 年前三季度,一线城市北京、上海、广州和深圳的院线票房收入分别为 22.76 亿元、23.9 亿元、13.72 亿元、14.77 亿元,分别恢复至疫情前同期水平的 85.37％、83.13％、76.82％、82.65％,可以看出,北京电影市场复苏程度最高,在一线城市中领跑。如图 2 所示。

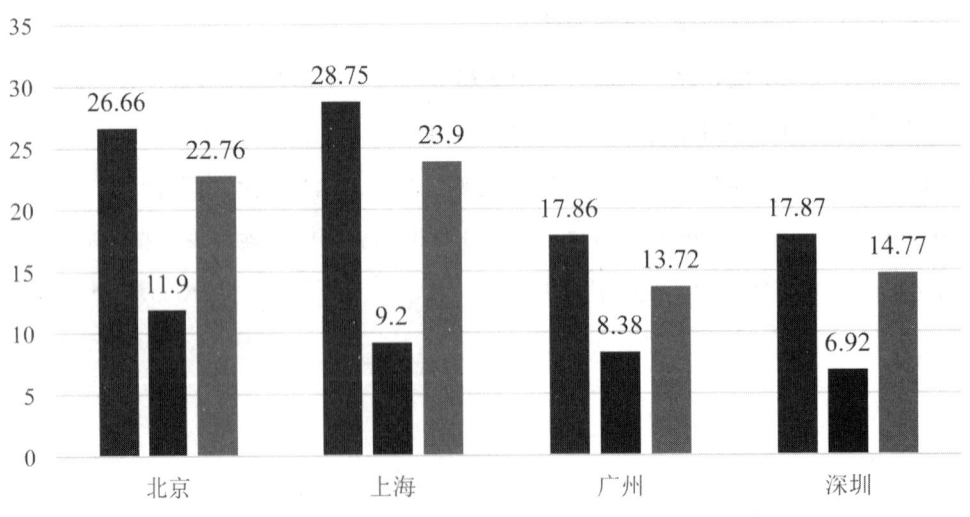

图 2 北京、上海、广州、深圳的票房收入情况(单位:亿元)

(二）图书领域

1. 实体书店逐步回暖，图书销量快速回升

随着促消费系列政策的有效落实，北京实体书店线下图书销售逐渐回暖。2023年前三季度，北京实体书店图书市场码洋规模（28,078.92万元）、实洋规模（24,716.04万元）与销量（717.8万册）三项指标分别同比增长61.06%、57.25%、82.17%，其中，图书销量增速最快。如图3所示。

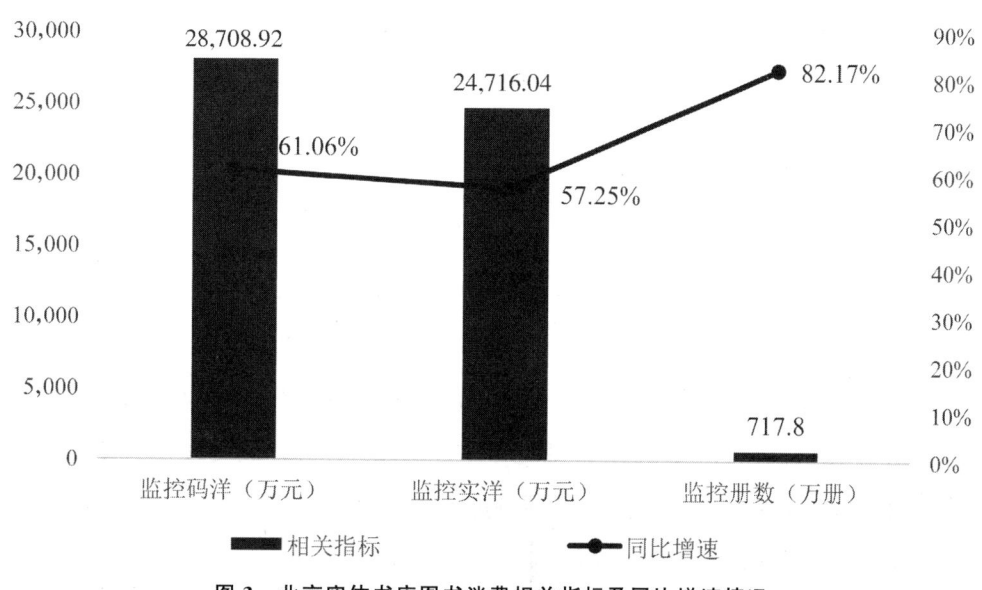

图 3　北京实体书店图书消费相关指标及同比增速情况

2. 北京实体书店图书消费涨幅第一、规模第二

2023年前三季度，北京实体书店图书市场码洋规模为28,078.92万元，同比增长61.06%，在四个一线城市中，北京的图书消费规模仅低于广州，但北京的同比增速最快。北京实体书店数量和人均拥有量位居世界主要城市前列，但图书消费表现欠佳，说明北京实体书店消费购买转化不足，仍有较大挖掘空间。如图4所示。

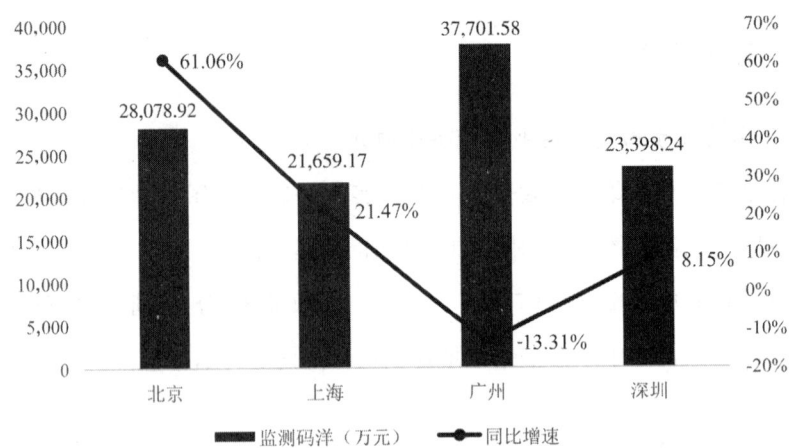

图 4　北京、上海、广州、深圳实体书店图书码洋规模及同比增速情况

(三) 艺术品拍卖领域

1. 各项指标稳步回升，消费信心加快提振

2023 年，北京艺术品拍卖市场加速回暖，超出疫情前水平。2023 年上半年完成 2022 年延后的秋拍及 2023 年春拍两轮大拍，艺术品拍卖成交数量、成交金额以及成交率等各项指标表现优异。2023 年前三季度，北京艺术品拍卖成交数量为 61,748 件，同比增长 56.57%，较 2019 年前三季度增长 29.59%；成交金额为 238.99 亿元，同比增长 39.70%，较 2019 年前三季度增长 124.47%。此外，从艺术品拍卖成交率来看，2023 年前三季度总体达到 53.18%，高于 2019 年、2022 年同期数据，消费市场信心逐步恢复。如图 5 所示。

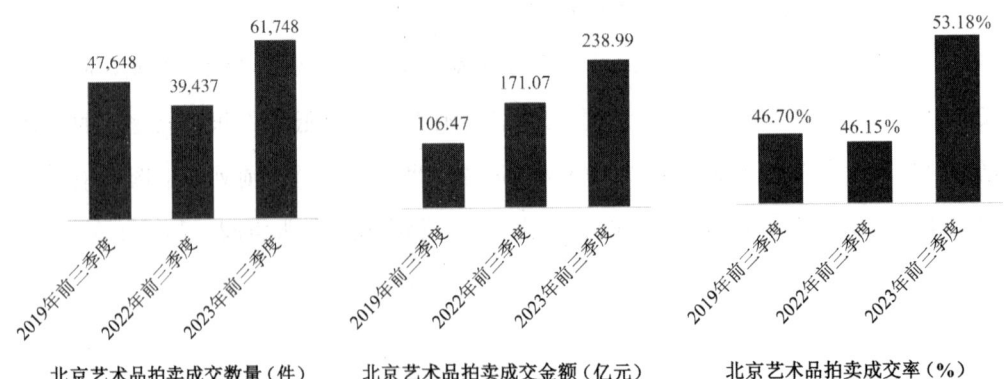

图 5　北京艺术品拍卖市场发展情况

2. 市场规模优势显著，位居重点城市首位

2023年前三季度，北京市场在艺术品拍卖成交数量、成交金额、成交率三项指标上在重点城市中位居第一。北京艺术品拍卖市场成交数量共计61,748件，超过上海、广东、香港市场之和；北京市场拍卖成交金额为238.99亿元，香港市场拍卖成交金额为122.92亿元，排名第二，上海、广东市场均未达到百亿元。北京市场艺术品成交率达53.18%，成为全国唯一的成交率超过50%的市场。如图6所示。

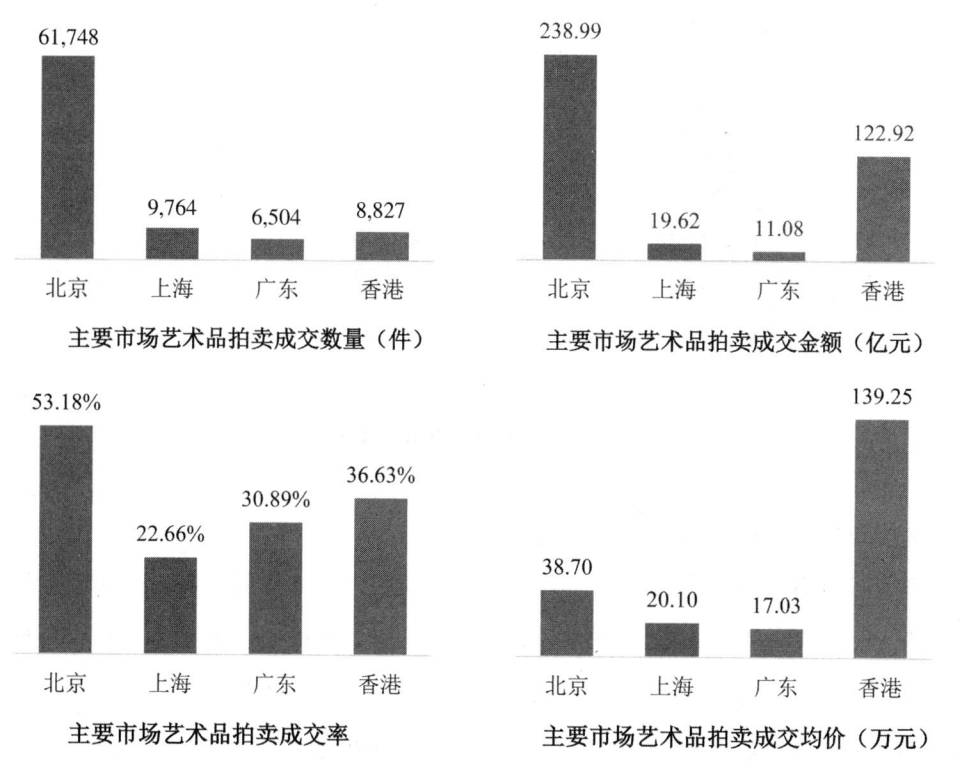

图6　2023年前三季度各主要艺术品拍卖市场情况对比

（四）演艺领域

1. 演出市场蓬勃发展，远超2022年同期水平

演出市场整体活力迸发，2023年各项指标稳超2022年全年水平，较疫情前恢复良好。从演出机构来看，2023年前三季度北京市艺术表演经营场所机构数为302家，较2022年同期增长116家。从演出场次来看，2023年前三季度共举办演出35,561场，较2022年同期15,673场同比增长126.9%，是2019年同期9,625场次

的3.7倍。从观演人次来看，2023年前三季度观众人数884.7万人次，较2022年同期295.2万人次同比增长199.7%，是2019年同期演出观众人次的1.8倍。从演出收入来看，2023年前三季度演出收入合计18.8亿元，较2022年同期4.94亿元同比增长280.9%，是2019年同期演出收入的2.8倍，各项指标均实现恢复性增长。如图7所示。

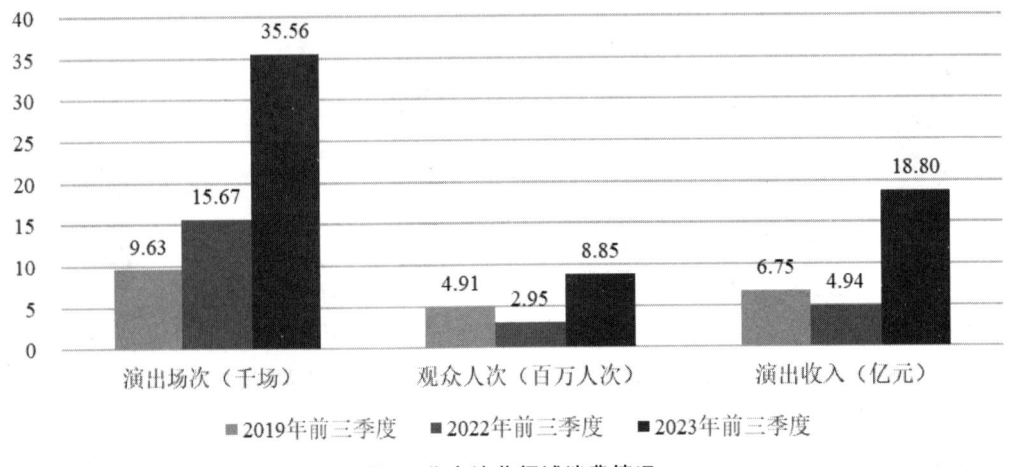

图7 北京演艺领域消费情况

2. 演出市场高歌猛进，文艺精品层出不穷

演唱会市场火热。2023年3月以来，北京演唱会平均每周1场，李宗盛、周华健、伍佰、梁静茹等知名歌手纷纷在京开唱，凯迪拉克中心、国家体育场（鸟巢）、国家体育馆等大型场馆档期紧俏。跨城观演也为区域旅游、交通、餐饮、住宿等多方面消费带来更多效益。"大戏看北京"展演季活动好戏连台，亮点纷呈。2023年北京文艺工作以创作为核心，以演出为中心环节，涌现出大量精品力作，推出涵盖话剧、舞剧、歌剧、音乐剧、戏曲、音乐会等多种艺术门类的剧目。

（五）旅游领域

1. 旅游市场火热，外地游客成为"主力军"

2023年以来，北京旅游总收入和游客接待量达到新高，呈现强劲恢复态势。2023年前三季度，北京旅游总收入达到4,378.5亿元，同比增长97.3%，达到疫情前水平（4,622.1亿元）的94.7%；接待游客总量2.5亿人次，同比增长89.9%，超出疫情前水平（2.4亿人次），恢复势头强劲。游客中的60%以上为外地游客，他们成为旅游业的"主力军"。其中，北京接待国内外省来京游客13,729万人次，同比增长103.4%；接待入境游客75.1万人次，同比增长303.5%。

2. 假日旅游活力迸发，文商旅综合体成为"人气王"

2023年，北京假日文旅市场热度持续上扬，旅游商圈和商业街区等消费集聚区成为假日出游消费热点。例如，中秋国庆"双节"期间，北京市接待游客1,187.9万人次，同比增长48.9%，比2019年增长12.9%；旅游总收入155.7亿元，同比增长108.2%，比2019年增长21.9%；人均消费1,310.6元，同比增长39.9%，比2019年增长8.0%，假日文旅市场恢复良好。

四、示范引领：推进文化消费繁荣发展的"北京经验"

（一）场景全覆盖，以城市更新打造消费聚场

北京坚定不移推进非首都功能疏解，以城市更新为抓手，注重文化消费与空间场景的融合，促进空间再生、功能再造、品质升级，在工业遗产、产业园区、商业空间等地多点开花，聚力打造新时代文化生活聚场。引导文商旅融合发展，拓展多元复合功能消费，培育打造演艺新空间、消费新空间，积极打造"大戏看北京"文化名片，大力推进"演艺之都"建设。

（二）举措全方位，以机制创新优化消费环境

北京把恢复和扩大消费摆在优先位置，聚焦政策、资金、平台"三位一体"，精准发力，在全国范围首推"投贷奖""房租通"专项政策，两项政策支持金额累计24.84亿元，累计支持文化企业超万家[①]；持续推出"文化消费促进行动"配套政策，通过5,000万元财政资金杠杆的撬动作用，直补重点行业领域、重点经营主体，进一步提振发展信心。此外，2023年北京还发起成立了北京文化消费创新促进产业联盟，以更大平台、更大力度共同推进北京文化消费高质量发展。

---

① 李洋. 北京"房租通""投贷奖"，累计支持金额24.84亿元［EB/OL］. （2023-10-11）［2024-08-05］. https://baijiahao.baidu.com/s? id=1779456379953032667&wfr=spider&for=pc.

(三)服务全触达，以惠民利民提振消费信心

坚持以人民为中心的发展思想，在惠民方式、惠民范围、惠民活动等方面持续创新，推动文化消费惠民亲民，不断提升惠民实效。一是丰富惠民方式。聚焦人民发展所需，针对性推出满减买赠、官方福利礼包、出行补贴等多种惠民措施，全面激发消费市场活力。二是扩大惠民范围。面向重点人群，积极开展文化消费进校园、进社区、进乡村、进园区、进商圈"五进"活动，充分调动社会参与热情。三是举办惠民活动。围绕"书香京城""博物馆之城""演艺之都"建设，创新举办"新书首发""好戏首演""与大师一起"等系列活动，不断满足个性化、品质化、多样化的文化消费需求。

(四)供给全时段，以夜间经济提升消费活力

充分挖掘"夜间经济"消费潜力，打造高品质"夜京城"城市名片，拓展特色夜间消费。北京的夜间打卡地众多，培育打造了798-751艺术街区、亮马河风情水岸等11家国家级夜间文化和旅游消费集聚区，2023北京消费季"夜京城"活动发布了13个特色消费地标、38个融合消费打卡地和30个品质消费生活圈点位，共同点亮夜京城绚烂图景。夜间体验场景创新升级，夜购、夜宴、夜娱、夜展、夜赏和夜市等多元业态蓬勃发展，城市夜游吸引力有效增强。根据《2023年中国城市夜间经济发展报告》，北京的夜间经济繁荣指数位列全国第一梯队。

(五)内容全链路，以传统文化构筑消费新魂

北京以习近平文化思想为指引，切实发挥全国文化中心示范引领作用，以文铸魂，推进文化自信自强。筑牢文化精品优势，坚持首善标准，树立精品导向，擦亮"大戏看北京""会馆有戏"文化品牌，做好北京国际非遗周、北京国际设计周、北京国际电影节、北京国际音乐节等品牌活动。涵养首都文化根脉，深挖北京特有的古都文化、红色文化、京味文化，创新文化内涵，依托"文化金三角"、运河文化带、消费商圈、文创园区等载体，推进文化场景与生活场景深度融合，不断提升城市文化品位，增强人民精神力量。

(霍雯，北京广播电视台生活频道中心节目孵化与大型活动科科长)

推进北京文化消费高质量发展

——第十一届北京文化消费平行论坛综述

杨滢新　张钰婉

党的二十大报告提出，加快构建新发展格局，着力推动高质量发展。加快构建新发展格局，文化是重要支撑。在完善高标准文化市场体系方面，北京是排头兵。多年来，北京发挥全国文化中心示范作用，为建设社会主义文化强国做出了重要贡献。为了开创首都文化建设新局面、构建具有国际影响力的现代文化产业体系和文化市场体系、满足居民精神文化需求，2023年6月中旬至11月中旬，第十一届北京文化消费平行论坛成功举办。该系列论坛秉承"文化惠民、推动创新、大局统筹、精准发力"等原则，以"守正创新，提振消费市场信心"为主题，紧紧把握北京最新城市发展目标，结合年度文化消费新特点和市场新需求，串联起北京特色文化消费的热点、模式、趋势以及亟须解决的问题，嘉宾围绕当前文化消费热点话题展开深入研讨，共谋北京文化消费高质量发展新蓝图。

论坛邀请嘉宾阵容强大，专家学者、企业代表齐聚一堂，建言献策、贡献智慧。他们从学术与市场结合、理论与实践互补的角度共议北京文化消费的高质量发展。

五大平行论坛分别走进了北京天乐园大戏楼、北京红楼公共藏书楼、北京西什库31号文创园、首都师范大学和圆明园拾光买卖街等文化空间，聚焦北京文化消费5个重点特色领域，以不同文化消费领域的热点为纲，通过主题演讲和圆桌对话的形式进行了阐释和研讨。论坛一以推动北京艺术品交易高质量发展为主题，阐释了北京艺术品交易的现状和对未来的展望；论坛二以读者需求推动图书市场高质量发展为主题，论述了文化与科技融合背景下图书市场的数字化转变走向；论坛三以繁荣发展首都文化，打造国际演艺之都为主题，聚焦"重回现场，激发线下演艺市场新活力"这一话题展开深度探讨；论坛四以释放文化"新活力"，提振消费"新引擎"为主题，从"创新供给，打造文化消费新业态"出发进行了研讨交流；论坛五以全民共创共享，文商旅融合发展为主题，共话跨界融合，注入城市发展新动能的新举措与可能性。

一、推动北京艺术品交易高质量发展

（一）艺术市场回归常态化，艺术消费走进日常生活

北京大学艺术学院研究员、北京大学图书馆副馆长、北京大学文化产业研究院副院长祝帅认为，现在的艺术市场逐渐冷却下来，过滤了市场泡沫，回归常态化、正常化，真正的艺术家开始涌现。艺术市场的新常态发展是艺术教育、艺术管理等领域研究者共同关心的一个新的话题。

艺术品消费提升了观众的审美品位。中央美术学院艺术管理与教育学院副教授王子琪和中国国家博物馆策展人、副研究馆员诸葛英良认为，过去许多观众往往会觉得艺术作品高不可及，不考虑购买，对艺术品交易的印象是拍卖行昂贵的画作，当更多接触艺术消费后，观众逐渐发现画廊、艺博会里有各种价格的艺术作品，他们有了自己的观赏品位与观赏习惯，消除了与艺术市场的隔阂。

艺术消费加强了民众与生活的连接。里森画廊大中华区总监董道兹表示，艺术和民众的生活紧密连接，与其说"让艺术走进生活"，更应该提出"让我们走近艺术"的口号，鼓励消费者更多地走近艺术，开阔眼界，将艺术品作为与不同维度的世界沟通的密码。

白石画廊中国区总监王贝提出，画廊往往坐落在设计师精心打造的艺术空间，疲于奔波的民众可以在下班后走进798艺术区这样非日常生活的场所，换个地点换个情绪。

（二）北京发挥多维度优势，激发艺术品交易活力

北京的人才资源禀赋激发艺术资源活力。与国内外优秀的艺术品交易城市相比，北京具有独特的优势。北京汇聚了全球顶尖的文化艺术行业人才，不仅有画廊所带

领的职业艺术家、成熟艺术家，还有源源不断的新生力量。例如，在社交平台上传播度较高的中央美术学院的毕业展览，以一个半月的时间呈现了本硕博1,400位青年艺术家的学习积累。这些青年艺术家更愿意直接地接触大众和市场，在作品附近留了自己的社交账号，公开销售自己的艺术作品，并且接受定制。我们由此可见北京艺术资源的活力。

北京艺术品行业发展速度带动交易高效发展。董道兹认为，北京最大的优势是速度，作品的调配速度快，时间成本低于上海。红砖美术馆副馆长王丽萍发现，近几年艺术品交易行业的发展十分迅速，观众的成长也很快，观众对高质量内容的需求增长更快。观众越来越年轻，看展览和逛博览会成为新型社交模式，在社交媒体上传播速度快，这也推动着从业者进一步思考观众的新需求，并以此为契机推动北京艺术品交易的高质量发展。

二、读者需求推动图书市场高质量发展

（一）图书市场面临新变局，消费者需求持续变化

近年来，图书消费习惯与需求发生转变，线上图书市场发展势头良好。首都师范大学文学院文化产业系副教授罗赟指出，出版发行业需要根据消费者产生的新需求来调整发展模式。

此外，电子书市场供需均衡仍有待调整。出版商对电子书的供应暂时未能跟上消费者的需求。北京印刷学院出版学院教授叶新以盗版电子书和涿州图书库房被淹为例，分析目前电子书市场存在的问题。随着阅读场景的改变，消费者对平价电子书的需求大大增加，未来出版商可以借鉴亚马逊电子书的盈利模式，加强信息网络传播权的授权，链接更多的优质内容资源，推动新出版模式的诞生。

（二）技术赋能图书产业，拓展阅读的可能性

技术推动图书平台的服务体验迭代升级。在技术和需求的驱动下，图书产业的相关平台不断优化服务体验，力求打造更好的阅读体验、选书体验。当当网高级运营总监张韦以北京用户在当当网的图书消费情况为例，说明平台如何根据消费者的

喜好进行场景化的改造、算法优化、用户反馈的收集等。新的技术不仅帮助站内进行优化，还有助于后台系统的拣选，提高了书籍发货效率。

元宇宙与人工智能技术快速发展，推动阅读方式经历新一轮变革。中国新闻出版研究院出版研究所所长、国民阅读研究与促进中心主任徐升国指出，从文字阅读到有声阅读、视频阅读、3D 阅读，在元宇宙空间中，阅读或许会被重新定义，人类的一切行动都是信息交互行为，信息和数据成为主要资源，阅读越来越成为每一个人的本质，阅读的未来将照亮人类的未来。张韦也提到，当当网正在进行人工智能与平台关联的研究，未来也许能实现用户与人工智能交流，生成人工智能的文学形象，让阅读变得更加有趣。

（三）阅读融入市民生活，打造更接地气的书香北京

线下阅读活动的举办拉近了市民与图书的距离。为了让阅读融入市民的日常生活，北京图书大厦总编辑刘耕提出，让更多的民众有机会参与图书相关的活动，包括书市、书展、图书节、图书进校园活动、讲座、签售会等。中南博集天卷文化传媒有限公司董事、副总经理任殿顺指出，在举办书展方面可以借鉴上海经验，在面向行业的图书订货会、版权交易会以外，增设真正接地气的书展。

市井北京特色与人才资源优势共绘书香北京。在圆桌对话中，有学者指出，许多著名作家描写过北京，在北京创作出重要作品，应当充分发挥北京人才资源的优势，建立驻店作家、驻店学者、驻店明星的制度，多主体协同打造书香北京与文学之都。

三、繁荣发展首都文化，打造国际演艺之都

（一）回应热点事件，阐述文化娱乐新业态

2023 年暑期档，文化娱乐领域表现突出，呈现出爆款频频的喜人态势。中央文化和旅游管理干部学院副研究员、中国艺术研究院硕士生导师孙佳山以《长安三万里》与《封神第一部：朝歌风云》的火爆为切口，分享了演艺市场与文化旅游的高度关联性，全国文艺作品的辐射效应带动了境内相关旅游线路的火爆，同时也让文

化游成了国民文化消费的主题。

文化娱乐消费所呈现出的新特征逐渐推动文化和旅游的深度融合。北京影行天下文化传播有限公司、北京仟业文化传媒有限公司总经理安玉刚，北京鼓楼西戏剧副总经理、树新风剧团团长李国杰，北京亮相文化传媒有限公司创始人、天乐园京剧体验馆负责人马瑛瑛通过一系列探讨指出，大众文化消费的日益增长不仅体现在票房数据中，也体现在全国博物馆的全时段爆满中，文化事业平台与文化产业平台均在这一轮的文化娱乐消费周期中承担了重要角色，极大地满足了群众的文化需求，我国的文旅融合迎来新局面。

（二）数字化演艺进程加快，强化观众与演艺的深度连接

线上演艺市场蓬勃发展，势头良好。近三年来，消费者对演艺空间的消费习惯发生了改变，数字化场景的建设不断推动演艺中数字媒介的变革，传统演艺与演艺形态需要与消费者形成新审美需求上的连接。

视听演艺作为承担观众身体连接的重要媒介，呈现出新的态势。北京舞蹈学院教授张朝霞从观看者的角度分析了产生数字灵韵的演艺场景，并从创意与生产、观看与消费两端对剧场在未来一段时期内的演艺迭代进行了一体化的思考。随着数字化进程中受众群体日益增长的演艺消费需求，消费者对更多元的演艺空间充满了期待，未来的剧场演绎将不再局限于具体的空间，而是不断走向开放，在可以触达的更广泛空间中与观众形成深度连接。

（三）顺应融媒环境，重塑演艺产业中的现场性

数字演艺时代的现场性仍具有审美价值。首都师范大学文学院文化产业系教授徐海龙从现场性的内涵与来源进行讲述，通过即时性、即地性、即兴性等特点描述了自原始社会到如今数字演艺时代的现场性特点。同时，剧场的审美性特点，也需要观众与舞台要素构成的磁极来呈现。磁极汇聚至舞台中央，整体构成的场引发出一种"矢量力"，使得包括观众在内的全部人员，共同构成在场的空间现场艺术，这激发了一种能量，成了艺术留给所有人的一种在未来可以被唤起的集体记忆。

在媒介融合态势下，探索演艺产业的现场性营造，将是顺应当前演艺发展新局面的必由路径。如今电子媒介利用现场性与传统戏剧进行竞争，重返剧场成了观众

提升在场性从而感知现场性的方式。从传统演艺到线上演艺，再到对线下演艺场景的回归，线上线下的结合均是为了提升现场性，这种媒介融合态势下公众对现场性的感知与需求，促使演艺行业发展尤其重视现场性的营造。

四、释放文化"新活力"，激活消费"新引擎"

（一）以文化资源为本，供给高质量文化消费产品

北京老字号充分发挥历史文化资源禀赋，推动品牌的品类创新与业态升级。首都师范大学文学院文化产业系主任、副教授，北京观恒文化发展研究院副院长郭嘉认为，随着文创产品、体验式消费等文化服务越来越受到年轻人的追捧，全聚德、吴裕泰等北京老字号应顺应年轻人的消费需求，拓展营销方式与市场思维，实现传统文化内涵与新兴消费形式的深度融合，让年轻人在文化消费时感受到中华优秀传统文化的熏陶与浸润。

文化遗产资源、科学艺术资源与观众的距离缩短，形成文化消费新业态。北京具有丰富的文化遗产资源与科学艺术资源，以丰富多彩的文化资源禀赋形成庞大的文化消费市场与深厚的文化底蕴。在数字化时代，观众可以近距离接触文化、感受文化，由此具有极强体验感和审美价值的文化消费新业态形成。

（二）以数字技术为媒，打造文化传播与消费新场景

随着数字技术不断发展，数字与文化的融合程度越来越深。北京大学新媒体研究院研究员、中华网首席品牌官沈虹认为，在AIGC技术驱动下，文化传播场景已经发生了变化。AIGC技术与文化创意生产的深度融合令文化传播呈现出更多模态、更多风格、更精细的创意内容，实现了消费者与品牌间的实时交互传播体验，拓展与创新了文化消费的新型传播模式。

数字技术加持文旅消费，实现沉浸式文旅体验。数字化创新已成为推动文旅产业发展、创造全新的消费体验和满足消费者多元化需求的关键力量。北京师范大学文化创新与传播研究院副院长、教授杨越明指出，目前，大数据、云计算、虚拟技术等在文化旅游行业中快速得到应用，数字博物馆、云旅游、沉浸式文旅等创新型

文化产品涌现。为了满足消费者对沉浸式体验感的新需求，众多企业已开始通过技术将感官融入文化旅游中，构建新的文化消费场景。气味王国创始人兼首席执行官黄剑炜表示，气味王国通过增强数字场景中的嗅觉传播，为消费者带来更优质、更沉浸式的数字气味场景体验，实现了多重应用消费场景的突破。北京京骑文化传播有限公司联合创始人窦俊杰介绍了中轴线骑行项目，在数字技术的加持下，消费者可以骑上有别于传统自行车的助力自行车，戴上耳麦收听讲解，享受沉浸式的北京中轴线骑行体验。

（三）以创意经济为径，满足消费者多样化需求

年轻人的文化消费需求已从内容型消费转型为体验型消费，目前体验型消费已经成为年轻群体的消费主流。体验型消费应从消费者的价值需求出发，以消费者的情感体验为导向，强调情感场景的营造，融入生活情境，塑造人们的感官体验和心理认同。北京完美世界文化艺术发展有限公司文创总监张熹昱认为，要将创意经济视为文化消费创新与发展的内在驱动力，未来应牢牢把握年轻人的消费需求，让创意赋能更多场景、玩法，打造更多沉浸式体验消费综合体，为消费者带来情理之中、意料之外的体验感。

五、全民共创共享，文商旅融合发展

（一）传统文化注入底蕴，激发文旅消费活力

传统文化元素成了激发文旅消费活力的新亮点。《长安三万里》爆火、传统文化漫改的趋势和西安大唐不夜城旅游盛况等现象的案例指明国潮已经成了文旅消费的新亮点，而国潮的背后其实是人们对中华优秀传统文化的追捧和热爱。良业科技集团品牌负责人张海晏表示，中华优秀传统文化对文旅夜间经济有着极强的引领作用。亮马河夜航项目的"一桥一故事"的文化呈现方式受到了广大旅游消费者的喜爱，并直接带动了亮马河文化旅游的快速发展。

传统文化是文商旅跨界融合的价值内涵与核心体现。如何利用传统文化在讲好中国故事的同时带动城市的文旅消费已成为业界颇为关注的话题。中央财经大学文

化经济研究院院长、教授魏鹏举从解读"两创"方针入手，阐释了中华优秀传统文化的创造性转化与创新性发展对于激活文旅行业的内外需求和激发文旅消费新活力的重要作用。

（二）主客共创共享，构建文旅生活新场景

主客共创共享已成为各行业都关注的文旅跨界融合新路径。消费者参与文旅创意设计与文艺生活场景的建构，不仅让文化融入生活，提升了文旅消费的生活气息，更推动了文化创意的不断创新，拓宽了艺术价值的边界。

主客共创共享使文化更亲民、更人文。中国戏曲学院艺术管理与文化交流系副教授胡娜认为，在文旅融合态势下，各个行业都呈现出"行业+"的新模式。主客共创共享让游客与居民共同参与文化空间的建构，缩短了观众与舞台、艺术、文化的距离，创新了文旅产品的形态与供给方式，使得文化能够更亲民、更人文、更能服务大众。文化消费的根是文化，而文化又根植于人，想要了解、认识、传播和传承传统文化，首先要有人的参与。文化旅游中的"主客共创"内容生产模式，就是将文化、消费与居民、游客结合在一起，当地居民的出现有助于加深游客对传统文化的了解与认知，更有助于传统文化的传承与"两创"工作的开展。

主客共享模式既要满足游客需求，又要提升本地居民的体验感与获得感。北京产权交易所投融资中心副主任、文体旅资源交易平台总经理刘君和北京五洲之旅国际文化发展有限公司总经理任强认为，文旅项目不仅是为游客创造的，也是为当地居民创造的，只有平衡好居民、游客与文化之间的关系，营造令游客与居民流连忘返的高品质文旅生活场景，才能够真正地实现主客共享这一多方受益的文旅内容生产模式。

六、总结与展望

5场平行论坛结束之后，北京文化消费论坛以"文化消费业态的创新发展"为年度主题，于2023年11月21日举办。主论坛按照"领导致辞+重点发布+主旨演讲+圆桌对话+品牌榜发布"五大环节展开，旨在以论坛形式发挥智库作用，进一步引导和扩大文化消费，助力北京市文化产业高质量发展。北京市国有文化资产管理中心党委书记、主任刘绍坚为活动开幕致辞；北京市国有文化资产管理中心副主

任赵恩国发布《北京文化产业发展白皮书（2023）》；第十一届北京惠民文化消费季北京市文化消费研究课题组发布《2023年北京文化消费报告》；北京保利集团等12家企业或机构共同成立"北京文化消费创新促进产业联盟"。

刘绍坚在致辞中指出，为了打造文化消费赋能城市发展的"北京样本"，要立足需求扩大文化消费新供给，以满足人民日益增长的文化需求为出发点和落脚点，推出更多优质文化产品和服务；要深化科技赋能，拓展文化消费新场景，坚持科技为文化赋能，文化为城市赋能；要强化品牌引领，打造文化消费新高地。利用首都文化资源聚集、文化氛围浓厚、文化创新活跃等优势，以高质量的品牌引领和创造消费需求。中共中央党校（国家行政学院）教授祁述裕以"推动文化产业繁荣发展需创新理念和思维"为主题，对论坛进行了总结，并对未来文化产业发展作出了展望。他认为，提升文化产业治理能力，推动文化产业繁荣发展应秉持适应性理念，加强文化产业治理的应变性；应秉持敏捷性理念，加强文化产业治理的主动性。用数据思维解决文化市场的信息不对称问题，用敏捷思维提升文化产业的治理应变能力，用开放思维打造国际文化之都金名片，用跨界思维实现文化产业的业态创新，用包容思维拓展文化产业的创新空间。

本次平行论坛主题明确，研讨内容紧扣社会热点趋势，参与论坛的专家学者和业界企业代表均从自己的研究、产品与项目出发，采用不同的视角和包容的心态解读当今文化消费供需、文化消费行为、文化消费业态发展的趋势与特征。论坛从微观产品消费探讨到宏观产业发展，积极探索了文化消费高质量发展的路径。论坛的研讨内容与成果为学术界的相关理论研究提供了积极的参考和借鉴依据，为业界代表提供了创新供给的新思路，为参与论坛的观众提供了一个了解和参与文化消费的平台，帮助其接触到优秀的文化作品与有价值的文化消费活动。

（杨滢新，首都师范大学文学院文化产业系硕士研究生；张钰婉，首都师范大学文学院文化产业系硕士研究生）

中国艺术餐具消费市场调查与发展策略研究

谢燕艳　吴春集

摘　要： 当今人民群众的精神文化需求越发多样化、多层次，餐具的生产方式转向审美消费型也是符合时代发展趋势的。艺术餐具的本质是在餐具设计之中融入人文精神和美学价值。本文着眼于微观环境和宏观环境，分析了艺术餐具市场环境和产业现状。根据中国艺术餐具市场环境，通过开展问卷调研，研究中国艺术餐具的消费者基本特征、消费者行为、消费者动机，从而给出艺术餐具市场关于艺术餐具新品研发、品牌管理、产品定位等发展策略。

关键词： 艺术餐具；消费市场；中华饮食文化；发展策略

从"艺术分类"概念角度出发，"艺术餐具"遵循艺术的美学原则来分类。在此依据下，艺术餐具为实用艺术。实用艺术指的是结合实用和审美的表现性空间艺术。[①] 艺术餐具是满足人们精神文化审美需要且具有陈设性和展示性特征的辅助食物分发或摄取食物的用具。

在实用艺术类别的语境下，为便于区分不同形式的艺术餐具，根据目前市场在售的类型，"艺术餐具"可分为"工艺美术餐具""现代设计餐具""艺术家联名餐具"。艺术餐具市场内需大，适应于不同消费者经济层次的多样化艺术餐具涌现出来。现代设计餐具和艺术家联名餐具这两种艺术餐具逐渐走向寻常百姓家，传统工艺美术餐具在传承工艺思想的同时也融入了现代设计，比如国宴餐具，其具备传统

---

① 彭吉象．艺术学概论［M］．3版．北京：北京大学出版社，2006：87．

文化、时尚、科技等元素，是传统文化与当代陶瓷艺术的结合。

一、中国艺术餐具市场环境研究

从企业生产到产品的最后销售，这个产业链上的每个环节都是企业市场营销的重要影响因素。[①] 微观环境由影响企业为消费者服务能力的种种要素构成，包含：企业（companies）、供应者（suppliers）、营销中介（marketing intermediaries）、顾客（customers）、竞争者（competitors）和公众（publics）。[②]

按照销售种类，艺术餐具生产商划分为工艺美术餐具生产商、现代设计餐具生产商、艺术家联名餐具生产商。

工艺美术餐具生产商主要包括三种类型。

一是景德镇的 48 家窑口品牌，分别是春风祥玉、小雅、九段烧、赏瓷观窑、陶人临古、克勤堂、立明堂、铭经草堂、自牧堂、余寅堂、宝蕴阁、艺林堂、小愚斋、乐窑、游玉堂、六逸堂、快雪时晴、倚云煮泉、谈窑、天义华、宛玉无名、二亭、待月观山、博泥幻化、十方窑、盛古珍玩、觉山隐窑、溢珍堂、一峰窑、铭清窑、和然窑、弄月斋、珏窑、祖传窑、小谦堂、良朋柴窑、诚德轩、涂杏花、畔雨柴窑、徐窑、璟色堂、燕泥堂、澄怀堂、品若堂、弘器大雅、妙色柴窑、博古堂、永明尚玩。

二是有着悠久发展历史的欧式或日式餐具品牌。例如，1948 年创建的美国旧金山的艺术餐具品牌希思陶瓷（Heath Ceramics）、1856 年在意大利成立的高端艺术餐具品牌 Sambonet、诞生于 1936 年的意大利高端艺术餐具品牌格里芙（Griffe）、起源于日本江户时期宽文年代的轮岛涂等。

三是出自工艺美术家之手的餐具，如工艺美术师李利制作的紫砂壶、中国陶瓷艺术大师朱占平制作的瓷盘、陶瓷艺术家顾澄清领衔制作的毛瓷碗五件套、国家一级工艺美术师刘培竹手绘的三才盖碗、日本玻璃匠人冈田多惠制作的自然元素玻璃杯子等。

[①] 陈钦兰，苏朝晖，胡劲，等. 市场营销学 [M]. 2 版. 北京：清华大学出版社，2017：16.
[②] 阿姆斯特朗，科特勒. 营销学导论 [M]. 7 版. 北京：中国人民大学出版社，2006：50.

现代设计是在传统工艺美术事业的基础之上发展起来的。① "它是工业革命后，从包豪斯到现在国际上广泛兴起的一门交叉性应用学科，既区别于手工业品制作也不同于纯艺术品创作，它是在现代大工业生产基础上产生的工业产品创新的社会实践形态。"② 当代设计餐具在工艺美术餐具的基础上成长起来。现代设计餐具的生产商包括三种类型。

一是中国品牌陶瓷餐具的一些高端产品，如国宴瓷。陶瓷餐具品牌包括红叶RL、华光国瓷、顺祥陶瓷、松发瓷器、玉泉、红玫瑰、三环陶瓷、银凤陶瓷、亿嘉IJARL、伟业陶瓷等。

二是带有独特风格的小众艺术餐具品牌，它们给大众传达一种生活美学。如手作陶瓷艺术餐具品牌浮游十一的生活理念：去掉复杂，保持简化，以陶瓷为载体，以素色釉为基调，简化装饰，致力于探索使用者与器物之间的关系和情感，以及形态之间的变化。

三是艺术家设计的代表自己情感和思想的艺术餐具。如德国艺术家伊芙琳·布莱克洛（Evelyn Bracklow）在陶瓷餐具上手绘了成群结队爬行的蚂蚁。布莱克洛表示，害怕、讨厌、喜爱和佩服的情感的相互作用形成了这部作品的吸引力。蚂蚁象征着被丢弃的瓷器的故事：我们以前用它们吃东西，而今天，蚂蚁们却以全新的形式忙碌着。③

艺术家联名餐具常见于美术馆和博物馆的周边、文创品牌、高端餐具品牌和奢侈品牌。美术馆和博物馆把艺术元素应用到餐具上，衍生出展览的周边产品，价格一般比较亲民。例如，大英博物馆推出的售价39元人民币葛饰北斋双层玻璃杯、木木美术馆推出的售价50元人民币人间乐园展览水晶玻璃杯、故宫博物院推出的售价177元人民币的兰堂富贵食具套装。西西弗书店、钟书阁、九木杂物社等商家推出有趣的艺术餐具，消费者已经司空见惯了。对于高端餐具品牌和奢侈品牌来说，最重要的是品牌调性在大众心目中的地位，因此，和艺术家联名推出艺术餐具等产品是它们常用的提升品牌格调的方式。例如，2015年情人节时，行为艺术家玛丽娜·

---

① 彭吉象. 艺术学概论［M］. 3版. 北京：北京大学出版社，2006：97.
② 李泽厚，汝信. 美学百科全书［M］. 北京：社会科学文献出版社，1990：154.
③ 德国艺术家Evelyn Bracklow创作满是蚂蚁的复古瓷盘，你欣赏这种美吗？［EB/OL］.（2021-08-25）［2024-08-06］. http://www.333cn.com/shejizixun/202134/43495_427301.html.

阿布拉莫维奇与法国柏图瓷器合作推出了餐具四件套，每套餐具都代表了一件艺术家本人过往之事；2021年迪奥家居（Dior Maison）推出的部分餐具呈现了艺术家皮耶特罗·鲁弗（Pietro Ruffo）为Dior 2022度假系列绘制的草图。

明确地了解艺术餐具生产链或上下游的情况，我们可以更清楚产品定价，并且可以根据扮演角色的不同，站在全局角度上，作出科学的决策。上游原料主要是陶瓷材料、不锈钢材料、玻璃、金银以及酚醛、橡胶、紫砂、铜等材料。随着新技术革命的深入，艺术家也会运用更多新型原料到艺术餐具上。艺术餐具的下游渠道主要是线下的品牌专卖店、拍卖会、展览会、博物馆以及艺术家个人交易渠道，线上渠道主要有各大电商平台以及品牌官网。

在目前的环境下，从顾客角度看，我们可以把艺术餐具市场分为大众市场和小众市场。从市场份额上来看，艺术餐具大众市场产品以中国品牌陶瓷餐具的高端线艺术餐具为主，消费群体主要是饭店、酒店、酒吧等集体组织和家庭。"企业和品牌要获得竞争力，唯有聚焦。"① 艺术餐具企业要做到细分市场，就必须了解艺术餐具的市场群体有哪些、不同市场群体的个性和特征是什么，根据群体特征和喜好制定艺术餐具传播策略。

艺术餐具的竞品是家用餐具和商用餐具，这些餐具秉承实用原则，价格实惠。艺术餐具的核心价值是满足了人们精神文化审美需要且满足了陈设性和展示性地辅助食物分发或摄取食物的需要，其附加值高于家用和商用餐具，因此价格比较高。若艺术餐具想提升在餐具市场的份额，势必要提升实用性，在价格上不虚高，才能提升大众对艺术餐具的好感。

宏观环境是指影响企业微观环境中的人口统计学、自然、经济、法律、技术、政治、文化等各要素的社会力量。② 英国的弗朗西斯·布拉星顿、史蒂芬·佩提特则提出，市场营销宏观环境包括社会文化环境、经济和竞争环境、政治法律环境和技术革新环境四个环境要素。③

人口特征方面，中国市场人口数量多，人们的平均收入每年在上升，但中国面

---

① 里斯，特劳斯. 定位：争夺用户心智的战争（经典重译版）[M]. 邓德隆，火华强，译. 北京：机械工业出版社，2017：序10.
② 阿姆斯特朗，科特勒. 营销学导论[M]. 7版. 北京：中国人民大学出版社，2006：50.
③ 布拉星顿，佩提特. 市场营销学[M]. 裴大鹰，等译. 2版. 桂林：广西师范大学出版社，2001：52-53.

临老龄化和新生儿减少的结构转变，同时家庭人口变少。随着世界家庭规模日趋小型化，晚婚晚育人口增加，也使人均收入增加。家庭结构改变和人均收入增加，对促进家庭消费、提升消费水平和消费档次，增加购买的数量和质量有积极作用。①我国人口出生率下降，儿童数量日益减少，老龄化人口增加，中国人口结构和市场需求结构发生变化，使产品供给结构也随之发生变化。为了应对市场人口结构变化，艺术餐具产业应该关注老龄消费群体，发掘他们的艺术喜好和消费模式。家庭结构变化和人均收入增加，反映了人们会越来越追求生活品质，家庭和个人用户对艺术餐具的需求也会随之提高。

经济风险方面，资料显示，新冠疫情影响刚过，我国居民收入受到影响，许多人对以后的收入期待也有所降低。在经济不景气的时期，人们的享受型消费意愿会降低，对于艺术餐具，人们的购买意愿也会降低。

技术发展方面，持续三十多年的新技术革命促进了产品创新，企业的营销形式也发生了变化。倘若能在艺术餐具生产上运用新兴的新材料技术、数字信息技术、人工智能、空间技术等，那不但能在实用性上更胜一筹，而且可以更自如地表达艺术家想要传达的艺术观点，实现更高的艺术价值。

政治和法律方面，由于中国的市场巨大，涉及的行业、产业、产品众多，在缺乏经验的基础上，中国市场管理秩序有些混乱，出现了假冒和侵权现象，商业信誉和伦理严重缺失。这样的环境，使许多民营企业能找到不同的市场机会，但企业风险加大，大企业甚至国际知名企业也有出现违规生产和经营的现象。②《中华人民共和国著作权法》第十九条规定："受委托创作的作品，著作权的归属由委托人和受托人通过合同约定。合同未作明确约定或者是没有订立合同的，著作权属于受托人。"③艺术餐具生产商要与相关设计者通过合同进行约定，并维护著作权。

随着中国消费升级换代，艺术餐具市场兴起。根据国家统计局数据，2021年全年最终消费支出拉动国内生产总值增加5.3个百分点，重新成为经济增长第一源泉。不过，消费升级并不意味着"越买越贵"，而是体现出人们开始转向品质消费。餐具作为生活用品，也在努力挣脱只囿于实用功能的缰绳，在更广阔的需求赛道上驰骋。

---

① 陈钦兰，苏朝晖，胡劲，等. 市场营销学［M］. 2版. 北京：清华大学出版社，2017：589.
② 陈钦兰，苏朝晖，胡劲，等. 市场营销学［M］. 2版. 北京：清华大学出版社，2017：579.
③ 全国人大常委会办公厅. 中华人民共和国著作权法［M］. 北京：中国民主法制出版社，2020：26.

通过上文可知，三大类型艺术餐具生产商竞争格局初步形成。

艺术餐具消费市场潜力大。随着日常消费审美化、新富阶级崛起、文化新经济战略提出、新国潮的发展，艺术餐具的市场需求逐渐增加。同时，饮食文化在中华传统文化中具有举足轻重、不可取代的地位，在汲取我国饮食文化精华的基础上发展的艺术餐具，具有巨大的发展潜力。

艺术餐具产业发展也存在诸多隐患，不利于中国艺术餐具市场发展的因素包括侵权盗版风险、经济风险、消费能力风险等。

二、中国艺术餐具消费市场现状调研

针对中国艺术餐具市场现状，笔者进行的调研采取了问卷调查法，共回收有效问卷244份。[①] 调查目的是通过了解消费者对艺术餐具的感受和购买情况，深入分析艺术餐具市场消费者行为过程，为提出发展策略提供参考。笔者通过设计问卷，经由问卷星进行网络调研，让受访者填写表格。笔者根据回收的网络问卷进行分析，并根据样本的年龄、学历、收入、价格等基本特征，来推断消费者购买艺术餐具消费行为的参数。本次调研根据消费者对艺术餐具的不同要求，对消费者市场进行研究。

（一）消费者基本特征研究

本次调研所收集到的消费者基本特征包括性别、城市、年龄、学历、职业、月收入、消费观。本次调研的受访者男女比例基本均衡，如图1所示。受访者所在城市大多是上海，其次是广东、江苏、重庆、浙江、北京、江西。受访者年龄、学历分布如图2、图3所示。受访者职业覆盖面广泛，月收入分布情况如图4所示，占比较平均。大部分受访者的消费观理性，如图5所示，只有22%的受访者倾向于感性消费。由于此次调研的环境所限，因此受访者所在城市集中在沿海发达城市，这导致这次问卷的代表性更能体现目前我国经济发达地区消费者对艺术餐具的看法。本次调研尤其对上海市场的艺术餐具市场有一定的参考价值。受访者的学历79.1%

---

① 本次调研执行于2022年6月，该调研得到中共中央党校（国家行政学院）祁述裕教授、北京大学向勇教授等文化产业专家学者的支持，在此表示感谢！

在本科以上，因此此次问卷更倾向于调查上海的高学历群体对艺术餐具的实际看法。基于上述数据，我们可以看出目前上海市场艺术餐具的消费趋势。艺术餐具虽然属于文化消费，但也要注重实用功能才能迎合广大消费者的消费理念。这也要求目前艺术餐具的企业除了关注艺术本身之外，还要进行更多的产品实用性调研及开发。除此之外，价格也是一个重要决定因素。企业的市场部需要做更多细致的区域调研来了解消费者的实际购买意愿。

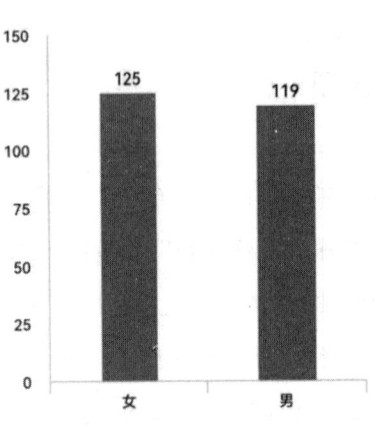

图 1　受访者男女数量（单位：个）

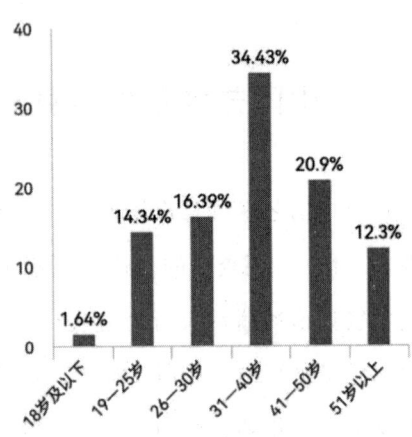

图 2　受访者年龄分布

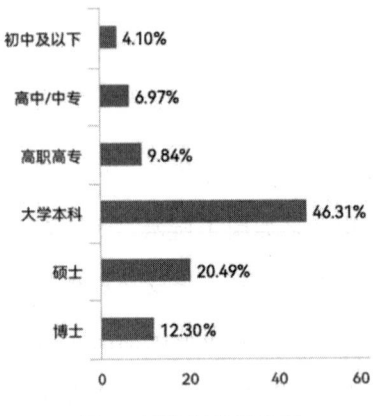

图 3　受访者学历分布

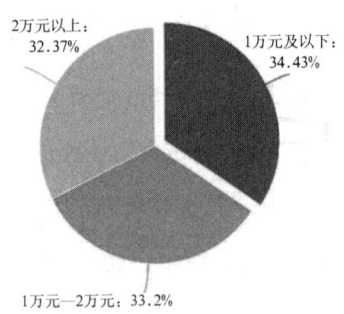

图 4　受访者收入分布

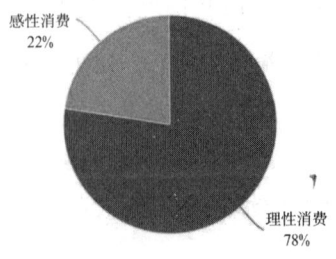

图 5　受访者消费观

（二）消费者行为研究

如图 6 所示，大部分受访者此前购买过艺术日常用品，只有 28.69% 的受访者之前没有购买过，这说明目前在中国经济发达地区大部分消费者是有购买艺术餐具意愿的，企业可以加大对艺术餐具的投入和研发力度。在餐具选择影响因素方面，影响受访者消费的因素按照比重依次为质量、设计美学、价格、品牌，最后才是服务态度或售后，如图 7 所示。因此，企业在和工厂沟通的实际过程中，应该将质量作为重要考评指标，在出厂前进行反复的质量测试。在美学部分，需要找到能够唤醒大众审美的设计团队和设计师。根据调研，96% 以上的用户通过各种渠道了解过艺术餐具，大部分是通过社交媒体、购物软件、艺术馆/美术馆/博物馆广告了解到的。企业需要在新媒体平台进行更多更有创意的广告投放，以获得更多消费者的关注。大部分受访者更愿意在实体店购买，31.15% 的受访者则选择线上购买方式，如图 8 所示。因为实体店目前租金成本较高，所以企业可以以办展的形式开一些临时店铺，并与艺术展承办方进行合作，从而获得高的市场曝光量并引流消费者。大部分受访者倾向于现代设计风格的艺术餐具，中式古典、欧式典雅、新潮时尚等风格的餐具位列其后，如图 9 所示。在类型选择上，75.82% 的受访者喜欢现代设计餐具，56.97% 的受访者喜欢工艺美术餐具，28.69% 的受访者喜欢艺术家联名餐具，如图 10 所示。根据调研结果，企业在进行产品定价时，1,000 元以下的产品为一类产品线、1,000 元到 5,000 元的产品为一类产品线、5,000 元以上的产品为一类产品线。

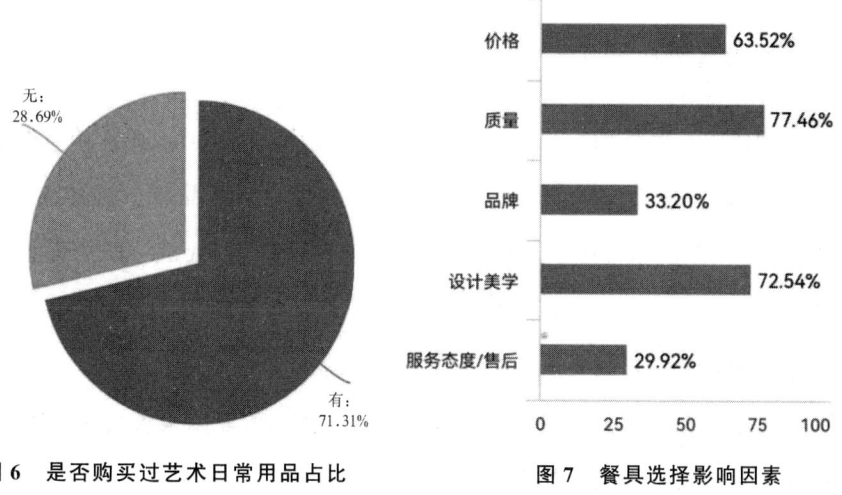

图 6　是否购买过艺术日常用品占比　　图 7　餐具选择影响因素

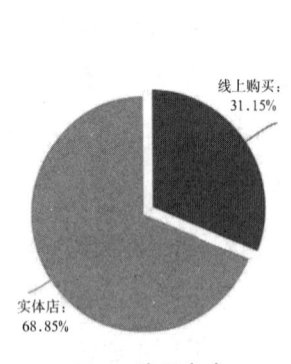

图8 购买方式

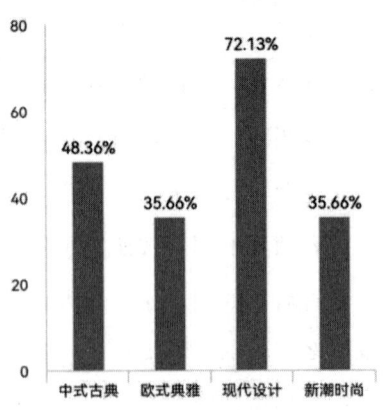

图9 艺术餐具风格选择

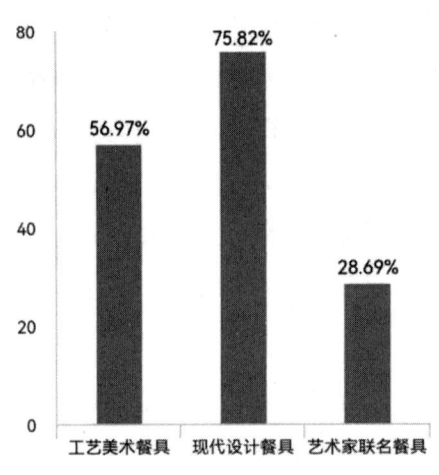

图10 艺术餐具类型选择

（三）消费者动机研究

在本次调研中，愿意购买艺术餐具的受访者占比 74.59%。在受访者愿意购买艺术餐具的原因中，占比较大的原因是提高生活品质、彰显品位、新鲜感、欣赏价值、适于送礼等，如图11所示。本次调研的大部分受访者是已经满足了底层需求的经济发达地区的高收入人群。根据马斯洛需求理论，他们购买艺术餐具的需求，和人对社会地位的认可、自我实现的认知有关联性。

在受访者不愿意购买艺术餐具的原因中，占比较大的原因是餐具没必要艺术化、不了解艺术餐具、价格虚高，如图12所示。

部分受访者对艺术餐具市场提出建议，如加入国风设计、多渠道宣传及展示、保留传统的中国元素并改良得更贴近现代人审美、发掘品牌内涵、把餐具和文化融合的理念普及给大众、注意消费场景和使用场景等。很多受访者都对有传统文化元素的艺术餐具抱有期待。

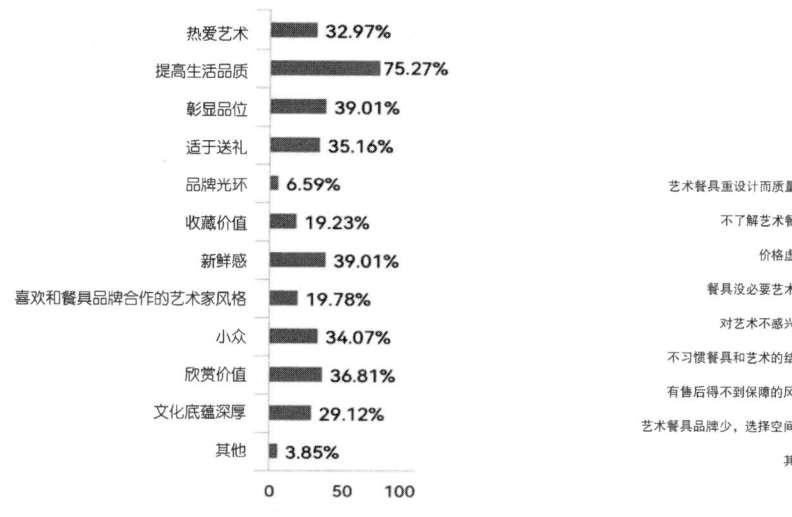

图11　愿意购买艺术餐具的原因　　图12　不愿意购买艺术餐具的原因

三、中国艺术餐具市场发展策略

通过中国艺术餐具市场环境研究和分析消费者特点，我们给出如下中国艺术餐具市场发展策略。

第一，设计融入中国元素，打造新国潮艺术餐具。在调研中，有很多受访者都希望能看到融入中华优秀传统文化元素的艺术餐具。因此，要坚持文化传承性原则，在艺术餐具研发、制作和营销等不同环节，融入中华优秀传统文化，将艺术餐具所蕴含的人文情怀、艺术造诣和时代精神等传播给大众。

第二，产品多线发展，通过细分市场满足消费者的不同需求。艺术餐具分为工艺美术餐具、现代设计餐具和艺术家联名餐具，在调查问卷中，最受消费者欢迎的是现代设计餐具，其次是工艺美术餐具，最后是艺术家联名餐具。虽然艺术家联名餐具排名最靠后，但也有28.69%的占比，这说明消费者个人偏爱不同，这也是企业推出多线产品的原因之一。此外，由于消费者的收入存在差异以及观念差异，消费者能接受的一套艺术餐具的价格也不尽相同。企业可以据此细分市场，根据不同层级消费者的喜好和消费能力来进行产品的多线发展，使每一个产品线的产品主打不同的特色、用途、价值，从而打动消费者的心。当然，产品多线并不代表目标消费群体是所有人，要满足所有人的需要，这是错误的观念。企业需要参考品牌调性是什么，然后推出多线产品来吸引潜在的消费者。

第三，宣传艺术餐具，转变消费者观念。调研结果显示，虽然90.98%的消费者了解过艺术餐具，但只有74.59%的消费者有购买意愿。我们发现很多消费者因为不了解艺术餐具而对其存在偏见。因此，企业需要加大艺术餐具的宣传力度，丰富其内涵，通过多样化的营销渠道转变消费者的观念，获得消费者的认可。

第四，发展线下体验店和门店，提供舒适的消费体验。一是因为艺术餐具可以为人们带来丰富的审美体验，这种体验不应该仅仅局限在产品设计上面，也应该融入消费者的线下购买过程之中，导购的服务态度、展示柜的陈设方式设计等都构成了消费者的消费体验。二是根据调查结果，68.85%的消费者倾向于实体店的选购方式，而非线上购买，只有31.15%的消费者选择线上购买。因此，发展线下体验店和门店可以满足消费者的选购方式偏好。

第五，艺术餐具企业要提高版权意识。如果创意成果权属不明确，会引发纠纷。同时，原创艺术餐具也可能出现被侵权的风险。因此，艺术餐具企业要提高版权意识，规避风险。

第六，做实用且质量上乘的产品。在不愿意购买艺术餐具的消费者之中，有56.4%的人认为餐具的实用性最为重要，至于美不美，并不重要，且大部分消费者都持理性的消费观念。企业要通过高品质的艺术餐具来告诉消费者，艺术餐具可以既华美又实用。

第七，发掘和丰富品牌内涵。当今市场上艺术餐具品牌还比较少，消费者选择艺术餐具的最大原因是提高生活品质。同样，品牌内涵有待丰富。国外的艺术餐具品牌较多，我们可以借鉴国外品牌的发展经验。

第八，创新材料，创新形式。艺术餐具的一大魅力就在于它承载的情感丰富以及美学价值高，这些精神性内容需要依托物质才能表现出来。随着新技术革命的发展，新材料陆续被运用，艺术餐具材料的创新不仅有利于表现美和情感，也有利于保证消费者的健康。创新也可以体现在销售方式上，比如现在品牌衍生品不一定是艺术展衍生品，也可以是服装品牌衍生品，还可以在艺术市集等新兴市场进行售卖，让消费体验更有趣。

第九，推出家庭艺术餐具，设计迎合老年人审美的艺术餐具。上文提到，人口和家庭结构发生了改变，市场人口结构也发生了变化，艺术餐具企业应该关注老龄消费群体，发掘他们的艺术喜好和消费模式。同时，企业应审时度势，设计适合家庭的艺术餐具来满足市场需求。

四、结语

艺术餐具在市场规模庞大的餐具市场之中，具有一定的发展潜力和较好的发展前景。日常消费审美化、新富阶级的崛起、文化新经济战略的提出、新国潮的发展、我国饮食文化深厚，这些都是艺术餐具发展的有利因素。我国艺术餐具品牌较少，尤其是现代艺术设计餐具品牌很少。因此，抓住机会，发展艺术餐具品牌，既有发展潜力，又有发展前景。

（谢燕艳，上海视觉艺术学院文化产业管理学院学生；吴春集，上海视觉艺术学院文化创意产业管理学院院长助理、教授）

创意孵化器

文化记忆视域下北辛安地区
新安城市记忆公园的文化保留研究

韩 易

摘 要：北辛安地区作为首钢石景山厂区旁的工业文化遗迹具有重要的文化价值，历史上北辛安对北京石景山区的发展形成了深远的影响，随着棚户区改造项目的推进，该地区的文化保留亟待梳理与总结。本文以城市更新中北辛安地区的新安城市记忆公园为切口，回溯了地区的历史沿革与该公园的产生，并从文化记忆的视角梳理了包括石景山区人民政府、新华书店、供销社、工人俱乐部、中新药店等在内的记忆建筑群的文化保留情况，同时从目前公园中可见的物质遗迹与不可见的"地区灵魂"出发总结了当前城市更新中存在的软性保障欠缺的情况，最终提出通过梳理在地居民的自发性社区活动、促进文化场景整合至公共政策、建立多元主体治理下的共创机制、营造更丰富的地区记忆展示形式等举措。

关键词：北辛安；城市更新；文化记忆；记忆建筑

一、北辛安地区的历史沿革与记忆公园的诞生

北辛安地区的街巷胡同如同鱼形，西胡同为鱼头，北辛安大街是鱼身，串心店是鱼脊，铁壁街是鱼肚，具有特点的南岔与北岔则组合成了鱼尾。对于北辛安的来历，研究者有不同说法。据明代《宛署杂记》一书，"又三里曰杨家庄、曰北西安"，

谐音为"北辛安",到了清朝时才改称"北辛安"。①还有研究者说北辛安古称新安里,始建于唐代,明代称为北辛安并沿用至今。②1919年,龙烟铁矿股份有限公司石景山炼铁厂和华商电灯股份有限公司石景山发电分厂相继动工修建,北辛安镇的人口猛增,在北辛安镇开业的店铺日渐增多。解放以前,北辛安大街有"三里商街"之称。大街两旁商铺林立,有商号70余家,摊商170余户。③新中国成立初期至20世纪70年代末,北辛安地区为石景山党政机关所在地,进而成为石景山地区的经济、政治、文化、商贸中心。1978年,根据发展要求,石景山区政府、区委等机构相继迁出,随着定位的变化,地区的商业机构也相继迁出,北辛安地区自此萧条。为配合2008年奥运会举办,首钢石景山厂区停炉外迁。随着政府及首钢石景山厂区迁出,北辛安地区原住人口大量流失,外来人口大规模聚集。2017年,北京市开展"疏解整治促提升"专项行动,北辛安棚户区改造项目成为北京市最大的棚户区改造项目。

在北辛安地区整体改造时,石景山区政府将5座在北辛安地区具有代表性的建筑保护性迁移到了新安城市记忆公园内,分别为石景山区人民政府旧址、新华书店旧址、石景山区供销社北辛安生产资料日用杂品门市部旧址、中新药店旧址、工人俱乐部旧址,并按照原址的朝向与位置等比例缩小,形成了记忆建筑群,新安城市记忆公园成为北辛安地区城市更新后的文化保留地区。

(一)城市更新进程中的棚户区改造对象

2016年10月,北辛安地区棚户区改造启动。根据北京市人民政府官方公布的信息,在北京市2020年棚户区改造和环境整治任务中,可以看到北辛安地区改造的具体信息:北辛安棚户区改造B区土地开发项目,东至特钢厂区,南至石景山路,西至北辛安路,北至阜石路,占地面积96.79公顷。④2018年,北京市石景山区第

---

① 王永斌. 北京的关厢乡镇和老字号[M]. 北京:东方出版社,2002:423.
② 张相明. 石景山区档案局记录和服务"北辛安棚户区"改造项目的实践与思考[J]. 北京档案,2017(11):39-40.
③ 刘会生. 京西古镇的沧桑巨变[J]. 北京纪事,2020(1):11-15.
④ 北京市人民政府办公厅关于印发《北京市2020年棚户区改造和环境整治任务》的通知[EB/OL]. (2020-03-30)[2024-08-06]. https://www.beijing.gov.cn/zhengce/zhengcefagui/202003/t20200330_1749074.html.

十六届人民代表大会第四次会议提出要在年内完成对北辛安5处记忆建筑整体迁移①，石景山区根据地区文脉梳理确定了5座建筑作为保留建筑，并按照原材料、原做法、原形制、原工艺的"四原"原则进行异地重建。

（二）建立北辛安地区的记忆公园

2018年，在创建国家公共文化服务体系示范区的建设规划中，北辛安城市记忆博物馆作为地区公共文化新地标的建设项目，成为石景山的重要发展目标，意在通过对地区建筑的活化利用形成"政府＋社会""标准文化设施＋特色文化基地"的公共文化设施网络。② 在北辛安地区的棚改工作中，石景山区秉承传承城市历史文脉、留住乡愁的原则，最大限度保留了二十世纪五六十年代具有代表性的发展印记，完成了记忆建筑迁移工程。③ 2021年，北辛安记忆建筑被列为石景山区未核定为文物保护单位的不可移动文物，5座建筑总建筑面积1,073.5平方米，占地6,000平方米。④

每种文化都会形成作用在社会与时间两个层面上的凝聚性结构。扬·阿斯曼认为，是凝聚性结构把昨天与今天连接在一起，并在象征体系的形式下遵循着重复与现时化的基本原则。⑤ 新中国成立后，石景山地区因为北京由旧时期消费型城市转为生产型城市的城市定位变更，成为著名的钢铁生产大区，石景山钢铁厂（首钢的前身）应运而生，北辛安地区作为厂区工人们的聚居地，承担了在地居民在生产之外的日常生活空间。21世纪初，首钢的迁出标志着北京再次发生城市定位变更，由

---

① 文献.2018年政府工作报告［EB/OL］.（2018-01-24）［2024-08-06］.https://www.bjsjs.gov.cn/gongkai/zwgkpd/zfgzbg_1959/202006/t20200617_4131_sjs.shtml.

② 北京市石景山区人民政府办公室关于印发《石景山区创建国家公共文化服务体系示范区规划（2018—2020年）》的通知［EB/OL］.（2018-06-28）［2024-08-06］.http://www.bjsjs.gov.cn/gongkai/zwgkpd/zcwj_1940/qzfbgswj_1942/202006/t20200622_27236.shtml.

③ 区文化委积极推进西山永定河文化带建设文物保护工作初见成效［EB/OL］.（2018-11-14）［2024-08-06］.http://www.bjsjs.gov.cn/gongkai/zwgkpd/zdly_1960/whzd_2603/202006/t20200620_20308.shtml.

④ 北京市石景山区文化和旅游局关于将北辛安记忆建筑、刘娘府明朝皇族墓列入石景山区未核定为文物保护单位的不可移动文物予以登记并公布的通知［EB/OL］.（2021-01-27）［2024-08-06］.http://www.bjsjs.gov.cn/gongkai/zwgkpd/tzgg_1933/202101/t20210127_36926.shtml.

⑤ 阿斯曼.文化记忆：早期高级文化中的文字、回忆和政治身份［M］.金寿福,黄晓晨,译.北京：北京大学出版社,2015：7.

生产型城市转为消费型城市。北辛安地区的厚重记忆亟待保留与传承。新安城市记忆公园可以被视为一种文化记忆中的凝聚性结构，即将经验和回忆通过一定形式固定下来，并在当下保持一定的现实意义。新安城市记忆公园将发生在工业生产时期的代表性场景通过建筑保留的方式，再现历史环境，从而生产出对当下具有现实意义的希望与回忆，实现北辛安地区文化的重复与现时化。

二、文化保留：新安城市记忆公园的回忆形象营造

在文化记忆的维度中，记忆的载体范围及其时间半径和持久性有了明显的扩展。社会记忆是一种通过共同生活、语言交流和言语而产生的个人记忆的协调，而集体和文化记忆则建立在经验和知识的基础上。这一基础脱离活跃的载体而转到物质数据载体上。通过这种方式，回忆可以越过代际界限而保持稳定。①

作为媒介的记忆公园成为塑造回忆形象的场景营造地点。"记忆需要地点并趋向于空间化"②，为了使得建筑外观这一显性的凝聚性结构完全保留，除了对部分区域进行保护性改造外，原有5座建筑的门脸儿及空间位置都按照旧时期的原初形态安置，在风格上形成街区层面的一致性。

北辛安地区等比例缩小的公园空间，提供了街区居民身份与认同的象征，同时是老北辛安人追溯回忆形象的线索。通过对目前记忆公园中记忆建筑场景营造的梳理，我们可以明晰公园中旧有建筑在当下的现实意义，同时总结其中功能属性的存续与流变，以窥视其中蕴含的文化一致性。

（一）记忆公园作为文化记忆的媒介

文化记忆总是需要附着在一定的载体之上。北辛安地区的人员构成具有高流动性与多元性的城市人口特点，为了使城市更新前北辛安地区的城市记忆得以在当下人群中得到保留，我们需要达到具体文化记忆的广泛触达，由此新安城市记忆公园对于媒介的建构需要满足两个方面，分别是公共性与延续性。

---

① 冯亚琳，埃尔. 文化记忆理论读本［M］. 余传玲，等译. 北京：北京大学出版社，2012：45.
② 阿斯曼. 文化记忆：早期高级文化中的文字、回忆和政治身份［M］. 金寿福，黄晓晨，译. 北京：北京大学出版社，2015：32.

体现公共性的公园充当了居民与过去记忆关联的媒介。城市公园是居民的主要活动空间，其中活动之广泛、人群之丰富是公共性场所中的代表。将新安城市记忆公园选址于面向大众且毫无门槛的公共领域是文化记忆得以镶嵌至地区记忆的重要尝试。上至老人，下至孩童，人们可以在一处带有地区特色的空间进行日常休闲活动，新安城市记忆公园成为地区居民重要的回忆空间。公园提供了大量记忆群体，在潜移默化之中，存于街区公共空间之中的特定文化记忆得到传承。

延续性体现在对老旧建筑物的腾退改造之中。旧有建筑物得以完整迁移，是在形式上进行延续，在实际功能上进行变革则是在内容上进行延续。公园的建筑物只有进行适用于当下居民日常活动的腾退改造，才可以使得作为空间载体的老旧建筑富有延续性，达到记忆空间对在地居民的适配，从而让居民主动进入空间实体，并通过现代性的消费活动感受旧有时期的场景。公园中老旧建筑的延续性，为大量记忆群体提供再生产空间，通过消费活动的承载传递特定时期的文化记忆。

（二）记忆公园中的记忆建筑群的现时营造

1. 政府旧址

新中国成立后至1978年，石景山区人民政府在北辛安地区承担了重要的行政职能。作为曾经的地区的政治象征与重要行政机关，它如今已不再具有行政职能，转而成为一座记录北辛安地区文化记忆的陈列馆。在延续了官方性的同时，陈列馆的建立使得政府空间最终回归大众，官方性与公共性得以巧妙结合。以往群众无法随意进出的重要机关，如今成为免费游览的公共空间，这一饶有趣味的结合，使得空间功能的拓展随之展开。通过拍摄群像纪录片、面向社会广泛征集老物件、北辛安地区场景再现等手段，在地居民实现共建博物馆。北辛安记忆陈列馆不仅使政府旧址具备了教化功能，也让回忆形象得以在原有空间中物质化，促成了老北辛安街区形象在记忆公园这一凝聚性结构中的永久保留。

2. 新华书店旧址

曾经的新华书店在如今的空间功能上延续了一家书店的属性，是对地区文化场所的延续。然而，20世纪50年代建立的新华书店，在经营模式和经营内容上都与如今的书店有所差异。如今的书店在经营主体、经营内容上也产生了革新，网红书店的文创元素带来的触媒效应成为该书店的主要特色。原有厂房的安全生产警示牌与当前更加多元化的"书店＋"场景相融合，契合了当前城市消费者的消费喜好，也让书店成为目前公园中客流量最大的空间。

3. 供销社旧址

石景山区供销社北辛安生产资料日用杂品门市部承担了过去居民日常消费的职能，如今它转变为面包房，这是对旧有空间的一次大胆尝试。经营者表示，目前部分居民已经形成了到店内购买面点的生活习惯。虽然供销社空间内的售卖货品发生了重大转变，但是其在当今街区中的日常生活属性同旧时期的属性达成了一致。

4. 中新药店旧址

改为餐厅的中新药店不再具有原先的药店功能，但也通过重复与功能的现时化达成了同过去日常生活的一致性，形成了公园中唯一的餐饮空间。同面包房一样，中新药店延续了原有空间在当下的日常生活属性，餐饮空间的加入，让记忆公园的消费场景得以丰富，使得记忆公园呈现出较为完整的商业属性。

5. 工人俱乐部旧址

工人俱乐部原为工人休闲娱乐的空间，是地区居民的重要邻里性公共空间，但随着生产型城市转为消费型城市，城市群体发生巨大转变，作为生产者的工人群体逐渐边缘化，而作为消费者的富有中上阶层涌入，成为消费主体，受众主体的转变使得这一承载旧时期居民社交活动的场所不再具有功能上的延续。为了适应当下的消费模式，工人俱乐部改为了剧场进行运营，空间更倾向于文化活动的举办，但人群辐射面较旧时期工人俱乐部存在差距。

6. 原有街区地图

棚改工作意味着对原有街区进行大面积地理层面上的重新规划，而北辛安地区在民众不断聚居下形成的道路空间特点也将面临在地理层面上的消失。公园将曾经的地理形态印制在公园的中心处，还原了旧时期北辛安街区的地图样貌，形成记忆广场，它成为回忆形象中的重要线索，在地理层面达成了一种文化一致性。

三、物质之外：不可见的城市灵魂

在马尔库塞看来，不断进步的市民社会对回忆、时间、记忆等非理性残余的清除造成了现代世界的一元性，造成了现代世界中回忆的缺席。①公园通过回忆形象建立的异质化场所，在高楼林立的城市中形成了隐形抵抗。公园20世纪平房风格的存在显得与周遭绅士化的高塔居民建筑②格格不入，但正是这种对于现代城市一元性的抵抗，实现了对在地居民文化记忆层面上的解放，旧时期的文化记忆反对当下现实的作用得以体现。正是这份抵抗，让记忆公园得以在高楼中形成文化保留，让北辛安地区的文化记忆得以存续。

如今城市的每个街区都产生了自己的空间表达和意义，它以其独特的叙事方式反映着这片空间当下的文化记忆。场景与社区环境特别是文化的自主表达有着内在关联。③承载着文化记忆的公共空间既包围又塑造了居民的身体，同时也反映了他们的价值观和思想。在如今城市更新进程中，不同的城市场景蕴含了差异化的文化价值取向，因意义的生成和价值观的传播而成为文化空间。④生活在城市中的每个人都应该参与公共文化生活之中，即使是不属于这片街区中的外来人员也应当通过一些方式来感受社区的内核，即到访地区的灵魂。新安城市记忆公园的场景营造，在对旧有城市物质遗迹的保护上具有一定的代表性，但同时也需要关注当下不可见的街区内核的建设。

（一）记忆公园作为不可见的地区灵魂

在 *If Venice Dies* 一书中，意大利学者萨尔瓦多·塞提斯（Salvatore Settis）提出了不可见城市（the invisible city）的观点：一座城市由身体（物质的）和灵魂（非物质的）内部分组成。⑤如果城市具有身体，那么城市身体一定由围墙、建筑、广场、街区等部分组成，它同样也拥有灵魂，人群、故事、传说、记忆、习俗、渴望、项目等构成了城市的灵魂，正是这些灵魂构成的要素形成了代表着地区未来特性的城市物理实在。城市的灵魂构成了不可见的城市，也就是社区。可见的城市讲述了不可见的城市故事，其中包括旧时期的社会组织和过往。不可见的城市是与我

---

① 阿斯曼. 文化记忆：早期高级文化中的文字、回忆和政治身份［M］. 金寿福, 黄晓晨, 译. 北京：北京大学出版社, 2015：82.
② WALEY P. Speaking gentrification in the languages of the Global East［J］. Urban studies, 2016, 53 (3): 615-625.
③④ 范玉刚. 文化创意在建设"公园城市"中的助力作用［J］. 中原文化研究, 2020 (1)：47-52.
⑤ SETTIS S. If Venice dies［M］. New York：New Vessel Press, 2016：25-27.

们与时俱进的，因为不可见的城市就是我们，我们每一个人。①

公园作为可见的物质遗迹可以看作北辛安地区的身体，而其中承载的社区则是北辛安地区的灵魂。地区的灵魂是带有多样性的，每一个人都是"地区灵魂"的一部分，他们的生活方式各不相同，但随着绅士化进程的加剧，同质化的城市景观正在让"地区灵魂"的独特性逐渐消弭。

(二) 地区身体的保留与地区灵魂的遗失

在城市更新中，那些造就异质性场景的元素往往都是对于过去元素的使用，如老旧街区改造中的修旧如旧、保留建筑原始风貌等措施，但在对于当下的实际消费生产方面形成了一种新的一致性，比如在不同地点却具有相同消费场景导致的空间同质化。公园虽然在建筑形式构建上达到了对旧时期北辛安街景的保留，使得可见城市（身体）得以从同质化的城市景观中解脱，但不可见城市（灵魂）不可避免地遗失了，其中的游客行为模式与消费活动已经与这座消费城市中的任意旅游地点达到了同构，地区灵魂的遗失成了人们在城市化进程中不得不作出的舍弃。如今，即使在地居民就坐在广场中休息，也没有形成诸如旧时期的运动比赛、交际舞、茶话会、露天电影放映等基层活动。来访者的旅游体验已经开始无关于这片空间的灵魂，如主动发掘这里有什么习俗、有没有什么传说、平时在地居民会做些什么等，而是转向对于可见城市建筑（城市身体）的图像崇拜，来访者空间体验的最终目的往往是形成社交媒体上的几张照片而已。久而久之，游客便不再关注不可见的城市（灵魂）和其中的身份认同。

四、城市更新需要保留城市的不可见气氛

公园重建了"舒适物"，引入了消费者喜欢的场景，打破了公益性事业空间与商业性产业空间的物理限制，意图通过人们在寻找文化记忆的过程中产生消费。公园的场景营造有别于传统公共空间的设立，场景在文化城市中传播的是一种价值观，

---

① TZATZADAKI O. Instagram tourism VS invisible city: a research about venice's artisanal activities [J]. ABACO: Revista de cultura y ciencias socials, 2018 (2): 65-72.

会形成一种城市的价值取向，从而影响某些特定人群的生活与工作。[①] 在存量时代的城市更新过程中，地区需要加强对更新前的社区活动进行梳理与保护，为相应的活动提供适配的公共空间与保护措施，让软性的非物质层面的保护同硬性的物质层面保护双线并行，使得更新后的地区既留得住故乡又留得住乡愁，保留住可见城市中的不可见的气氛，促使游客在图像崇拜之外被承载地区内核的街区活动吸引，使得城市更新之后的街区文化同样具有可持续性。

（一）梳理在地居民的自发性社区活动

在城市更新进程中，在地居民以社区为单位的自发性活动也应当保留，以达成改造地区个体意义上文化行为的延续性。大院、厂区等高邻里性空间中的在地居民及其后代在棚户区改造后的新建回迁建筑中面临着钟摆式人群流动与生活原子化的境遇，在改造前便存在的一系列自发性的社区活动将成为解决现代性问题的重要抓手，杂院、厂房里的群众文化行为在今后的建筑改造前需要进行系统的保护性梳理与延续，并为在地居民的自发性活动创造充分的活动空间与延续性保障。

（二）促进文化场景整合至公共政策

社区性的巩固与拓展作为城市更新后的重点，往往依赖于地区公共政策的制定。对现有地区公共政策进行梳理，我们可以发现政策多倾向于物质层面的保障，非物质层面的软性支持仍需要得到更多重视。目前，公园定期发布运营调研报告的机制尚未建立，更新后地区满意度的收集也存在缺位的情况。运营作为公共服务的重要一环，需要得到充分的公共政策支持，应当允许第三方运营团队介入更新的全周期，从而培育出真正适用于在地社区的运营机构，进而促进文化场景真正整合至地区公共政策，并唤醒地区灵魂的回归。

（三）建立多元主体治理下的共创机制

公园的落成将会形成大众的讨论空间，公园空间的利用需要依托包括多元主体治理在内的共创机制，以充分释放北辛安地区中多样性人群的创意禀赋。应当建立

---

① 范玉刚．文化创意在建设"公园城市"中的助力作用［J］．中原文化研究，2020（1）：47-52．

不局限于各个职业或年龄的多元主体治理下的共创机制。多元的在地力量可以依靠共同的文化场景设施进行城市共创活动,以声乐、绘画、戏剧演出、旧物交换等多元的方式呈现。例如,芝加哥市政府要求所有的城市部门都将某种类型的艺术活动纳入其常规项目中[1],使得警察、公务人员等政府性质群体与各在地社区的青年群体及第三方机构一起进行戏剧表演,以促进当地的剧院发展,邻里性的凝聚为多元主体的共创与治理提供了内在动力。公园在特殊历史定位与地区文化记忆的双重影响下,同样可以依靠上述的共建机制进行城市活动的创新实施。

(四) 营造更丰富的地区记忆展示形式

新安城市记忆公园设立了承载地区记忆的空间载体,将石景山区人民政府旧址改造为记录北辛安地区文化记忆的陈列馆,但由于工业文化消费时代的社会特性以及文化产品的局限性,北辛安地区文化记忆的呈现形式主要依赖于老物件的展陈与历史脉络的语义传递。需要注意的是,语义记忆需要得到受众具身化的体验才能转化为知识,进而覆盖更多新兴人群。当前北辛安地区记忆的展示形式仍应贴近生活并丰富展示形式,陈列馆中单向的凝望无法将记忆内化为地区个体的记忆,而我们日常生活里的许多要素都代表着一种具身化的知识。[2] 以庙会或市集的文化记忆为例,庙会或市集成为具有象征仪式色彩的日常文化现象而得到传递,纵使时间与社会环境已经发生变化,在当前受年轻群体欢迎的文艺市集现象之中,依然可以看到数十年前庙会或市集的印记,这种传递使得逛市集成为老少皆宜的文化活动。强化地区记忆的具身化体验,将为营造更丰富的北辛安地区文化记忆的展示形式带来新的思路,如将老工人邀请至公园与年轻群体野餐漫谈、举办"钢铁市集"邀请师傅通过工业技艺售卖原创工艺品、在地居民共铸地区公共钢铁艺术装置等形式,使得年轻群体与长辈群体在新安城市记忆公园产生现时化的记忆共鸣。

(韩易,首都师范大学文学院文化产业系硕士研究生)

---

[1] 西尔,克拉克. 场景:空间品质如何塑造社会生活 [M]. 祁述裕,吴军,等译. 北京:社会科学文献出版社,2019:330-331.
[2] 埃尔,纽宁. 文化记忆研究指南 [M]. 李恭忠,李霞,译. 南京:南京大学出版社,2021:319-320.

从社交媒体的废墟探险分享
看北京城市的背面

林 晨

摘 要：废墟探险分享是社交媒体近几年兴起的细分领域。分析社交媒体上的北京废墟探险分享可以看到北京城市的背面。本文以时间、空间、人三个层面为切入点，从时间维度探讨废墟在北京城市中如何形成、又如何在社交媒体隐形与再生；从空间维度列出北京废墟探险分享中热度最高的废墟点位的空间类型，借助同时段的政策背景与经济发展概况，探求北京废墟探险分享中的废墟从何而来，将评论区网友对北京的回忆以及影像中的北京在空间坐标中还原出来，以此来看北京变迁中废墟空间的形态。最后探讨废墟探险者与城市的关系，以及人在城市中的重要性。

关键词：废墟探险；城市空间；社交媒体

一、废墟与废墟探险

废墟（ruin）是建筑遭遇外力破坏或被人类遗弃后遭到自然侵袭而形成的物理遗存。[①] 西方语言中的废墟多与"落石"有关，因此，在西方美学语境中，废墟多指石质结构的建筑遗存，而古代中国由于建筑材料与西方迥异，对于古建筑遗迹更

---

① 滕小娟. 废墟审美与中国城市电影的现代性建构［D］. 南京：南京大学，2020：2.

多是进行修复或重建，鲜少加以保存，描绘建筑废墟的传统绘画作品也几乎没有。[①]到了20世纪，中国涌现出许多与废墟相关的艺术作品，这些作品以民族灾难、战争创伤、城市建设中的工业基地淘汰和大规模拆迁等为主题，紧扣国家发展的历史进程。

城市探险可以追溯到1793年法国人菲力拜·阿斯贝对巴黎地下墓穴的探险活动，20世纪城市探险爱好者设法进入城市因各种原因被遗弃的建筑里，如旅馆、商场、医院、学校、监狱、工厂等，也可能是未经允许闯入仍在使用中的建筑内部，如城市基础设施中的排水管道、地下防空洞等。这项探险活动常常被称为废墟探险，因为除了好奇建筑的运转而闯入正在使用的建筑内部外，多数时候探险者都是进入建筑废墟。这些废墟也许仍有人看管，也许已经成为流浪汉的居所。2005年左右，国内城市经历了大规模建设后，城市青年也逐渐远离了森林、洞穴等自然探险地，废墟探险活动自然而然地也在小部分富有好奇心与探险精神的群体中传播开来。

社交媒体时代，废墟探险者在探险之后大多会以图文或短视频的形式分享自己的所见。许多社交平台上都可以看见废墟探险相关的分享，包括微信公众号、哔哩哔哩（以下简称B站）、豆瓣、微博、抖音、西瓜视频、小红书、知乎等。北京废墟探险分享在社交平台上有一定数量的网友观看，且一些足够新奇的地点还能吸引废墟探险爱好者以外的网友观看。截至2024年11月，B站的废墟探险视频《探险北京地下城》播放量达96.8万，《建在水库下的废弃游乐园》播放量达135.1万。

社交媒体上的废墟探险以及本文所讨论的废墟并不局限于破败的、摇摇欲坠的建筑，一些经营不善、无力维护日常运转的场馆也被纳入废墟的范围，只要建筑的功能性丧失了，原本在建筑内活动的人撤离了，哪怕外观还完好的建筑，也属于本文探讨的废墟。

[①] 巫鸿. 废墟的故事：中国美术和视觉文化中的"在场"与"缺席"[M]. 肖铁, 译. 上海：上海人民出版社, 2012：9.

二、时间：废墟的形成、隐形与再生

（一）废墟的形成：精神与物质上的避难所

枯树倒下了，成为自然废墟，却仍能给微生物提供养分，在区域内形成新的生态系统，而建筑废墟的空置，也给了另一批人与城市发生深层关系的可能。废墟所处的特殊状态让一群人短暂地拥有了北京的一小部分空间。

许多网民无法理解寸土寸金、房价极高的北京，还能有占地空间如此大的废墟，他们在北京废墟探险的视频下留言："北京还有这么多的空地？""一边是断供的房子无力支付，一边是废弃物的浪费，天壤之别就这么完美地统一在这个地方。""其实我觉得浪费好多土地。"事实上，这些拆迁地和烂尾楼多在昌平区、丰台区、房山区，离市中心有一定距离，且因为资金断裂、产权纠纷等各种原因无法继续动工。拆迁是城市更新的必要条件，但北京的许多拆迁废墟，如昌平区定福皇庄村非宅建筑与宅基地相邻而建，出现了拆除一半留一半的建筑，在现场空置多年，在空间和时间上都处于正常生活之外。有博主前往废弃公寓、幼儿园和其他居民配套设施探险，废墟里还留下了很多生活用品。

废墟也成为物质上的避难所，是讨薪的建筑工人、钉子户、流浪汉继续居住的场所。北京世界风情园工程因故停工十余年后，有电但没有水，残破的建筑周围堆满了垃圾，未拿到工程款的几家施工单位雇了人看护残存的建筑，看护员在废墟建筑旁盖了简陋的房子。附近建材市场的农民工也曾在这里住过。[①] 针对拆迁出现的一系列问题，政府出台了新的政策，2022年12月通过的《北京市城市更新条例》提出，小规模、渐进式、灵活多样地推进城市更新。[②] 北京不搞大拆大建，强调减量发展，注重城市修补，以此来避免更多拆迁拆一半的现象。

[①] 世界风情园成北京最大废墟 曾由陈希同规划［EB/OL］.（2009-03-02）［2023-04-29］. https://news.ifeng.com/society/5/200903/0302_2579_1038746.shtml.

[②] 北京市城市更新条例［EB/OL］.（2022-12-06）［2023-04-29］. http://www.beijing.gov.cn/zhengce/dfxfg/202212/t20221206_2871600.html.

（二）废墟在社交媒体的隐形与再生

无论在哪个城市，大部分人都不会关注城市里的废墟。废墟在城市中是"隐形"的，它存在，却被人忽略。居伊·德波曾说："如果景观有三天的时间未对某事发表看法的话，那么，这件事就好像不复存在了一样。由于景观继续谈论的是另外的事，那么，简言之，另外那件事自此就开始存在了。"① 网友常把社交媒体上谈论的范围当作世界本身的尺度，而废墟建筑往往在十几年前社交平台还未兴盛时就停止了使用，太久不被讨论，渐渐地走向被覆盖、被遗忘，甚至无法检索到信息，在社交软件上没有痕迹，就像是不存在于城市中。除了这些废墟探险的分享之外，恐怕没有几个人会在社交平台上再次提起这些地方。废墟探险的圈内规则是不公开地址，以防止对废墟造成二次破坏，要想找到这些地点非常不容易。废墟地理位置的获取方式包括与同好者交换地点、去实地探查、询问当地老人等，废墟探险的"探"字可谓名副其实，这便是废墟在城市中"隐形"的另一个原因。

废墟探险博主用摄像头给这些在北京地图上消失的地点重新打上聚光灯。对废墟地点的发现就像是另一种意义上的废墟再生。原本看不到的东西就不存在了，但因为博主的探险，废墟在社交平台中重新存在了。一个北京废墟探险的博主说："我在废弃工厂幼儿园中发现一些历史名人参加活动时的照片，这些照片被遗忘了，当时可能也没有发表，如果我不去拍这些照片，它们可能随着大楼的拆除跟渣土一起被拉走了。"因此，他常常在分享视频、发布帖子时提到一个理念："探索废墟，发现历史。"博主们利用摄像设备，抢救式地记录下北京废墟的现状和它仍保留的一些过往遗迹。

社交平台上的废墟再生需要时机。北京城市发展快速，今天还能看到的废墟，也许第二天就被拆除了。例如，首钢园在 2019 年改造完成并陆续开放；前门东区早期人防工程在 2019 年 10 月被改造成微型展厅；朝阳公园奥运沙滩排球馆在 2022 年 4 月被改造为电竞场馆。2021 年起，北京历史文化名城保护对象增加了优秀近现代建筑和工业遗产。② 自此，19 世纪中期至 20 世纪 70 年代期间建造的有较高价值的

---

① 德波. 景观社会评论 [M]. 梁虹, 译. 桂林：广西师范大学出版社，2007：11-12.
② 北京历史文化名城保护条例 [EB/OL]. (2021-01-27) [2023-04-29]. http://www.beijing.gov.cn/zhengce/dfxfg/202102/t20210207_2278719.html.

建筑都有可能被列入保护范围，北京的废墟因随时可能消失或禁止进入而更显珍贵，博主在分享时常常备注"这里已经去不了了"，正是这种稀缺性和时效性吸引着废墟探险爱好者。

三、空间：城市更新中定格的建筑

"城市必须在历史的链条中，在一个兴衰史中来确定自己的位置，这样，自然的结论就是，一个时代的城市有一个时代的城市容貌。"[①] 废墟视频勾勒出北京变迁的时间线，网友随博主坐上时光机，每一段北京史中都有一批代表性建筑空间兴起，最后又因各种原因成为废墟。在北京废墟中，20世纪50年代建立的国企工厂，20世纪60年代建造的备战的防空洞、北京地下城，20世纪90年代兴建的各种人造景观和游乐园，无不带着时代的印记。通过观察北京废墟里的生活痕迹，我们可以透过历史的一角窥见一代人命运的缩影。整理归类各个社交平台中的北京废墟探险分享后可以得出，北京废墟中较多的是废弃的工厂和文娱场所。

（一）工厂

北京废墟探险分享中涉及的工厂有：北京焦化厂、鹿牌保温瓶厂、玻璃厂、红冶钢铁厂、仪器厂、寨口水泥厂、东方红发电厂、北京重型机器厂、轴承厂、印刷工厂等。这些工业生产区周边都附带生活区和文化娱乐区，许多网友表示自己的父辈一直在里面工作，自己在工厂单位房中度过了童年，因而十分怀念。博主探哥写道："那个时代跟台上的幕布一样落下又消失了。我老家附近有三个分厂，共用一个'工人俱乐部'，也就是影剧院。90年代初工厂效益好，每年大年初一免费开放，无论工人农民只要穿着得体都可以进去看演出/电影。这是我对影剧院最早的印象。当看到这个废弃影剧院，感受尤其深刻。"

工厂的大规模建设开启于第一个五年计划期间，中国大力发展工业以恢复国民经济，解决就业及生产生活等问题。1953年的《改建与扩建北京市规划草案要点》提出，要将首都建设成为我国强大的工业基地和技术科学的中心。而一些工厂废弃成为废墟是在1983年《北京城市建设总体规划方案》发布后。该方案提出，今后北

[①] 汪民安，陈永国，马海良.城市文化读本[M].北京：北京大学出版社，2008：前言4.

京不再发展重工业。在北京城市规划的变迁下，许多工人的工作、生活环境发生了变化。

（二）文娱场所

20世纪90年代国内大城市兴起了游乐场等文娱场所建设热潮，从B站视频《废弃山洞里的无数神像》的评论区可以看到许多网友都有着相似的童年记忆："90年代有不少这种主题展览馆，本地也有不少，什么西游记宫、民俗文化馆啥的。""不少是防空洞改的，比如视频上这个。"

北京具备吸引大量资金的潜质。资本将尽可能不同类型的用地空间聚合在一个城市内，产生最大的经济价值，提高消费空间的竞争能力。资本逐利下的城市竞争使任何短时吸引大量资金的项目都具有极高风险，城市容易在整体上出现过度投资的问题。① 北京建设的九龙游乐园、北京游乐园、沃德兰乐园、老北京微缩景园等都在21世纪之初被废弃了。

据历史资料，从1992年开始，"明皇蜡像宫""老北京""世界公园"等近40家人造景点陆续建成，但由于经营者对市场的错误判断和重复性建设，它们的经营状况都极为惨淡。"明皇蜡像宫"和"老北京"的投资额都在1亿元以上，投资血本无归；一直未建成的"世界风情园"，投资预算更是高达3亿元。②

近些年，针对借主题公园进行政策套利的现象，政府部门进行了更明确的规范。2018年4月，国家发展改革委等5部委联合印发了《关于规范主题公园建设发展的指导意见》。该意见提出，要严控房地产倾向。"主题公园周边的酒店、餐饮、购物、住宅等房地产开发项目，必须单独供地、单独审批。""对拟新增立项的主题公园项目要科学论证评估。"③ 北京城市2035年发展目标包括"大城市病"治理取得显著成效。④

---

① 汪民安，陈永国，马海良.城市文化读本［M］.北京：北京大学出版社，2008：12.
② 世界风情园成北京最大废墟 曾由陈希同规划［EB/OL］.（2009-03-02）［2023-04-29］.https://news.ifeng.com/society/5/200903/0302_2579_1038746.shtml.
③ 关于规范主题公园建设发展的指导意见［EB/OL］.（2018-04-09）［2023-04-29］.https://www.gov.cn/xinwen/2018-04/09/content_5281149.htm.
④ 北京城市总体规划（2016年—2035年）［EB/OL］.（2017-09-29）［2023-04-29］.http://www.beijing.gov.cn/gongkai/guihua/wngh/cqgh/201907/t20190701_100008.html.

不复往日辉煌的游乐场所依然发挥着造梦功能，让探险博主和网友想象当时的场景。在社交平台上，北京废墟探险分享评论区的网友总是支持保留一切。看到停止运营的九龙游乐园的废墟视频，许多网友留下评论："这个真的很有创意，既没有脱离传统美，又不守旧。""为什么现在这样的（设施）没有了。其实当时的（设施）色彩饱和度特别高，在小孩子眼里都是非常好看的，亮晶晶，五颜六色。""好奇特的美，为什么这种（设施）没办法传承？""为什么现在很少在国内看到这种中国神话 IP 的游乐园了？没想到曾经也有游乐场做过这种设定，我觉得放在现在这个国潮崛起的时代，真的会火。"对于长时间在户外不复原貌的老北京微缩景园，网友感叹道："以当年的工业能力，生产出如此耐久的模型太不容易了，砖块瓦片看起来都是独立的。""这些建筑的细节可以说是拉满了，就不说城楼这种连砖墙都还原的（建筑），单就彩画瓦当啥的成本就不低。"

网友在社交平台上展现出怀旧的状态。地方因回忆而蒙上滤镜，地方是人在此地生活过的证明，装载着人的情感。网友追忆童年，厚古薄今，认为当时的审美超过现在，那时候做的东西更费心思、更具中国特色，而现在的设计千篇一律、缺少灵气。废墟给人提供了直面往昔的空间，重新剖析自我成长与城市发展之间的丝丝关联。

（三）对旧有空间的过度美化

对着一个想象的符号凭吊逝去的青春，忽略"过去"的复杂性，这样过度美化、不切实际的怀旧，是巨变下的迷茫，还是对总是变化的城市规划的一种反抗？1年一大变的城市规划是基于北京城市现状的正常调整，但对于北京居民来说，是过于快速的景观更迭。无论有多怀念，北京也不会因为某个人而停留在特定的时期，因而北京废墟探险分享就给北京的居住者一个乌托邦，在这个空间里没有过去物质缺乏的伤痛，也没有当下忙碌的虚无，媒介的转述给废墟蒙上了美化的滤镜，传递给网友的是断壁残垣之美，而没有潮湿的空气、灰尘与蜘蛛网。

北京废墟空间定格在城市更新中，废墟周围的建筑向未来奔去。新的建筑长相千篇一律，一眼看过去，不属于过去、现在和未来，因为变化迅速所以无所属，它们随时做好了被更新的准备，不会被留下。20 世纪的建筑因为陈旧和不变，一直属于那个时代。许多废墟探险的分享有一种定格感，匆忙的搬迁让建筑的原主人什么都来不及带走，最后这些物品的主人也遗忘了或者不得不遗忘了它们。如果废墟只剩一个建筑的空壳子，其实是不那么吸引人的，正是当时的仓促搬迁才让这个空间变得有魅力，让人们从使用痕迹中的历史线索去推测旧日活动。

四、人：北京废墟探险者与城市的关系

废墟探险者实际上是从另一个视角看北京，挖掘城市不为人知的背面。废墟探险者享受支配感，"升到世贸中心的顶点就意味着摆脱城市的控制。身体不再随着街道莫名其妙地转来转去……他的高度将他变成了窥视狂，将他置于一定距离之外，将拥有他的迷人世界变成他眼前的一本书"[1]。德赛都说，这种欲望催生出对城市的新的看的方式——俯瞰。另一些废墟探险者可能又以一种浪荡子的视角观察社会，他们在废弃居民楼翻捡着老照片，阅读着墙上的旧标语，"他是城市的原居民，所以他不会像游客一样只拣名胜来欣赏，而是如'一只看家老狗'，专嗅被历史扔掉的东西"[2]。他们仔细地去比对和记录在北京城市建设过程中哪些东西被扔掉，哪些东西又被批量复制。废墟探险者在行走中回归原始，把购买与获得快乐二者之间的等号暂时去掉，进行一些身体上的探险运动，用未知来刺激生理、满足消遣需求，他们在行走中与城市空间的关系更紧密。

一些北京废墟探险者将废墟看作"法外之地"，以城市探险的勇气与面对未知的风险作为置换，换取曾经需要门票才能进入的游乐场的游览机会，进入原本只有高阶层人才能接触的空间，爬进只有维修员工才能看到的工业烟囱内部……建筑的废弃让探险者得以摆脱金钱、职业、地位身份的束缚，佩戴废墟探险的勋章。有网友在九龙游乐园废墟视频下留言："我突然想到，要免费逛景区，就等他荒废。"这样的留言流露出一种废墟空间的闯入者心态。

五、结语

芒福德的《城市文化》一书中提出，"在建筑中'生命'意味着要充分地和生活

---

[1] 汪民安，陈永国，马海良. 城市文化读本[M]. 北京：北京大学出版社，2008：164-165.
[2] 汪民安. 文化研究关键词[M]. 南京：江苏人民出版社，2020：199.

保持关联"[①]。如果无视周围环境，建筑和城市就会呈现出"无生命感"的状态。废墟中不存在人，更不存在流动的生活，因而也与周围的环境割裂开了。人在城市中的重要性可见一斑，人不仅在建筑中停留、居住，更重要的是人会在建筑中实践。《地方的纹理》这本书在探讨地方与人的关系时提出了"纹理"这一概念，地方的纹理不仅指表面、过程和结构，也指交流行为以及由地方创造和构成的多种背景。地方是社会关系和人类与环境的互动的交织。地方像布料的编织一样可以被感知，人是编织的一部分，地点也是人的所在。"一个鬼城，甚至一个活着的小镇，都是由想象的过去和虚构的社区编织而成的，是我们生活的时代和社会的产物。"[②] 地方的形成比起在表面搭建一个空盒子，更像是由人的社会实践的一根根纤维织造成纹理。如果抽掉社会实践，地方也随之消失。废墟呈现的就是一种失去了人类在场的地方，只剩下残缺的建筑和一些人类实践活动的痕迹。没有人的城市废墟就像是钢筋水泥制成的冰冷的巨兽。

对于一座城市来说，规划中要拆除的区域可能只短暂地在城市中存在了十几年，对于住户来说却是一整个童年的回忆，是支撑他们后来继续生活的从前的根。变成废墟的建筑无法回答谁缔造了人文建筑，谁曾居住在这，为什么走了，走去哪里，只有新闻报道中笼统的字句证明一群鲜活的人也在此地生活过。少了人气的建筑破败速度远高于其他建筑，在时间面前人尤其无能为力。社交平台上的废墟探险分享试图在碎片中拼凑出一座城市的过往。废墟中的主体缺失让博主和网友可以搭上穿越时空的机器，回到过去，占有空间，做一场梦。

（林晨，首都师范大学文学院文化产业系硕士研究生）

[①] 芒福德. 城市文化[M]. 宋俊岭，李翔宁，周鸣浩，译. 北京：中国建筑工业出版社，2009：446.
[②] ADAMS P C. Textures of place：exploring humanist geographies[M]. Minneapolis：University of Minnesota Press，2001：xiii.

数字藏品的灵韵再现与辨析

周芯如

摘　要：在本雅明的灵韵理论中，传统艺术品所具有的灵韵随着机械复制时代的到来而消失。近年来，区块链技术下的数字藏品因其独一无二的属性，似乎使得灵韵再现。本文基于本雅明的灵韵理论，分析数字藏品的概念及属性，剖析数字藏品的生产环节，进而思考数字藏品的灵韵缘何而来，并对其加以辨析。本文的结论是，数字藏品的灵韵再现实际上是技术和工业运作赋魅的产物，与本雅明所言的灵韵仍具有本质的区别。

关键词：本雅明；灵韵；数字藏品；文化工业

2021年3月，香港佳士得以6,935万美元卖出了一幅数字画作 The First 5000 Days[①]，数字藏品的热潮也随之兴起。目前，国内多家企业都已布局数字藏品平台，博物馆、个人创作者也借助于此类平台推出自己的数字藏品。有机构预测，2026年中国与数字藏品关联而带动的市场规模将达到926.3亿元。[②] 依托于区块链技术，数字藏品作为数字技术时代的新型艺术存在方式，构成了艺术实践和艺术理论思考的一个新窗口。数字藏品融汇了科技、潮流、艺术的特征，因其基于区块链技术的唯一性、不可复制性等特点受到了广泛关注。这种技术加持下的独一无二性似乎在

---

① BEEPLE. The first 5000 days [EB/OL]. (2021-03-11) [2024-07-03]. https://onlineonly.christies.com/s/first-open-beeple/beeple-b-1981-1/112924.

② 速途元宇宙研究所. 激活数字经济的钥匙：2022数字藏品产业研究报告 [EB/OL]. (2022-10-26) [2024-07-03]. https://www.iotku.com/News/747566699854692352.html.

数字时代重新为艺术品赋予了本雅明曾惋惜的，在机械复制技术时代消逝的灵韵。本文在数字藏品的热潮下进行了冷思考，探讨数字藏品的灵韵问题。

一、本雅明的灵韵理论

（一）本雅明的基本立场与时代背景

瓦尔特·本雅明（Walter Benjamin）是一位渗透着强烈现代精神的学者。相对于其他法兰克福学派学者，作为游离者的本雅明对现代文化与艺术并不持有那么强烈的绝对批判态度。现代工业社会中的艺术是本雅明的思考重点之一。受到马克思主义的影响，本雅明反对将艺术作为自律的对象来思考和分析问题，而是将其置于广泛的社会与文化大背景中来进行理解。

本雅明生活的20世纪上半叶，是一个各方面经历了巨大变化的时代：工业社会快速发展，手工劳动社会随着大规模机械制造的普及走向终结。大规模机械制造不仅改变了生产方式，也对传统艺术造成了巨大的影响，与手工劳动社会相对应的古典主义走向终结，现代主义逐渐兴起。传统与现代的转变背后，技术是一个重要的推手，其中典型的案例就是本雅明着重提及的，以摄影为代表的机械复制技术，它给传统艺术带来了绝对性冲击。面对新旧艺术，本雅明的关注焦点正是机械复制技术所引发的种种艺术变革。《机械复制时代的艺术作品》一书集中呈现了本雅明的思考，而其中提出的灵韵概念则是他阐述现代社会艺术发生质变的关键。

（二）本雅明的灵韵理论

灵韵，即aura，原指圣像头上的光环或文学作品的某种神秘品质。本雅明的灵韵是指传统文化艺术具有的独特性、神圣性等品质，这种品质在传统社会中拥有一种特殊的历史地位，比如荷马史诗和中世纪绘画，都具有一种仪式或膜拜功能。灵韵附着于传统艺术品之上，其内涵主要包括原真性、膜拜价值、距离感。

1. 原真性

所谓原真性，不仅仅指相对于赝品或复制品而言的原作的真实性，更指艺术作品存在的时间与空间，包括它在时间上的传承、历史上的见证等。传统手工艺术品的存在过程与历史紧密相关。赝品或复制品无论如何也无法重现原作的即时即地性，因此，原作的这种原真性，就使其相对于赝品和复制品有了独特性和权威性。但随着摄影技术的发展，人们无须长时间等待或进行二次处理就可以显影相片内容，相片所拍摄的内容被广泛重复传播，原作与赝品和复制品之间的界限也变得模糊，艺术品的原真性便无从追溯。

2. 膜拜价值

艺术品最早的出现与人类的膜拜行为紧密相连。本雅明指出："最早的艺术作品起源于礼仪——起初是巫术礼仪，后来是宗教礼仪。"① 巫术与宗教礼仪所赋予的神性让履行仪式功能的艺术品在这一过程中具有了灵韵。但到现代，艺术品的膜拜价值逐渐降低，让位于展示价值。机械复制技术时代，由于对艺术品进行技术复制的方法具有多样性，这便使艺术品的可展示性大规模地得到了增强②，尤其是增强了视觉效果。即使膜拜价值存在于艺术品的制作和欣赏中，也可能已异化为一种"集体无意识"。

3. 距离感

传统艺术品的原真性和膜拜价值造成了距离感，而距离感是灵韵得以生成的重要因素。从时间与空间角度上来看，由于艺术作品具有原真性，必须置于其诞生的语境之中，而观看者永远无法亲自置身于它所诞生的彼时彼地，因此也就永远无法接近它。从心灵角度上来看，艺术品这种广义的时间与空间上的不可完全接近性与膜拜功能，让即使处于伸手可及之处的艺术品仍然能在心理层面与观看者保持一种朦胧的距离感。例如，传统作品在展览时被贴上标签，让观看者借此知道作品是具有久远历史的真迹，即使物理距离很近，也会让观看者产生心理上的距离。然而，在机械复制技术下，艺术品的巨大数量让观看者得以在此时此地随时欣赏，从而破坏了这种距离感。

（三）数字技术时代的灵韵理论

本雅明的灵韵理论针对的是20世纪初的情况，即机械复制技术时代的艺术品。与本雅明生活的社会相比，当今社会的生产技术又发生了新的变化，数字虚拟技术

---

① 本雅明. 机械复制时代的艺术作品[M]. 王才勇，译. 北京：中国城市出版社，2002：92.
② 本雅明. 机械复制时代的艺术作品[M]. 王才勇，译. 北京：中国城市出版社，2002：95.

成为生产的重要方式，社会形态从工业社会迈入信息社会，艺术从现代转入后现代，并深刻地受到这种虚拟性变革的影响。许多研究者结合当下的技术时代背景，讨论了数字技术时代的灵韵理论问题。

英国学者贾洛斯以后机械复制将数字技术时代的复制手段与本雅明所处的工业技术时代的复制技术相区别，并指出后机械复制的核心是计算机。① 刘毅则进一步指出了计算机作为一种新型复制技术的最根本的特性，即计算机不是直接进行物质生产、经济获利、开展科研、媒介传播的工具，而是兼具汇聚各方信息、链接各种机器的终端属性，以及各种重新组合、加工的生产属性②，并认为计算机在艺术生产方面的普及革新了本雅明的"机械复制—灵韵消散"的逻辑。马利纳与本雅明一样关注摄影技术，他在对数字技术时代的摄影技术考察中，发现数字技术时代的复制技术更强调对于初始规则的设定，大大增加了副本的多样性，技术因此突破了简单的拷贝复制而衍生出多形态、多媒介，既相似但又具有差异性的艺术品，对此，他借用了生物学上的"有性繁殖"来说明这种新型复制逻辑，由此艺术品的原真性就变成了一个更为复杂的问题。③ 因而，膜拜价值的距离感又面临了比本雅明时代更为严峻的挑战。在技术平民化的背景下，计算机作为一种生产工具被广泛普及，每一个人都能通过计算机主动地参与艺术品的生产和复制过程。由此可见，在数字技术时代，本雅明的灵韵理论仍有极强的价值，我们需要依据具体的语境对灵韵进行深入思考。

二、数字藏品及其生产环节

（一）数字藏品及其特征

2021 年被称为非同质化通证（non-fungible token，NFT）元年。作为 NFT 在

---

① JAROS M. Towards re-definition of space-ness in the post-mechanical age: methodological notes [J]. Landscape and urban planning, 2007, 83 (1): 84-89.
② 刘毅. 灵韵消散之后：艺术生产与审美经验的跨媒介重建 [J]. 南京社会科学，2020 (12): 125-132, 148.
③ MALINA R F. Digital image-digital cinema: the work of art in the age of post-mechanical reproduction [J]. Digital image, digital cinema: siggraph'90 art show catalog, 1990 (3): 33-38.

艺术品领域的应用，数字藏品是虚拟物品独一无二或限量的复制品。根据《数字藏品合规评价准则》①，目前国内市场流通的数字藏品是利用区块链技术对特定的作品、艺术品等生成唯一数字凭证，又称为"数字艺术品""虚拟数字商品"。针对数字藏品的特征，我们可以从技术属性和价值属性两个角度思考。

1. 技术属性

区块链技术是数字藏品核心的技术属性，包括独一无二性、去中心化和透明化等特点。在互联网时代，网络复制品的门槛和价值都较低。相比之下，以区块链技术作为底层技术的数字藏品具备唯一的特定标识和明确的所有权，具备一定的技术含量，可以永久保存，其有独一无二性。同时，区块链采取了链形数据结构，即将这些数据的存储分散到区块链网络的多个节点上，实现了去中心化。依托区块链技术，数字藏品的所有权信息和历史交易数据等信息在防篡改的链形数据结构中得以存储，所有用户都可以查询和验证数字藏品的相关信息，从而也就具备了透明化的特点。

2. 价值属性

在价值属性层面，数字藏品和传统艺术收藏品有较多相似之处，包括收藏价值、艺术价值和社交价值等。其中，数字藏品的社交价值在网络平台的催化下显得尤为突出。根据马斯洛的需求层次理论，人的需求分为金字塔形的五个层次：生理需求、安全需求、归属需求、自尊需求和自我实现需求。在当今日益发达的社会中，人们在基本需求得到满足后，对自尊和自我实现的需求越来越强。现在人们对人际交往的渴望越来越强烈，也越来越关注自身形象。购买数字藏品本质上是象征性消费、符号消费，消费者重视的正是艺术品的这种创新创意和艺术特征。此外，收藏的乐趣在于拥有别人未曾拥有的东西的优越感，有机会花少量的钱，买到只属于自己的具有独特序列号的数字藏品，这是收藏家们的一种专属快乐。在爱好者眼中，数字藏品是一本独特的社交护照，也是宣传自己爱好和地位的有效途径，帮助收藏者增加社交资本，找到与同群体成员的共鸣，享受群体的归属感，建立强大的文化共识。

需要特别说明的是，虽然数字藏品源于NFT这一概念，有学者认为国内的数

---

① 中国商业股份制企业经济联合会关于发布《数字藏品合规评价准则》团体标准的公告［EB/OL］．［2022-11-21］（2024-07-01）．http://www.ejccse.com/open/367.html．

字藏品是对 NFT 的通行称呼，改名是"出于规避政府监管的考虑"①，但二者仍存在实质性区别，需要加以区分，具体如表 1 所示。

表 1 国外 NFT 与国内数字藏品对比

元素	国外 NFT	国内数字藏品
交易模式	法币/虚拟货币	法币
流通性	可在二级市场自由流通	无偿转让或平台内流通
市场涨跌	允许炒作、较为宽松	禁止炒作
底层链平台	公链	大部分基于联盟链
用户信息	匿名	实名
底层资产	艺术品、游戏资产、虚拟地产等多类	艺术品

（二）数字藏品的生产环节

从生产环节的角度来看，数字藏品通过对线下艺术品的数字化转化或在线上生成原创性内容后，再通过区块链技术上传到专属于数字藏品欣赏和交易的平台，为购买者提供情绪上的满足，成为其审美品位的象征。这一环节可以简单拆分为四个部分，即内容生产、技术赋能、运营交互和传播展示。

数字藏品本身所具有的收藏价值和 IP 属性决定了其以文化创意内容为核心，属于创新的文化载体和数字文化产品。因此，文化创意是灵魂，需要针对消费者需求和喜好选择优质文化内容资源作为开发对象，差异化定位一幅画、一件文物等艺术品以打造品牌。在开发出藏品内容后，制作方再依据区块链技术所包含的分布式账本、非对称加密以及智能合约技术，通过技术赋能的方式塑造数字藏品的独特性。运营交互是重要一环，即打造数字平台以促使数据关联承接平台或交易系统，提供数字藏品和消费者交易的场所。例如，2022 年国家新闻出版署区块链版权中心与新华文轩等出版传媒单位共同牵头，联合中国网安等技术方和"虚拟数藏"发行方打造了首个数字藏品合规化发行体系——区块链数字出版发行交易平台矩阵，完善了数字藏品的版权转让、出版、发行、收藏和使用链条。传播展示是重点突出数字藏

---

① 康娜，陈强. 数字经济下数字藏品的三个关键法律问题与规制建议 [J]. 山东大学学报（哲学社会科学版），2023（2）：113-129.

品艺术价值的一环。数字藏品呈现出一种特定的艺术或审美形式,审美形式与消费者自身的社会趣味相关联,体现了数字藏品持有者对社会地位、品位以及声誉的精神满足。互联网时代,人们的情感投射逐渐从现实向虚拟蔓延,渴望自身品位、喜好与趣味能超越时空地理限制,得到更多交互,而数字藏品的数字形式比现实物质载体更符合互联网虚拟传播形式。在两者谋和下,数字藏品成为虚拟空间新消费和互动关系的载体,满足了消费者情感需求。

三、数字藏品灵韵辨析

自复制技术开始被广泛地应用于艺术作品领域以来,无数艺术品复制品出现,使得本雅明所言的艺术品所具有的宗教色彩逐渐黯淡,甚至彻底消失。同样,艺术品的独一无二性也不复存在,原真性在复制品上也无从体现。区块链技术赋予了数字藏品独一无二性,也正是这样的稀有性和不可复制性让数字藏品似乎拥有一种特殊的灵韵,展现出其独特魅力和收藏价值。实际上,数字藏品并没有带来颠覆性改变,仍属于文化工业生产的逻辑范畴。正如阿多诺所说,文化工业在严格意义上并没有另立一个与灵韵相对的原则,而是保存了一个残败的、薄雾般的灵韵。[①] 要分析数字藏品身上再现的灵韵,可以从以下三点进行思考。

(一) 数字藏品的原真性

一方面,在NFT技术的支持下,每一个数字藏品都有独特的身份认证。技术赋能和代码确权,让人觉得数字藏品独一无二,以强势的技术再次赋予藏品独一无二的灵韵[②],这使得它们在某种程度上具有与传统艺术品相似的原真性。在技术层面,数字藏品的确具有不可复制性,但这种不可复制性是在可复制的工业化生产流程中诞生的。世界上虽然不能存在两个一模一样的数字藏品,但数字藏品的生产模式和被赋予独特性的过程是可以复制的。事实上,数字藏品的生产已经走向了阿多诺所说的文化工业的标准化和规模化。例如,相较于传统艺术的独立署名惯例,在

---

① 阿多诺. 文化工业述要 [J]. 赵勇,译. 贵州社会科学,2011 (6):42-46.
② 路炜峰,蒋永青. 区块链NFT:开启当代艺术的原创性时代 [J]. 民族艺术研究,2022,35 (2):96-101.

数字藏品的艺术创作中，集体署名、团队创作的现象并不罕见，这就说明数字藏品需要协同合作、有具体分工的生产流程，它就像是新时代下的数字文化工业项目。其中的灵韵也与本雅明所言的灵韵不同。

另一方面，从数字藏品的呈现形式上看，正因为数字藏品采用了先进的数字复制与再现技术，原作和复制品之间不存在本质上的不同。也正是因为数字化的技术，同一份数字藏品的复制和再生产成本很低，理论上可以无限量发行，但如此操作便会导致数字藏品的贬值。可以说，目前市面上大部分数字藏品的原真性在区块链上的体现远大于在艺术形式的体现，其稀缺性也是人为营造的。

（二）数字藏品的膜拜价值

从欣赏心理来看，如果一件艺术品是独一无二的，那么人们会油然地产生膜拜心理；反之，如果一件艺术品是复制的产物，人们则往往不会对其予以重视。为了获取经济利润，部分NFT艺术家通过数字技术的方式将数字藏品"包装"起来，使用各种方式强调甚至夸大数字藏品所具有的神秘技术色彩，推动人们产生对数字藏品的购买欲望。简单而言，就是人为地将数字技术神秘化，以此再造灵韵。在进行数字藏品营销时，卖家往往选择与元宇宙、人工智能、VR等概念结合，并且突出强调数字藏品的永恒性，即藏品会以区块链的方式永存，不会被损坏。数字藏品被打造为一个神秘的对象，其膜拜价值似乎得以凸显。

我国限制了这样"科技至上"的营销噱头，数字藏品的定价也不像国外NFT市场中被炒作出的天价，防止数字藏品异化为商品拜物教的产物。数字藏品呈现出低价和可获得的特征，消费者购买也更为理性。在这样的情况下，数字藏品的神秘性被祛魅，从人造的"膜拜价值"转化为一种现代意义上的"展示价值"，这是一个去神圣化的过程。

（三）数字藏品的距离感

本雅明在著作中这样阐述："那是时间和空间的一种奇异交织，是遥远的东西绝无仅有地做出的无法再近的显现。"[1] 本雅明对灵韵的界定折射出距离，这种距离不仅是"物理距离"还是"心灵距离"，是一种虽然物理距离很近、触手可及，却在心

---

[1] 孟凡行. 灵韵的发生：本雅明艺术理论新探[J]. 民族艺术，2019（1）：98-108.

理上仍保持距离的朦胧、奇妙的感受，因而距离是灵韵产生的源头。①

结合本雅明的灵韵理论，不难发现我国数字藏品的距离感主要来源于科技的赋魅和广告营销，它们为数字藏品营造出各项难以估量的价值，如藏品永不消亡、增值潜力大等，意图使消费者对作品产生心理上的"远"距离，从而催生神秘、模糊、膜拜的灵韵。但结合前文分析，这样的心理上的"远"距离又因其高可获得性和文化工业产物的本质属性而消弭。

四、结语

综上所述，数字藏品因与本雅明灵韵内涵有部分重叠，让人产生灵韵再现的错觉，但本质上数字藏品仍是工业生产的一部分，有着标准化、规模化的特征，和传统艺术品的灵韵存在差异。

在传统手工转向工业生产时代，传统艺术所具有的独特性和神圣感因机械复制而消逝。在广泛应用机械和技术的数字时代，灵韵理论进一步丰富和发展，使对艺术品膜拜价值的理解变为更复杂和更具挑战性的难题。而数字藏品作为数字时代独特的存在，以针对性、差异化定位内容生产，以区块链数字技术赋能独一无二的标识，借由运营交互平台实现消费者与数字藏品的交流、传播展示，具有技术属性和艺术属性，它似乎借用区块链技术再次塑造了灵韵的膜拜价值。将数字藏品和本雅明灵韵生成逻辑对比，数字藏品似乎通过文化引导群体关注构建链接，以区块链技术的独一无二性和创新制造距离，从而再现灵韵。但数字藏品看似具有的原真性、膜拜价值、距离感都是人类赋予的，它的本质还是文化工业的产物，并且其内涵也和本雅明的理论有所出入。对文化工业中"工业"一词的理解不可囿于字面意思，只要是事物生产制作按照一定的标准化、流程化技术进行，即便它的制作工程不是以实体的形式呈现，那么它也可被纳入文化工业。

另外，从内容上看，部分使用人工智能进行创作的数字藏品不符合著作权法中的"额头出汗"原则，其藏品内容也较为类似，很难产生艺术品的灵韵。如"无聊猿游艇俱乐部"（Bored Ape Yacht Club），包含由算法生成的 1 万个猿猴头像，每

---

① 曾文佩. 技术与救赎：论新媒体视域下本雅明"灵韵"理论的异变［J］. 科技传播，2023（10）：76-79.

个数字藏品间的差异并不大。缺乏艺术价值的数字藏品就失去了创意内核，应当限制此类藏品的流通销售，警惕数字藏品沦为炒作的数字资产。但部分数字藏品也体现了创作者的精心思路和设计呈现，具有较高的艺术价值，可视为部分的灵韵回归。消费者对数字藏品和传统艺术品的灵韵感知是否相似，未来还可以进一步研究。

（周芯如，中国传媒大学文化产业管理学院硕士研究生）

稿 约

《燕京创意文化产业研究》自第 6 卷起由首都师范大学文化创意与传媒文化研究中心主办，其办刊宗旨是立足于首都北京，面向国内外文化创意和传媒产业、高等院校和研究机构、政府部门，发表科研、教学、管理等方面的优秀科研成果，积极推进文化创意领域产、学、研三者的深度融合，为繁荣我国文化创意产业做出应有的贡献。

《燕京创意文化产业研究》2025 年卷（总第 13 卷）以文化创意产业的发展历史、现状、趋势和问题为主要研究对象，兼及传媒文化领域的发展问题，介绍并分析世界先进国家和地区文化创意产业发展经验。以窗口形式集中反映首都文化创意产业研究者、管理者、从业者的最新研究成果。以一定篇幅反映文化创意产业学科建设的学理性思考和成就，以一定篇幅反映创新平台孵化的成果。

第 13 卷学刊的征稿重点侧重如下问题：第一，优秀传统文化的创造性转化和创新性发展问题；第二，文化＋科技融合创新发展问题；第三，网络视听领域的新现象、新形态和新趋势问题；第四，区域文化产业发展问题。

衷心欢迎您将未发表的最新研究成果寄给我们。论文等研究成果凡参考、引用其他作者论著观点、言论的，一律以脚注方式注明出处，格式详见来稿格式要求，论文后面一般不附参考文献。只列出参考文献，未在脚注中注明引用言论、观点、数据出处的，视为违反学术规范，取消刊用资格。请您务必提交作者简介（姓名、出生年月、供职单位、职务或职称、学术研究方向与主要成就）。稿件请以电子版形式发送到 6127@cnu.edu.cn。请注明真实姓名、工作单位、职称、职务、通讯地址、邮政编码、电子邮件地址等信息。来稿请自留底稿，未用稿一律不退，三个月内未收到录用通知，作者可自行处理。《燕京创意文化产业研究》2025年卷（总第13卷）截稿日期为2025年3月1日。本刊常年收稿，择优采用。

为鼓励研究生从事相关领域科学研究，本刊不定期开设《创意孵化器》栏目，面向在读研究生征集优秀论文稿件，论文篇幅一般不少于6,000字，不超过10,000字，其他要求与一般学术文稿相同。凡研究生稿件，一律附导师推荐意见，文后附署指导老师名字。

附：来稿格式要求

1. 注释。原稿中的引文注释，格式要保持统一。一般要求写成脚注，每页重新编号，不采用随文注、尾注。脚注要按照《信息与文献 参考文献著录规则》（GB/T 7714—2015）这项国家标准来完成。例如：

（1）陈登原．国史旧闻：第1卷［M］．北京：中华书局，2000：29.

（2）哈里森，沃尔德伦．经济数学与金融数学［M］．谢远涛，译．北京：中国人民大学出版社，2012：235-236.

（3）李炳穆．韩国图书馆法［J］．图书情报工作，2008，52（6）：6-21.

（4）丁文详．数字革命与竞争国际化［N］．中国青年报，2000-11-20（15）.

（5）萧钰．出版业信息化迈入快车道［EB/OL］．（2001-12-19）［2002-04-15］．http：//www.creader.com/news/20011219/200112190019.html.

（6）DES MARAIS D J, STRAUSS H, SUMMONS R E, et al. Carbon isotope evidence for the stepwise oxidation of the Proterozoic environment［J］. Nature，1992，359：605-609.

同一页原稿中有两个以上注释时，按其出现的先后，顺序编列序号①、②、③……（仅有一个注释时，编"①"）。若引用完整的一段话，句号在引号内；若引用不完整的一段话，即引文出现在行文的从句中，句号在引号外。引文内句子后面的问号、感叹号均在引号内。引文内若有省略（含引文里的注或其他符号），请注上省略号。

2. 引文。文稿中引用他人著作或文章中的言论，必须认真核对原文（包括标点符号），并注明原文具体出处。请务必按照原文认真核对引文，确保无误。

3. 标点符号。一律按照2012年6月实施的国家标准《标点符号用法》(GB/T 15834—2011)，准确地使用标点符号。

4. 其他要求。正文用五号宋体字。脚注用小五号宋体字。论文标题用三号宋体字，居中，加粗。副标题用四号宋体字，居中。文内一级标题用四号宋体字，加粗，居中。序号以"一""二"……表示，序号后空一个字符。文内二级标题用五号宋体字，加粗，左缩进两个字符。序号以"（一）""（二）"……表示。文内三级标题用五号宋体字，序号以"1.""2."……表示，左缩进二个字符。文档页边距取默认值。论文字数控制在8,000—12,000字之间，特约稿适当放宽限制。论文摘要为汉字150字左右，不超过200字，字体用五号楷体。关键词3—5个，字体用五号楷体。

声明：本刊提倡严谨的学术规范与学术道德，在此方面有瑕疵者，一经发现即取消采用资格。凡投稿给本刊者，本刊视为同意此项要求并自愿受此约束。如出现剽窃等违反学术规范与学术道德行为，由作者承担责任。

本刊不收取作者版面费。在本刊发表的论文不支付稿酬。

首都师范大学创意产业与传媒文化研究中心

《燕京文化创意产业研究》编辑部

2024年12月

图书在版编目（CIP）数据

燕京创意文化产业研究. 2024年卷/郭嘉主编；罗赟，唐颖副主编. --北京：中国传媒大学出版社，2024.12.

ISBN 978-7-5657-3851-7

Ⅰ.G127.1

中国国家版本馆CIP数据核字第2024EZ5959号

燕京创意文化产业研究 2024年卷
YANJING CHUANGYI WENHUA CHANYE YANJIU 2024NIANJUAN

主　　编	郭　嘉
副 主 编	罗　赟　唐　颖
策划编辑	李水仙
责任编辑	李明远
封面设计	拓美设计
责任印制	李志鹏

出版发行	中国传媒大学出版社			
社　　址	北京市朝阳区定福庄东街1号	邮　编	100024	
电　　话	86-10-65450528　65450532	传　真	65779405	
网　　址	http://cucp.cuc.edu.cn			
经　　销	全国新华书店			
印　　刷	唐山玺诚印务有限公司			
开　　本	787mm×1092mm　1/16			
印　　张	17			
字　　数	295千字			
版　　次	2024年12月第1版			
印　　次	2024年12月第1次印刷			
书　　号	ISBN 978-7-5657-3851-7/G·3851	定　价	79.80元	

本社法律顾问：北京嘉润律师事务所　郭建平